成为被记住的品牌
餐饮极致口碑营销

CHENGWEI BEI JIZHU DE PINPAI
CANYIN JIZHI KOUBEI YINGXIAO

李 兵 王西平 著

西北大学出版社
·西安·

图书在版编目（CIP）数据

成为被记住的品牌：餐饮极致口碑营销 / 李兵，王西平著． -- 西安 ：西北大学出版社，2025.1.
ISBN 978-7-5604-5540-2

Ⅰ．F719.3

中国国家版本馆 CIP 数据核字第 2024BD6814 号

成为被记住的品牌——餐饮极致口碑营销

李　兵　王西平　著

出版发行　西北大学出版社
（西北大学校内　邮编：710069　电话：029-88302621　88305287）
http://nwupress.nwu.edu.cn　　E-mail: xdpress@nwu.edu.cn

经 销	全国新华书店	
印 刷	西安奇良海德印刷有限公司	
开 本	787 毫米×1092 毫米　1/16	
印 张	18	
版 次	2025 年 1 月第 1 版	
印 次	2025 年 1 月第 1 次印刷	
字 数	336 千字	
书 号	ISBN 978-7-5604-5540-2	
定 价	78.00 元	

如有印装质量问题，请拨打电话 029-88302966 予以调换。

前　言

营销长尾的时代来临

在大浪淘沙的"快时代"背景下，那些依然挺立的全球知名企业、隐形冠军企业、"小巨人"企业究竟是靠什么保持优势、延续优势、传承优势的？

为什么餐饮行业会频频出现"各领风骚三五年"的怪象？仿佛餐饮行业的企业不可能有长线品牌。

你的企业每个阶段的胜利、每年的胜利是战术上（短期）的还是战略上（长期）的，抑或是两者兼具？一家企业如果只有战术上的胜利是不可能持久的，甚至只能是昙花一现。

从某种程度上讲，守业比创业难，想永续经营更难。无数企业和企业家都在探寻永续经营的密码。我喜欢"持续"这个词。"持续"就是生生不息，一以贯之。我认为餐饮行业是可以有百年老店的，因为对人来说吃饭是每日的刚需。

2019年以来，餐饮行业在不断洗牌，许多餐饮企业觉得生意越来越难做。今天的中国餐饮行业缺的不是产品品类，不是餐饮企业，也不是产业链，而是品牌。未来30年，餐饮行业将迎来品牌盛世。

流量红利已经见顶，人心红利正在加速到来。餐饮企业应该回归王道。什么是王道？人心就是王道。得人心者得天下，这是永恒的商业王道，也是永不过时的经典商业思想。

经营餐饮企业并不复杂，是我们人为地把它搞复杂了。餐饮市场已进入高质量发展时期，消费者主权时代已经到来。餐饮人要认识到品牌的重要性及建设路径——餐饮企业的成长取决于领头人的信念：得人心才能成为被记住的品牌。

品牌不是指让企业成为明星、英雄，而是指让消费者成为体验故事中的英雄；品牌要成为消费者的粉丝，为使消费者的体验变得更好而努力。

营销的目的已不再仅是销售，而应是通过口碑建立信任——成为被记住的品牌。餐饮企业和消费者之间建立持续信任,在内卷严重的当今世界尤为重要。

在餐饮一线工作近30年,我有一个深刻的体会,就是大部分餐饮企业更关注短期驱动销售的营销战术,而对长期的品牌建设战略、战术不够重视。

所谓被记住,指的是被消费者喜欢并记住。被记住意味着品牌已占领消费者的心,与消费者产生了情感联结。成为被记住的品牌,就是要让消费者在被信息侵扰的时代毫无难度地做出消费决定,这是品牌营销的重要课题。

品牌是需要品牌主——老板、老总、总厨、店长等刻意建设、塑造和不断增值的。这些都是为了让消费者构建认知,从而影响他们的消费决策。所有营销活动都是为了增加品牌价值(得人心),从而达到客流量、销售额、市场份额和利润的最大化。

本书提出的餐饮营销长尾,是指通过极致口碑营销战略让品牌形成营销长尾——让品牌通过培养消费者的忠诚度产生营销链条,从而产生源源不断且持久的口碑、好印象、信任和影响力。要形成的是强大的品牌记忆,要在线上线下持续影响更多消费者。更重要的是,营销长尾做到了一次销售过程的结束就是下一次销售过程的开始,让品牌营销的效果可以长久持续。这是本书的底层逻辑。

营销长尾不是始于销售,而是始于品牌的初步形成,引导各类消费者的认知,促使他们彼此交流。就这样消费者带动消费者,建立信心,形成记忆,细水长流,百川合一,真正做到有容乃大。

如今的餐饮人都必须面对一个事实:环境变了,消费者变了,营销工具变了,不变的是需求、痛点、惊喜和感情。让消费者感受到自己是主人,餐饮人再因势利导,这样才能真正打造营销的长尾——有体验才有口碑,有口碑才有信任,有信任才能被记住,被记住才有品牌,有品牌才有持续的销售。

这是一个"营"比"销"重要的时代。"营"就是经营人心、经营口碑、经营信任、经营品牌;"销"在"营"的基础上形成连绵不绝的销售长尾。

我们精心打造本书,就是希望经营者能少走弯路,少花冤枉钱,少犯错误,让企业走上高质量发展之路。

本书共有五章内容。

第一章,讲解餐饮企业长期主义的必由之路——与消费者共建被记住的品牌。

第二章,讲解打造被记住的品牌的唯一之路——极致口碑营销战略的含义及落地指导法则。

第三章,讲解极致口碑营销战略落地的第一步——收集、分析、处理消费者的痛点。

第四章，讲解极致口碑营销战略落地的第二步——给消费者带来神奇的惊喜体验。

第五章，讲解极致口碑营销战略落地的第三步——让消费者替企业传播口碑。

前两章是在搭建本书的理论体系，后三章重在讲解落地的思路与方法。

第一章、第二章和第四章由我撰写，第三章、第五章由陕西工商职业学院王西平副教授撰写，全书由我统稿。

本书虽然介绍的是餐饮品牌建设，但是我认为本书不只是给餐饮企业的老板、老总、营销策划人员看的，而是给立志于在餐饮行业长期耕耘的所有人看的，因为餐饮企业任何部门、任何职能的人每日的工作输出都是品牌建设的一部分。

大家在学习本书时可以参考我们于 2023 年出版的《餐饮店长打造最强团队技术手册》一书，效果会更好。

预祝大家阅读本书时有所感，在实际工作中有所悟、有所用。

李 兵

2024 年 10 月 2 日

（扫码添加作者微信，与作者直接交流互动）

目录

第一章 成为被记住的品牌——找到企业未来的天花板

一、市场环境变了——从客流量红利到客流量焦虑 ················· 1
  （一）当前餐饮行业的三个特征——品牌力才是真正的免疫力 ········· 1
  （二）我们眼中的传统餐饮营销——传统营销需要提升 ············· 4
  （三）市场环境变化引发三大客流量危机——生存出现危机 ·········· 5
  （四）危机是品牌企业的机会——用确定性对付不确定性 ············ 7
二、品牌建设是什么——长期主义的必由之路 ···················· 8
  （一）正确认识品牌建设——品牌是消费者的喜爱、口碑、信任 ········ 9
  （二）建设能被记住的品牌——培养消费者的非理性忠诚 ············ 11
  （三）品牌建设不仅是营销部门的工作——所有人都是推广大使 ······ 12
三、向亚马逊学习——永远优先关注消费者体验 ··················· 12
四、品牌建设是一场没有终局的游戏——持续增值 ················· 15
五、以消费者为中心的品牌建设——与消费者共建品牌 ············· 16
  （一）从创造品牌到经营消费者——我信任你吗 ·················· 17
  （二）消费者影响力金字塔——我该听谁的 ······················ 19
  （三）成为被消费者记住的品牌战略——记住并成为"大使" ········· 20

第二章 极致口碑营销——打造品牌的唯一之路

一、五大营销思维误区——自以为是的营销思维 …………………… 24

二、餐饮消费者的行为在互联网时代的九大特征——知己还要知彼 …… 26

三、极致口碑营销形成营销长尾——涓涓细流，汇聚成河 …………… 29

四、极致口碑营销的含义——UGC 大于 BGC …………………………… 31

    （一）倾听消费者的需求 …………………………………………… 33

    （二）消费者是口碑内容的创造者 ………………………………… 33

    （三）让消费者参与进来一起营销 ………………………………… 33

    （四）立异才能区别于对手 ………………………………………… 33

五、极致口碑营销落地的"一四四"法则——一个核心、四个战略、四个关键词 ………………………………………………………………………… 34

    （一）一个核心——同理心是地基 ………………………………… 36

    （二）四个战略——战略就是取舍、排序 ………………………… 38

    （三）四个关键词——关键词是落地的导航仪 …………………… 54

第三章 洞察痛点——拔出令消费者最痛的那根刺

一、什么是消费者痛点——痛点是冲突、需求 ……………………… 72

二、消费者痛点的本质——机会来自洞察痛点 ……………………… 73

    （一）消费的本质——对比痛点 …………………………………… 74

    （二）洞察痛点——有一才有二 …………………………………… 75

    （三）洞察痛点的本质——发现痛点与分析痛点 ………………… 76

三、发现痛点的技术——找出一级痛点 ……………………………… 79

    （一）全员都是"首席吐槽官"——千金买骂 …………………… 80

    （二）全员正确认识吐槽的重要性——六项精进 ………………… 81

    （三）全员海量收集消费者的吐槽——系统性地收集痛点 ……… 83

    （四）找出"又肥又大"的痛点——一级痛点 …………………… 90

四、痛点分析技术——用科学的方法来分析并改善 ………………… 98

(一)为什么——找出真正的原因 …… 99
(二)会怎样,又如何——建立对策并且实行 …… 105
(三)固定成果——形成闭环 …… 109

第四章 惊喜体验——帮助消费者走向神奇的体验世界

一、惊喜体验的基本含义——五大原则打造惊喜体验 …… 113
(一)打造惊喜体验的五大原则——印象、联系、态度、回应、"特种兵"
…… 113
(二)五级体验——追求第一或唯一的体验 …… 114

二、第一大原则:印象——衡量惊喜体验的尺子 …… 117
(一)第一印象——吸引的催化剂 …… 118
(二)承诺——有意为之 …… 122
(三)感知——"五官组合拳" …… 124
(四)好感——讨人喜欢 …… 131
(五)整洁——专业的象征 …… 136
(六)稳定——创造出忠诚 …… 140

三、第二大原则:联系——建立互利共赢的关系 …… 144
(一)联系的内涵——主动关注别人 …… 144
(二)沟通——要有谦卑之心 …… 148
(三)小心翼翼——持续性尽力呈现 …… 155
(四)私人定制——展示在意的最佳方式 …… 160
(五)信任——才能被记住 …… 166
(六)售后——不应被遗漏 …… 171

四、第三大原则:态度——惊喜体验理论的黏合剂 …… 176
(一)成为第一——前行的明灯 …… 177
(二)"好嘞"——营造幸福感 …… 180
(三)坚持不懈——打造强大的"肌肉群" …… 183

五、第四大原则:回应——惊喜体验的核心内容 …… 185
(一)同理心——先行预计 …… 186

（二）细节——出奇的关键 …………………………………………… 190
　　（三）紧迫感——快速回应 …………………………………………… 192
　　（四）补救——主动且及时 …………………………………………… 194

六、第五大原则："特种兵"——打造惊喜体验的基础 …………………… 197
　　（一）企业文化——标准、习惯、传统 ……………………………… 198
　　（二）组织机制——灵活与激励 ……………………………………… 201
　　（三）投资——帮助员工成长 ………………………………………… 204

第五章　点爆口碑——画龙点睛的一笔

一、点爆口碑的概念——赢得美言谈论 …………………………………… 209
　　（一）点爆口碑是什么——B to C to C ……………………………… 209
　　（二）点爆口碑——四个基础法则 …………………………………… 211
　　（三）消费者谈论你的三大理由——体验、谈论者、群体性 ……… 213
　　（四）点爆口碑不容欺骗——欺骗是口碑的杀手 …………………… 215

二、点爆口碑落地的六大理念——不折不扣地遵循 ……………………… 218
　　（一）消费者主宰一切——对此只能认同 …………………………… 218
　　（二）点爆口碑不是说了什么——而是做了什么 …………………… 221
　　（三）永久性被记录——必须谨慎监察体验 ………………………… 222
　　（四）诚实是点爆口碑的本质——你不能自欺欺人 ………………… 223
　　（五）消费者满意度的KPI考评计量——口碑必须列在首位 ……… 223
　　（六）点爆口碑更能赚钱——营销长尾形成 ………………………… 224

三、点爆口碑落地的五个要点——环环相扣，缺一不可 ………………… 225
　　（一）谈论者——谁会同朋友谈论你 ………………………………… 226
　　（二）话题——他们会谈论什么 ……………………………………… 232
　　（三）工具——如何助推信息传播 …………………………………… 236
　　（四）参与——如何加入交谈 ………………………………………… 239
　　（五）跟踪了解——人们正在谈论你什么 …………………………… 242

四、大众点评——将消费者的评论转化成点爆口碑的利器 ……………… 246
　　（一）大众点评的在线评论功能——企业的机遇 …………………… 247

（二）了解大众点评上的评论者和评论——谁？为什么评论？ ………… 250
　　（三）监控并学习在线评论——在线评论是指南针 ………………… 252
　　（四）如何获取更多评论——积极主动 ……………………………… 258
　　（五）好评回复——有针对性的回复能体现诚意 …………………… 261
五、穿越负面口碑——点爆口碑的必杀技 ………………………………… 262
　　（一）负面口碑的影响——千里之堤，溃于蚁穴 …………………… 262
　　（二）负面口碑是如何形成的——自我保护的本能 ………………… 263
　　（三）把负面口碑扼杀在摇篮里——让信任回归 …………………… 265
　　（四）正确面对负面评论——变坏事为好事 ………………………… 269

结束语 …………………………………………………………………………… 274

第一章
成为被记住的品牌——找到企业未来的天花板

餐饮生意的底层逻辑是客流量大。我们都知道一个会计公式：利润=营业额-成本。获取更高的利润的真正突破口是营业额。合理地节约成本是必要的，但要切记成本是消费者利益的保障，不能过度节约。提高营业额才能"解千愁"。营业额=人数（客流量）×人均消费。在客群定位的前提下，提高消费者的人均消费是比较困难的，在有14亿多人口的中国做餐饮生意，客流量才是王道。所以，我们强调：一切餐饮生意的本质都在于客流量，客流量决定一切，决定餐饮企业盈利模式的本质，决定餐饮企业的生死与冷暖。

一、市场环境变了——从客流量红利到客流量焦虑

（一）当前餐饮行业的三个特征——品牌力才是真正的免疫力

近几年来，餐饮行业面临着巨大的挑战。从2019年年底至2022年年底的三年新冠疫情，只是一个突发性的"黑天鹅"事件，它对餐饮行业的影响是相对短期的。2023年以来，当新冠疫情得到有效控制之后，餐饮人才真正感受到巨大的压力，对未来餐饮行业发展方向的担心变得越来越沉重。所有的压力和担心，都是因为大家发现客流量下降了，从过去的客流量红利变成了如今的客流量焦虑。

我认为，近20年来的餐饮人是幸运的，因为这么多年来都处在餐饮经济的增量市场（消费需求大于供给）当中，餐饮企业更多是在整个中国经济推动下的"被动增长"。但是今天，餐饮人必须非常冷静，仔细看清当前的变局：从2023年开始，餐饮行业正式进入了一个存量博弈（消费需求小于等于供给）的时代——总客流量不再增长，开店数却不断

增加，所有餐饮企业都在争夺有限的客流量。

存量博弈会给餐饮企业带来很大的挑战，这一挑战会导致餐饮企业固有的问题更加严重，竞争形势更加严峻，使得餐饮企业必须不断求变。因此，此时的大多数餐饮企业都有如下三个特征。

第一个特征是"创新不断，模仿不止，原创缺失"。餐饮人的创新能力非常强，近年来，新的餐饮模式、品类不断冒出；但是餐饮人的模仿、抄袭能力更强，一旦有一家餐饮企业成功创新品类、模式、产品，有些投机取巧的企业或个人就会像鲨鱼闻到血腥味那样，迅速往这里靠近，从而导致由创新开发出来的蓝海迅速变成红海。

从现实情况来看，创新给原创（首创）企业带来的时间窗口期正在变得越来越短，很可能原创企业成功创新后，三个月或六个月后，不超过一年，其他餐饮企业就会蜂拥而至，杀进市场，采用相同的模式，提供类似的产品。在这种情况下，餐饮行业就会缺失原创的动力，行业中企业"类似化"就会成为一种必然趋势。

餐饮市场中本来就已经没有增量客流，存量博弈下的"类似化"又越来越严重，其结果就是许多餐饮企业的第二个特征："量价齐杀"。

一些餐饮企业看到客流量减少，为了短期利益，认为可以率先通过价格战、促销战来增加客流量（有些企业是先涨价再打折），可这一举动实际引发的是狼群效应，市场中的同行像是被传染了似的，都争先恐后地开始更狠地"杀价"。

价格流量战打响，导致企业的利润越来越薄，甚至带来大面积亏损。参与其中的餐饮企业名利双失，却越来越难以摆脱这一泥沼，陷入恶性循环。而这个传导过程，已经成为当下餐饮企业面临的越来越严重的困局。

第三个特征是"外强中干"。近年来，智能手机的发展极大地带动了餐饮行业线上传播技术的进步，放大了线上传播的作用，餐饮企业在线上宣传方面的工作取得了长足的进步，尝到了甜头，于是大大小小的餐饮企业和众多餐饮人纷纷把时间、精力、金钱投放到线上社交平台，确实吸引了消费者的眼球。实事求是地讲，线上传播技术的确给很多餐饮企业带来了客流量和知名度，但是随着时间的推移和大家都开始重视线上传播，传播红利的周期开始缩短，出现了花钱炒作（及促销）时客流量增大，但是炒作一停，客流量就迅速减少的现象。我们在一些餐饮企业门口做"出口调研"时发现，许多消费者的确是在抖音、大众点评、小红书上发现了店家，并因为宣传、促销活动等来到店里体验。但是，调研的结果令人吃惊，居然有高达69%的消费者出了店门对我们说："体验不好，网上是骗人的，下次再也不来了。"

这一现象充分说明餐饮企业在重视线上传播的同时，忽视了高质量的"内功"——消费者的体验感。这是极为危险的，因为你可以通过线上传播吸引消费者，但是消费者如果体验不好，不但不会再来，更可怕的是会在线上线下"骂娘"。一段时间后，餐饮企业的客流量会因此加速下滑。

但同时我们也看到，就在当下，强者恒强。像北京的顺德菜馆、上海的细记港九、杭州的绿茶餐厅、长沙的笨萝卜餐饮店、成都的陶德砂锅和武汉的夏氏砂锅等餐饮企业，顾客依旧要排长队才能吃上一顿饭。这些企业才是在营收和利润上持续跑赢同行的真正的强者。这些餐饮品牌具备足够的消费者心智优势（让消费者记住），以应对模仿者的"进攻"，具备足够的能力应对扰乱市场的价格战，更具备足够的免疫力以应对"黑天鹅"危机。

如今的市场变化，催化了马太效应，加速了餐饮人格局、思想的变化。很多缺乏未来竞争力的餐饮企业，可能会慢慢退出市场，这是今后必然会出现的现象。

这种市场的变化加剧了餐饮市场的波动，打乱了餐饮市场原有的生态平衡，加剧了餐饮企业对现金流的恐慌，同时也会加剧整个餐饮市场品牌（大牌）企业的聚集度。

"被动增长"的风没有了，每一家餐饮企业、每一个餐饮人就会开始积极寻求"主动增长"。

过去，大家被餐饮市场的高速发展推动着，不断扩张的"博胆大"的红利期已经结束了。未来10年，餐饮市场依旧会充满机会，但这些机会是留给高质量发展的餐饮品牌的，这些品牌要依靠主动成长才能获得利润增长。

《智能商业》的作者、阿里巴巴集团前总参谋长曾鸣教授曾说："容易赚的钱没了，往后大家都得做更辛苦的事。"

我们认为，所谓"更辛苦的事"是指餐饮消费市场将加速分化，餐饮企业也将加速分化。还在每天想着通过广告战、价格战、低水平营销技术血拼的餐饮企业，利润会加速下滑，生意会越来越难做。而那些锁定品牌建设，依靠极致口碑营销来打造品牌的餐饮企业，一定会改变市场格局，赢得市场先机，并主导市场标准。

希望餐饮人能停下来思考，把握住目前餐饮市场的变化及转型机会，更加清醒，把工作思路、方式都做一次根本性的改变，让餐饮企业及餐饮人回归本质（价值观）：什么是你拥有的，什么是你想要的，什么是你可以放弃的，什么是你的生意长青的核心。

市场环境变了，从某种角度来看，这是时代给予我们的重大转型机会。在当前的市场环境下，我们希望通过本书向餐饮企业传递两点，并希望餐饮企业能够洞察：

第一，品牌效应已经成为餐饮企业经营中极为关键的因素。

增量博弈与存量博弈存在明显的不同。比如，在增量博弈的市场环境下，谁开的店多，谁的业绩就好；在存量博弈的市场环境下，谁在消费者中口碑好，谁能成为被消费者记住的品牌，谁的业绩就恒强。品牌力才是餐饮企业真正的免疫力。

第二，新的餐饮营销战略与战术已经开始出现。

我们提倡的极致口碑营销战略的本质是，以消费者为中心，聚焦于消费者的体验、口碑，通过洞察痛点、惊喜体验、点爆口碑等战术，打造被消费者记住的品牌。

（二）我们眼中的传统餐饮营销——传统营销需要提升

在讲解新的餐饮营销思想之前，我们先回顾一下传统餐饮营销。

传统餐饮营销从经典的4P营销及4C营销演变而来。4P营销是从餐饮企业的角度出发，4P具体是指产品、定价、渠道和促销。4C营销是从消费者的角度出发，由4P升级而来，4C具体是指消费者、成本、便利和沟通。这两种营销理论在餐饮行业的实践中逐步演变成相辅相成的关系：产品对应消费者，价格对应成本，渠道对应便利，促销对应沟通。

一般而言，想要做好餐饮生意，除环境外，主要是关注产品（菜品）和服务。4P营销讲究的是对产品（菜品）的推销，4C营销针对的是对消费者的说服——侧重于服务。可以说，目前绝大多数餐饮企业的营销方案都是围绕着4P、4C展开的。

1. 产品对应消费者

对于许多餐饮企业来说，菜品即产品，餐饮的本质依然是产品为王。大部分消费者认可和喜爱的菜品，自然色香味俱全，也就自然而然能吸引和培养一批忠实的回头客。除了菜品的口味，菜品的包装、菜品的分量、菜品结构、菜单设计也是非常重要的。在本书后面的内容中，我们把餐饮产品延展为菜品、服务、环境、功能、价格、体验的结合体。

比如炙手可热的网红餐厅，先不说其促销手段，首要的是在餐厅的环境与菜品的颜值上下足了功夫，不然"吃货"们怎么会在朋友圈、抖音上争相分享图片呢？

再如，著名火锅品牌巴奴通过巧妙的菜单设计，使消费者的视线聚焦在毛肚、菌汤等高品质菜品上，取得了独特的优势。

2. 价格对应成本

"价格"和"成本"是餐饮行业的两大敏感词。餐饮人都知道"三高一低"的说法：

原料成本高，人工成本高，房租成本高，利润却很低。这也是长久以来制约餐饮行业发展的难题。

尽管餐饮行业业态、品类、档次及经营模式的不同导致成本不一样，定价自然也不一样，利润必然各有不同，但在这个消费者"当权"的时代，菜品的定价不能仅考虑商家自己的成本，更应了解消费者对价格的接受程度，才能定出合理的价格。

总之，不可否认，定价是一门很关键的学问，在很大程度上关乎餐饮企业的经营状况。

3. 渠道对应便利

4P营销中的渠道，主要是指选址及为消费者提供的就餐消费方式（如外卖或堂食等）。4C营销中的便利，也包含选址上要为消费者提供便利，还包括服务及功能上要方便消费者，以及给消费者提供便于回家自己加工的半成品或成品等方便消费者的举措。

4. 促销对应沟通

促销指的是广告、促销活动、人员推销等。促销是营销的一部分，而如何做好营销，从另一个层面上来说其实就是双向沟通问题。换言之，做营销其实就是与人（包括员工、消费者）沟通推销的过程。只有进行有效的沟通，才可能完成一次成功的营销活动。

尽管4P营销、4C营销未来一定还会给餐饮企业带来发展动力，但是，我们认为，从现在起，餐饮人应该在4P营销、4C营销的基础上再一次提升、创新餐饮营销理论及实战技巧——以品牌建设为目标的营销理论与技巧——这也是我们撰写本书的目的。

（三）市场环境变化引发三大客流量危机——生存出现危机

餐饮行业在客流量方面出现了危机。当自然客源量有问题时，获得客源量的成本就必然增加。

我有一个朋友做餐饮生意已经10多年了。2019年上半年他找到我，他认为打造品牌的途径是多开店，并利用促销技术多打广告，强势抢占消费者的心智。他的具体做法是：多开200~300平方米投资少的小店，特别重视选址，并每月投入相当的资金在线上线下做广告和促销活动，以获取客源，利用2~3年的时间打造出品牌。

我这位朋友的营销逻辑是：只要你的店多，选址好，招牌够亮，广告语招人，在广告、促销活动上砸的钱够多，总会有源源不断的客流量，总能打造出一个著名品牌。

毫无疑问，我这位朋友的强悍的争夺客源量的武器，在使用初期是效果明显的。尽管疫情持续了三年，但在这三年中，他的门店以每年10家左右的速度在增长，而且在疫情之下还几乎是店店盈利，同时品牌的知名度的确有了巨大的提升。

2023年6月底，他又找到了我。他告诉我，他从2022年下半年开始发现各个店面出现了营业额、客流量及净利润的下降。尽管他再次投入广告，进行促销，即使2023年1—3月的业绩有所反弹，但是从2023年4月开始，还是持续出现了业绩下滑。让他最为担心的是，以往的招数不起作用了，客流量在明显减少。

他还告诉我，为了争夺客源量，其他餐饮品牌不断加大线上广告、促销活动的投入，但是结果跟他的企业几乎是一样的。

其实，这位朋友的焦虑在我看来再正常不过了。我认为今后餐饮市场会出现三大客流量危机。

第一，传统的吸客方法纷纷失效。

餐饮行业经过20多年的高速发展，已经出现了多品类、多赛道的高度饱和，使得消费者有条件变成美食鉴赏家，用各种各样的爱好尽情展示自己的品位。消费者可以在各种社交平台上不受约束地任意选择，可以不受约束地评价并相互影响着消费决定。

高速发展也给餐饮行业带来了一大恐慌：过剩与"类似化"。看看我们的餐饮行业，到处都是模仿，只不过是店名不一样而已。在互联网上，消费者的选择是何等丰富及方便。

在这样的市场环境下，餐饮企业获客的成本（房租和促销费用）不断迅速上升，传统获客手段（如好店址、强促销）的效果很快被吞噬，这甚至对许多餐饮企业的价值观产生了巨大的冲击。

有一次，我去一家熟悉的餐饮店吃饭，发现菜品价涨量减，服务人员明显不足，于是询问投资人是怎么回事。原因让我哭笑不得：因为房租高及广告、促销活动的费用加大，所以必须增加菜品的毛利率，减少人工费用。

这可是杀鸡取卵式的获客思路与做法呀！减少人工很可能会造成服务不到位；菜品价涨量减，消费者必会"骂娘"。长此以往会差评不断，这个企业就活不下去了。

第二，新生力量不断涌入。

餐饮行业吸引投资人的有三点：一是中国的餐饮市场足够大；二是餐饮行业门槛相对较低；三是现金流好。正是在这三点的驱使下，越来越多各行各业的精英纷纷杀入餐饮行业，不断给行业带来冲击。

新生力量的涌入，直接的结果是竞争加剧。就像我的朋友对我说的："你好不容易刚刚打败一个竞争对手，忽然发现一夜之间又冒出了好几个更狰狞的对手。"

第三，利润递减。

这一点是最残酷的。过去餐饮企业常见的成本费用结构中，在营业额中占比较高的依次为F（原材料成本，如40%）、L（人工费用，如20%）、R（房租费用，如10%）。FLR三项支出控制在70%以内，其他费用（如能源、促销、水电、杂项、摊销等费用）控制在20%以内，那么，企业的净利润约为10%。在这个常见结构中，房租费用和促销费用在获客方面的作用是一致的。好地段房租贵，但是客流量大。所以在过去的经营中，好地段、高房租本身就能解决获客问题。但在智能手机时代，在消费者的选择日益丰富多元的时代，很多餐饮企业在承受高房租（好地段）的同时，因为竞争激烈，所以不得不再次加大促销费用的投入，以获取客流量，有的企业甚至不得不做出"杀鸡取卵"的事情来。

但是，线上平台的迅猛发展，使得大家只重视线上流量的"搏杀"。你好不容易获得一些客流量，时间不长，客流量又会被新加入者或投入更多者夺走，企业的利润下降，进入恶性循环的死胡同，处于危机之中。

（四）危机是品牌企业的机会——用确定性对付不确定性

历史经验无不证明，无论是市场向淡还是市场回暖，尤其是在市场向淡的时期，通过正确的营销战略与战术，打造让消费者记住的品牌，绝对是餐饮企业唯一正确的选择。因为换个角度来看，一是消费者在任何时期都需要品牌，尤其是在消费能力、消费频率下降之时；二是危机时刻才是打造品牌的绝佳机会，因为危机时刻的营销成本会降低，竞争对手的干扰程度也在逐渐降低。在这种情况下，餐饮企业一定要主动出击。那些真正的品牌企业和具有差异化价值的优秀企业，在每一个危机时刻，其实都会憋着劲抢反弹，扩大知名度和市场份额——领跑者甩开跟随者的机会到了，现金流充足的品牌餐饮企业，这时候要做的就是清扫战场。

其实，回归到常识，中国有14亿多人口，有全世界最大的餐饮市场，市场的波动从中长期来看，是不会影响餐饮市场发展趋势的。市场规模就摆在那里，关键是你的品牌在行业中是跑赢了大盘还是被淘汰出局，在消费者中口碑是提升了还是下降了。

根据以往的经济规律与品牌成长规律，经济是在发展与危机的交替中前行的。也就是说，目前市场的清淡意味着下一步一定会有强劲的反弹。市场反弹时，必将有一批在市场清淡时埋头苦抓品牌影响力的餐饮企业脱颖而出。

所以，餐饮企业面对危机，要在不确定的环境之中看到确定的机会，要用长期战略的确定性对付短期的不确定性。在非常时期要敢于出手，把危机转化成商机，因为每一次危机都是品牌集中度上升的时候，也是让消费者记住的好时机——试想一下，周围对手店里冷冷清清，而你的店面门口却有消费者排起了长队，这样的场景对于更多的消费者意味着什么？

有雄心的餐饮人，骨子里是乐观主义者，他们总能看到好的一面，并为之拼搏。市场向好时可能是万马奔腾，而在逆境中只会有极少数企业一马当先，先杀出来。这时候考验的不仅是餐饮人的智力，更是餐饮人的价值观和定力。

我认为未来的餐饮营销，升级的核心点是与消费者的"联系力"——未来营销的成败已不仅在于4P、4C，而是怎样和消费者建立稳固的关系。

二、品牌建设是什么——长期主义的必由之路

我的发小刘刚和夫人刚从泰国旅游回到西安，约我和妻子在王启华火锅吃饭。王启华火锅是他推荐的，是西安一家著名的重庆火锅店，好吃又地道。待我们落座，他送了一个非常有特色的泰国纪念品给我们。

我说："兄弟，谢谢你的礼物。在哪个店买的？"

刘刚说："具体的不记得了，就是在曼谷游客最多的一个市场，路过的时候看到了，猜你俩会喜欢，就特意买来送给你俩了。店名我没记住，我都不知道下次什么时候会再去，怎么会记得？"

这番场景对话，给你什么启发？

刘刚买礼物注重的是地点方便、有当地特色且符合朋友的喜好，他没有刻意去记店名，因为没有必要。这家旅游纪念品店使用了有利于销售的传统营销手段——具有游客会喜欢的当地特色、便于购买的地点、适中的价格，甚至还会有一定的优惠活动，从而促进了交易。这样的旅游纪念品店一般很少考虑品牌建设，主要是因为游客类消费者的重复消费率低，不需要培养与消费者的长期关系。

相反，刘刚之所以约我到王启华火锅吃饭，一方面是因为其产品得到了大众的认可，另一方面是因为王启华火锅赢得了消费者的喜爱，被刘刚这样的消费者记在心里，自然就成为他们愿意经常光顾并乐于推荐的品牌。

建设品牌是为了培养与消费者的长期信任关系，使消费者记住这个品牌，这属于长期

建设工程，是长期主义的必由之路。

（一）正确认识品牌建设——品牌是消费者的喜爱、口碑、信任

"品牌建设（品牌塑造）"是动词，是指打造品牌的过程。

2023年年初，一家餐饮企业的总经理打电话给我，希望与我交流一下他们企业品牌建设的一些思路。想来这家近年来生意很不错的企业，终于意识到品牌建设对持续竞争力的影响了。但是过了三天，这位总经理又告诉我，他们的营销总监已找到一家在上海十分有名的营销策划公司，并制定了全年的促销方案，品牌建设的事先放一放，以后再联系我。

我想，不论是这家企业的总经理还是营销总监，大概都将品牌建设与传统营销混为一谈了。

事实上，品牌建设是品牌的基础，是定义品牌使命（目标），了解消费者的好恶，并根据使命、消费者的好恶来设定产品规划、研发、推广的渠道与方法，以及定价、定位等框架与格局的基本工程。

而传统营销（4P、4C）是实现营业额和利润最大化的手段。我认为，任何现代餐饮营销行为都应基于"品牌是什么""品牌不是什么""品牌对消费者意味着什么""品牌能给消费者带来什么""品牌能让消费者津津乐道的是什么"的格局展开。如果餐饮品牌回答不清楚以上问题，其营销只会沦为随机手段，根本无长期效力可言。虽然两者天差地别，但仍然有很多餐饮人将其混为一谈。

已经形成品牌的餐饮企业更多传播的是品牌（口碑、信任）本身，不会把大量传播资源放在促销活动上。品牌力不强的企业或产品才需要注重促销，把大量资源放在打折、满减活动等所谓的促销手段上。

"品牌"一词来源于古斯堪的纳维亚语，意思是"燃烧"。当时的牧人和货品生产者会将加热后的印章烙在自己养的动物身上或生产的物品上。很明显，最初的"品牌"是用于识别的。

所以，很多人误认为，品牌建设仅仅是指取一个好听的名字，设计一个令人惊艳的符号，然后放到门头或营销宣传材料上就可以了。从源头上这么理解并没有错，只是放到现在，这么理解就过于简单了。

事实上，在现在和未来，认知（定义）品牌还要充分思考它的价值（对消费者意味着什么）、文化（自己的目标、价值观）和个性（与众不同之处）。品牌是餐饮企业长期经营

的结果，是在持续竞争中获胜的利器，是一种无形却十分有价值的珍贵资产。

我认为，餐饮品牌不仅是一个名字、一个故事、一个符号或者设计，或者以上这些之和，因为这些都是站在餐饮企业的视角的认知。我们应从消费者的角度来认知品牌：品牌是消费者对餐饮企业、餐饮产品的整体感知（认知）及其与竞争对手的感知区别。

整体感知包括：用于识别的品牌名、标识（logo）设计；品牌的认知价值——愿景、使命、定位、价值观；对消费者痛点（厌恶）及爽点（喜好）的把握；能让消费者体验到的惊喜之处；具体的产品、定价、渠道、广告、促销活动；当下、未来极为重要的口碑推广。

今天的餐饮品牌，不是品牌主可以主动塑造的，而是由消费者反复体验，形成感知，并用自己的言行塑造的。

试想一下，我们是怎样的人，从根本上讲并不仅仅取决于自我的认知，还要结合亲人、朋友、同事、客户甚至陌生人的认识和评价，从而还原一个在大家心目中的真实的自己。个人资产的积累，包括在外形、衣着、谈吐、行为、思想、成果等方面给别人的感觉，这些感知的总和造就了每个人独特的个人品牌。

在餐饮行业，餐饮企业品牌的定义主要取决于消费者，就是消费者对餐饮产品、文化设计或消费体验的整体感受。据了解，如今许多餐饮人都没弄清楚品牌建设的真正含义。这里说明几点：

第一，强大的餐饮品牌是消费者极为需要的，它可以让消费者放心、安心、开心，继而获得成就感。

第二，品牌建设（塑造）是指与消费者培养长期的互信关系，产生情感联结。

第三，品牌建设是不分时间、地点、场景的持续输出，是一个永无止境的建设过程，是一件长期的事情，不是一次性的促销活动。

第四，为品牌取名，设计商标和符号，制作品牌手册，做一些品牌形象宣传及促销活动，只是品牌建设的一小部分（本书不涉及这些内容）。

第五，很多餐饮品牌虎头蛇尾。究其根本是消费者不知道（体验不到）这些品牌是什么，代表什么，能给自己带来什么，因此对它们的感情、记忆也就无从谈起，更别提对它们的追求和期望了。

简单地说，品牌就是消费者的喜爱、口碑、信任。验证标准是消费者能否记住品牌。

（二）建设能被记住的品牌——培养消费者的非理性忠诚

餐饮消费者之所以喜爱某餐饮品牌，并对其保持忠诚，是因为该品牌长期与消费者培养关系。建设品牌，为的是满足消费者对企业（产品）的功能和情感的双诉求；尤其在情感上，消费者要的不是冷冰冰的语言、态度，而是温暖人心的触碰。比如一个真实且温暖的消费体验故事，可以让消费者惊喜，可以让消费者产生共鸣，为品牌打开一条通往消费者心中的路。

餐饮品牌要诉说的，不再仅是自己"吹的牛"，更多的应是消费者在餐饮企业消费时的体验故事和感知。换言之，就是消费者在体验品牌后变得更开心、更让人羡慕的体验故事（感知）。简言之，餐饮品牌要让消费者成为主角，而自己则要成为消费者的粉丝。为了让消费者更开心而努力，这才是餐饮品牌成长的最佳途径。

在信息爆炸的时代，在众多餐饮品牌中，消费者是很难仅通过功能差异来区分品牌的。对比"类似化"（没有个性）的餐饮企业或产品，消费者自然会选择性价比最高的。而品牌塑造正是通过提供差异化的产品，贴心和令人惊喜的消费者体验，有效地让消费者为品牌进行传播或推荐，从而让品牌资产实现低成本增值。对于自己喜欢并记住的品牌，消费者往往更偏心、更偏爱，这种消费行为也叫对品牌的非理性忠诚。

消费者的非理性忠诚类似男女之间的爱情关系。当你爱上一个人时，无论对方有什么缺点，你都会给予最大程度的体谅、包容，甚至处处维护。

强大的餐饮品牌，同样可以让消费者产生非理性忠诚，即便企业、产品有缺点，消费者也不会轻易放弃，比如苹果、好事多、亚马逊、华为、小米、京东、迪士尼、奔驰、福特、肯德基、星巴克、海底捞、胖东来等等。究其原因，是消费者把自己带入了品牌。也就是说，品牌完美与否都不会影响消费者的美好记忆与憧憬。这些品牌并不是没有缺点——每个人都有缺点，每个品牌也都会犯错，但是大多数消费者会基于以往的信任，容许它们犯一点错，包容它们，这是人性使然。

摆在我们餐饮人面前的问题是：现如今，我们有多少品牌能被消费者容许、包容犯一点错呢？

这就是品牌输出的情感利益远比功能利益更重要的原因，也是那些只显得自己多厉害或让自己更惊喜，却忽略了让消费者更厉害、更惊喜的品牌经常会发生"各领风骚三五年"这种现象的原因。

(三)品牌建设不仅是营销部门的工作——所有人都是推广大使

餐饮品牌建设并不只是餐饮企业的营销部或策划部的工作,也不是单靠选址、广告、促销活动、社群传播就能实现的。餐饮企业的任何部门或任何职能的人员,每日的工作输出都可以看作品牌建设的一部分,甚至餐饮企业的消费者都是品牌建设及传播的推广大使。

未来真正厉害的餐饮品牌,更懂得引导消费者创造、推荐品牌口碑的内容,让消费者自愿成为品牌代言人、推广大使。这样的品牌才是真正强大的品牌,这样的品牌建设方式才是理想的方式。想想苹果手机,无数粉丝通宵达旦地排队也要购买最新款,即便是加价购入,也在所不惜。他们也是社交媒体上最活跃的一群人,持续为苹果(品牌)发声,乐此不疲。可见苹果是一个能让消费者产生非理性忠诚的品牌。

我不禁要问:餐饮行业像苹果一样的品牌在哪里?难道一个天天要与消费者互动的行业,就不能产生若干"苹果式"的品牌吗?

我认为,餐饮品牌建设要尽早把主要精力投放到与消费者的持续互动沟通上。实体店的装修设计、性价比高的菜品、员工的服务、售后服务、线上线下消费者的惊喜体验、消费者痛(爽)点的收集和分析、消费者的口碑传播、广告创意等,都是品牌建设的关键,决不能忽视。随着社交媒体的影响力越来越大,"品牌是什么"已不再由品牌主说了算,品牌的主要塑造者是消费者。

餐饮企业的所有人都要好好爱企业的消费者,持续维系、推进与他们的情感联系,这才是餐饮品牌建设的真谛。

三、向亚马逊学习——永远优先关注消费者体验

亚马逊是美国最大的一家网络电子商务公司,2022年营收为5140亿美元。我们在百度中搜索到如下关于它的评论信息:

- 全世界最会讲消费者体验故事的购物品牌,始终是资本圈的宠儿。
- 在研究降低成本、降低售价的同时,热衷于创造和提供更丰富的货品,以及最佳快递服务。
- 持续挑战经营迭代(消费者体验迭代),快速试错,直至成功。

·重点关注的指标从不与收入和利润挂钩。重点关注的指标是最佳的线上商务、实体店和网站浏览的消费者体验。

·淘汰了众多的大型传统零售商，是淘宝、京东、小米等学习的榜样。

许多著名企业在发布年度财务报告时，会附上一封致股东的信。亚马逊的创始人贝索斯在2019年写了一封"霸气十足"的致股东的信。这封信被刊登在媒体上，在全世界广为传播。在信中，除了营运数据外，其霸气之处在于，让世人和股东始终铭记亚马逊初心未改：把所有资源和精力都放在为消费者创造价值上，成为被消费者喜欢并记住的品牌。同时强调，亚马逊的初心从来不是为股东创造短期利润（1997年亚马逊的第一封致股东的信中，也是同样的观点）。

2019年亚马逊致股东的信（节选）：

……在亚马逊成立之初，我们就知道自己想要创造一种建设者——拥有好奇心的人，或者说是探险家——的文化。他们喜欢发明，哪怕他们是专家，也依然抱有跟初学者一样"新鲜的"心态。他们认为，我们做事的方式应该是专注于当下。建设者的心态能帮助我们以一种谦卑的信念来对待巨大的、难以解决的问题，明白可以通过迭代的方式来取得成功：发明，启动，重新发明，重新启动，重新开始，排除，重复，一次又一次重复。他们知道，通往成功的道路绝不是一帆风顺的。

……今天，亚马逊在全球零售业中仍然是一个小角色。我们在零售市场中所占的百分比很低，而且在我们经营的每个国家和地区都有大得多的零售商。这在很大程度上是因为将近90%的零售交易依然在线下，是在实体店中进行的。多年以来，我们一直在考虑，如何在实体店中为顾客服务。但我们认为，首先需要发明一种能够真正让顾客在这种环境中感到高兴的东西。随着亚马逊的发展，我们有了一个清晰的愿景，那就是让顾客摆脱实体零售中最糟糕的一件事：结账。没人喜欢排队，而我们设想了一种商店，在那里顾客可以拿到自己想要的东西，然后离开。他们形容在亚马逊无人便利店购物的体验是"神奇的"。

……

……接下来是我要说的最后一件事，正如我在20多年前发出的第一封致股东的信中所说，我们的重点是要招聘和留住那些多才多艺的、能像老板一样思考的员工。要做到这一点，就需要对我们的员工进行投资。就像亚马逊的其他许多事情一样，我们在这方面不仅需要分析，还需要直觉和热忱来找到前进的道路。

在此，我再附上1997年亚马逊的第一封致股东的信的节选：

……这是互联网时代的第一天，如果我们做得好，也是亚马逊的第一天。……我们认为成功的根本衡量标准是我们长期创造的股东价值。

……由于我们更看重长期价值，和一些公司相比，可能做出的决策和取舍会有所不同，因此，我们想与您分享我们的基本管理和决策方法，以便您——我们的股东，可以确认它是符合您的投资哲学的。

1. 我们将继续坚持不懈地关注客户。

2. 我们将继续从长期的市场领导地位考虑、做出投资决策，而不是根据短期盈利或华尔街的反应来做决策。

3. 我们将持续评估项目，并对投资进行有效性分析，抛弃那些无法提供可接受回报率的项目，对那些表现好的项目追加投资。我们将持续从自身的成功和失败中学习。

4. 当被迫要在最优化当前会计利润和最大化未来现金流量现值两个选项中做选择时，我们会选择后者。

5. 我们将努力明智地花钱，保持我们的精益文化。我们理解不断加强成本意识文化的重要性，尤其是企业还在亏损的时候。

6. 我们将平衡对增长的侧重和对长期盈利能力及资本管理的强调。在此阶段，我们选择优先考虑增长，因为我们认为规模是实现我们这一商业模式潜力的关键。

7. 我们将继续把重点放在雇用和留住有才能的员工上，继续增加他们薪酬中股票期权而非现金的比例。我们知道，我们的成功很大程度上取决于我们吸引和留住积极主动的员工的能力，他们必须理念一致，因此必须成为实际所有者。

通过上面两封信，我们可以窥得亚马逊的如下经营理念：

第一，亚马逊自创立之初，就是以为消费者创造价值为最终使命（初心），且从未改变。亚马逊的初心主要包括关注长期价值、优先关注消费者体验、培养有才能的员工、增长比利润重要。

第二，亚马逊坚信好奇心和直觉的力量是带领品牌向前的最大驱动力。

第三，亚马逊十分重视培养符合企业要求的人才，并注重人才的长远利益。

第四，亚马逊勇于尝试，从来不怕犯错，甚至拥抱错误。

第五，亚马逊关注消费者的长期利益，而非企业的短期运营业绩。

20多年来，亚马逊初心不改，品牌价值观一直未被资本市场所左右。我认为亚马逊就是餐饮企业学习的榜样——亚马逊要领跑的，是一场没有终局的游戏。

四、品牌建设是一场没有终局的游戏——持续增值

终局游戏是指规定时间、有规则限制、可分出输赢的竞赛或游戏。比如足球比赛，两支球队在规定的 90 分钟内，以进球多少定输赢或平局。

而没有终局的游戏是指没有时限，没有限定规则，竞赛者随时可以加入或退出，没有守恒结果，更没有绝对输赢的竞赛或游戏。

餐饮生意就像是一场没有终局的游戏。企业可能在一段时间赚钱，又在另一段时间亏钱。许多餐饮企业的领导者把生意错误定位成一场终局游戏，追求短时间的输赢、盈利数字、成长率、开店数量，而不是把追求的重点放在让企业为消费者（员工）增值上。

只有把餐饮生意看作是一场不断为消费者增值、没有终局的游戏，餐饮企业才能长青，从而变得强大。

许多餐饮企业的老板、总经理、总厨考虑更多的是短期取悦自己或上级，而不是取悦消费者、员工。高管们满脑子都是漂亮的短期业绩数字：净利额、净利率、营业额、毛利率、人效、坪效、开店数、投资回报期、会员数等等。

高管们之所以关注这些业绩数字，是因为这些业绩数字是绩效考评的依据，是职位、报酬的保障。他们在这样的绩效考评的导向下，自然形成了终局思维模式。业绩数据指引一切，怕输，急功近利，过分关注自己。从长期而言，这样带来的结果是消费者对企业不会有忠诚可言，企业的长远利益受到损害。更为可怕的问题是，餐饮人自己也不相信企业会有长远的未来，于是争先恐后地急功近利（低质量发展），亲手把自己送上"各领风骚三五年"的快速干道。

近 10 年来，随着国家改革红利、城镇化改造红利、人口红利、线上传播技术红利等的释放，餐饮行业迎来了高速发展。但是，在高速发展的同时，被消费者广为诟病的食品安全事件频频发生。毫无疑问，这些食品安全事件揭示出餐饮企业（餐饮人）只顾短期利益（终局思维模式），这样的企业难以长青。这些餐饮企业的高管们忘记了自己品牌应有的价值观。当企业将赚钱定为头等大事，忽略了满足消费者的持续需求的初心，那么代价很可能就是"各领风骚三五年"——无法成为亚马逊那样的长青企业。

因此，拥有没有终局思维模式的餐饮企业一定要把握三件事：

第一，品牌价值观驱动成长。

第二，维系与员工和消费者的情感联系，令员工、消费者喜欢并记住品牌，使他们成为品牌的内部推广大使和外部推广大使（后文简称"大使"）。

第三，持续盈利。要实现这一点，餐饮企业的高管们需要做到：坚守并提升品牌价值观，建设互信的团队，始终关注消费者需求，持续改善消费者体验，以长远的目光做到持续的极致，成为被记住的品牌。

以消费者为中心的品牌建设成功与否的检验标准，就是能否成为被消费者记住的品牌，这也应是餐饮企业的品牌战略。

五、以消费者为中心的品牌建设——与消费者共建品牌

案例一

李先生约王小姐外出就餐，王小姐提议去德发兴吃港式小吃。李先生："为什么想去德发兴吃港式小吃？"王小姐："同事吃过，说他们家的车仔面、猪油拌饭、菠萝包、柠檬茶很棒，我也想尝一尝。"李先生："是吗？我到大众点评上看一看大家的评论。"王小姐："你看，看到别人分享的照片和评论，就已经饿了。"

案例二

朋友胡大伟要组织同学毕业20周年聚会，正好看到一家餐饮企业的户外广告，感觉很厉害，且促销力度很大，但他不熟悉这家企业，所以向我征询意见。我说："这家企业是刚成立的，他们的店我也没体验过。不过这么大的促销力度，我担心品质得不到保障。还是去×××吧，贵是贵点，但品质应该不会有问题。毕竟是毕业20周年的聚会，可别出问题啊。"胡大伟说："你说得有道理，还是听你的吧。"

这两个例子带给我们四点启发：

一是如今的消费者会自动过滤餐饮品牌广告和促销信息，但会主动搜索餐饮品牌或餐饮产品信息，并且在意他人的评价或推荐。

二是相较品牌的广告,朋友的评价和推荐更靠谱。

三是消费者会在无形中影响身边人对品牌的消费决策,但品牌无从得知,也无法衡量。

四是消费者的口碑比品牌主更容易塑造品牌。

(一)从创造品牌到经营消费者——我信任你吗

有关餐饮品牌建设和营销的概念与方法在持续迭代,以往适用的方法很快就会被取代。社会在变,市场在变,科技在进步,消费者也在持续进步。最为明显的是,互联网带来的信息高度透明以及消费者之间较强的连接力,使得品牌高高在上的形象已不复存在。今天,消费者的话语权不断增大,他们制造的传播内容会直接影响他人的消费决定,他们自愿成为餐饮品牌的推销员和推动者。如今,我们已进入一个消费者"当权"的时代。

以往的经验告诉我们,任何餐饮品牌都可能会被时代颠覆。这一问题的关键不在于会不会,而在于有多快。消费者"当权",决定了消费者和品牌之间不再是单纯的买卖关系,而是关乎"我信任你吗"的信任关系。消费者喜欢、信任一个餐饮品牌,就会想多去几次,多提意见,多进行推荐。换句话说,餐饮企业要做的是经营与消费者之间的关系,与消费者一同建设品牌。过去和未来餐饮企业与消费者的关系如图1-1所示:

图1-1 过去和未来餐饮企业与消费者的关系

要建设以消费者为中心的餐饮品牌,必须具备如下五个基本认知:

一是不要只关注餐饮品牌自身的眼前利益和形象,更要在意消费者在本品牌消费后体验的改变。

二是餐饮品牌要表达的不是自己有多厉害(信息透明时代,消费者不相信你吹的牛),而是让消费者在消费过本品牌的产品之后,将自己的开心、惊喜传播出去。

三是餐饮品牌的营销（建设）之道是让消费者形成消费习惯，使他们一旦要消费某个餐饮品类，便不做它选，从而使本品牌成为消费者生活中的一部分。

四是不要仅用传统营销的思路来应付消费者，不如更重视消费者的综合体验，并引导他们帮企业经营品牌形象，让更多的消费者成为品牌的"大使"。

五是建立消费者社群（粉丝群或"大使"群），重点不在于人数多寡，而在于信任关系有多深，以及分享的频次和推荐的热切程度——这种分享、推荐不是建立在优惠多少的基础之上，而是建立在消费者对品牌的喜欢、信任的基础之上。

比如，丽思·卡尔顿酒店的品牌建设并非仅是自己认为的"提供清洁舒适的房间和经过专业培训的员工"，而是"让消费者感到员工是为绅士、淑女服务的绅士、淑女"，以及"丰富消费者的感官世界，让消费者体验幸福感，获得超越期望的贴心、创新的服务"。要注意"我们提供……"和"消费者得到、感到……"的区别。就餐饮品牌建设而言，焦点不再仅是以"品牌提供什么内容"为视角，而是以"消费者可以获得什么"为出发点。餐饮品牌需要放下身段，改变视角，赋权消费者塑造品牌。

近年来，餐饮企业已意识到品牌的重要性，但在错误的品牌建设思路的指引下，使用了许多错误的建设品牌的方法，其中最为典型的是用自编自演、讲故事的方式塑造品牌。在这一过程中，仍是以品牌方为第一视角。

未来品牌建设的趋势需要品牌方认识到，故事（不是编故事）本身并不是关键，学会在消费者体验中改善痛点、提供惊喜素材、促使消费者向其他人提及品牌故事（消费者惊喜体验）才是重点。消费者可以根据消费体验后的感受，将品牌故事通过社交媒体或朋友推荐的方式传播出去。

例如，我十分惊喜于在胖东来的种种体验，每去一次就在朋友圈分享一次，并在课堂上反复讲胖东来的案例，而胖东来的品牌故事也随着我这样的顾客的传播而传播出去。惊喜体验才是故事的素材，也是品牌故事真正要表达的。

我认为今后的餐饮品牌，已不仅是餐饮品牌方自己建设并塑造的，更应是消费者愿意反复体验和分享，于无形中塑造的。与其自吹自擂、自编自演、讲品牌故事，不如运用新营销战术——本书提倡的极致口碑营销战略（战术），赋权消费者为品牌讲故事，传播口碑。换言之，餐饮品牌应从消费者的视角制定极致口碑营销策略。

(二)消费者影响力金字塔——我该听谁的

类似前面案例一、二的情境经常出现在我们的日常生活中。案例中的主角被朋友的评价和社交媒体上的信息所左右。口碑,是最强大的营销信息,是品牌建设的关键。

口碑生产者,又称消费影响者。以前和现在消费影响力最大的是职业网红和明星。根据我近年来对餐饮市场的调研,我对有影响力的人的影响力的强弱进行了分层,称它为影响力金字塔,如图1-2所示:

图1-2 影响力金字塔

一般而言,最能影响消费者的消费决定的,当属强关系者,如家人、爱人、密友。当然,这也要视情况而定。比如,家人中几乎没有高端餐饮消费经历的亲属,就很难影响你去什么样的高端餐饮店消费。

次一层级的是消费者的朋友或聊得来的同事。因为你们志趣相投,所以他们会根据你的喜好做推荐,或者是你从朋友分享的信息中找到自己需要的信息。

至于强关系者和朋友或同事谁的影响更大,要看实际情况。比如,我不太喜欢吃西餐,所以对西餐品牌没有什么有价值的心得,爱吃西餐的女儿也就从不问我关于西餐品牌的意见,而是热衷于与她的小伙伴们交流相关信息。

处于影响力金字塔第三层的是专家,特指那些在餐饮(美食)方面有过人的学问、独到的见解和心得,愿意经常在线上线下进行传播,并得到相关消费者认可的专业人士。

还有一类餐饮专家,不一定是餐饮行业的专业人士,但属于热衷于在互联网平台上留下自己体验后的评价的消费者(这里强调一下,这些人一定得是真实的消费者)。他们会将几乎每一次餐饮消费后的体验感受(经常有餐饮消费)发在朋友圈、微博、抖音、大众点评、小红书、快手、携程等平台上。这些人并非职业写手,他们评论的内容都是经过长期验证的,皆是出自内心的感受,所以参考价值很大。

为了达到快速引导他人消费的目的,现在有不少餐饮企业会雇"水军"、写手写假评论(编写对自家的好评或到竞争对手的评论区写差评)。对这些伪专家的意见,消费者的眼睛是越擦越亮。

回顾影响力金字塔最顶端的三层——强关系者、朋友(同事)和餐饮专家,他们之所以会对消费者最有影响力,关键因素就是信任。

影响力金字塔第四层和第五层分别是明星和区域职业网红。

在过去和当下,一些餐饮品牌的一个普遍策略是邀请明星担任品牌代言人。明星的主要作用就是吸引消费者的注意力,并带动消费者消费。从客观上讲,明星就是付费媒体——品牌付费,明星出镜。明星对消费者的影响力是很强的,确实会帮品牌增加认知度、消费者喜爱度和消费欲,但不一定会提高消费转化率和复购率。

近两年风靡的带货主播也算明星的一种,其本质也是一种付费媒体,只是身份从广告(形象)代言明星变成了在线上直接进行销售的主播而已。

除了明星和带货主播外,处于影响力金字塔第五层的是活跃在各个地区(省、市)的区域职业网红,他们是活跃于各地区的抖音、朋友圈、小红书、大众点评等平台上的付费自媒体。他们通过在公众号文章中植入餐饮品牌信息或直接推广品牌、产品来引导销售。但是,当自媒体需要通过餐饮品牌付费采购的方式生产传播内容,并广为消费者所了解时,这群影响者的推荐立场就不得不被消费者怀疑。

明星、带货主播、区域职业网红在一定时间内的确能对餐饮品牌起到推广作用,但是随着时间的推移,付费的成本越来越高,推广的效果却逐渐减弱,这对餐饮品牌来说也是一个不争的事实。

处于金字塔第六层也就是最底层的陌生人,影响力比较弱。但是当一大群陌生人说品牌(产品)好或不好时,对消费者就会有相当的影响力。这里特别强调,陌生人的影响力体现在陌生人的数量上。

(三)成为被消费者记住的品牌战略——记住并成为"大使"

许多餐饮品牌在急功近利的战略指引下,与消费者之间通常是一次性或间歇性的买卖关系。消费者有需求或偶然之间才会想到(知道)品牌,而品牌方也只是间断性地想起消费者,双方的关系并不紧密,或只是"相互利用"的关系。最为典型的是品牌方搞大力度的促销活动时才会吸引消费者，活动一停，消费者也就"不见了"。

然而，我们发现华为、小米、亚马逊、苹果、迪士尼、肯德基、麦当劳、海底捞、胖东来等创造了品牌与消费者之间持续性互信的关系模式，因而持续被消费者记住。这种关系模式的内涵是：创新的商业模式和超凡的消费者体验，不但可以持续提高运营效率，还可以持续降低整体成本。

在目前的餐饮行业，我们发现大多数品牌与消费者的关系是阶段性的，关联间接且不强，买卖关系大于忠诚关系。长期以来，甚至许多餐饮人都产生了一种错觉，认为百年老店只是一场不可能实现的梦而已。

我认为，现在和未来，随着互联网的发展和科学技术的不断进步，餐饮人的品牌建设战略应该提升。餐饮品牌建设战略是品牌将自己与消费者的关系建立在互信的基础上，持续且长远地维系朋友关系——一生一世的朋友，从而成为被消费者记住的品牌。

餐饮品牌的价值体现在餐饮企业在与消费者接触的每一个环节都在了解消费者的喜好、兴趣，并取得消费者的信任，在每一个环节都能使消费者产生自传播力，进而让更多的消费者相信，这个品牌会为他们带来更多个性化的餐饮产品和惊喜体验。

近年来，餐饮行业在创新战略方面有了长足的进步，表现为商业模式不断推陈出新和个性化的餐饮产品琳琅满目。但是，未来成功的餐饮品牌并不只是运用创新模式和推出个性化产品的高手，还必须深谙与消费者关系连接的秘密。

1. "记住"——新的品牌战略

在信息爆炸时代，"记住"是不可忽视的品牌建设战略。"记住"本身就是消费者与品牌之间的价值交换（利益交换），也是双方之间的信息交换。餐饮企业要懂得运用各种新营销技术，通过不断提高"被记住"的效率，达到建设品牌的目的。

亚马逊、华为、小米的成功就说明了这一点。亚马逊与华为、小米虽然不属于同一个行业，但它们都不约而同地将自己定义为"服务型企业"。它们都通过收集消费者在每个消费环节和每次消费中的行为数据（如销量）和体验感知（如痛点与惊喜点），来分析每个消费者的消费行为和体验感知，从而调整产品，提供最佳的消费推荐，令消费者不断获得惊喜的消费体验。所以它们的消费者多是常客，这些常客会逐渐变成他们的"大使"。它们与多数消费者之间建立和维持的是伙伴关系。

亚马逊、华为、小米等企业的商业模式的颠覆，对有着传统思维的餐饮企业来讲是巨大的挑战与启发。很多餐饮企业高高在上，认为只要提供最好（最新）的产品、最方便的渠道（如选址）、最合适的价格和最有效的推广就够了。但是，什么是最好、最方便、最合适和最有效呢？这些都不是餐饮企业的自以为是、自说自话，而要由消费者来判断。消费者对最好、最方便、最合适和最有效的理解是不同的，消费者所认为的也是不一样的。因此，餐饮企业要沉下来，洞察海量的"不一样"的规律和"一样"的经验教训。餐饮企业要打破自以为是、急功近利的思维模式，通过不间断地与消费者进行"连接""互动"，达到批量个性化的营销效果。

2. 将消费者培养成"大使"

我认为餐饮品牌建设的持续作用就是让消费者喜欢、记住并反复来消费。一个忠诚度高的消费者，除了复购率高之外，还是品牌的"大使"（转介绍）。所谓"大使"，跟社交平台或企业网站上的粉丝的意义有明显的区别。

在社交平台上，当有人"关注"品牌账号时，或者品牌搞个"关注送礼"的活动吸引人时，品牌就判定对方是粉丝。但是品牌为粉丝做了什么？粉丝又是如何看待品牌的？这些都是不清楚的。在多数情况下，品牌极少关注粉丝，对粉丝真正的痛点、爽点就更无从知晓了，遑论将他们培育成品牌的意见领袖和"大使"了。时至今日，我还经常看到"点赞收藏"和"加粉有礼品"的活动，认为这很是无聊——这样加的"粉"，连粉丝都算不上，更何谈"大使"！结果只是点赞、加粉、收礼后再删除，或者成为僵尸粉而已。

我所说的"大使"，会把品牌名、品牌的产品、自己的体验挂在嘴上，还热衷于在线上线下将品牌推荐给他人。不但如此，一个真正的"大使"会全情投入品牌的"生态"发展中，并且会为作为品牌的"大使"而骄傲。有了众多这样的"大使"，品牌就会被更多消费者记住，才会有成为"百年老店"的底气。

能做到这一点的餐饮品牌几乎没有。但是苹果、谷歌、奔驰、宝马、福特、亚马逊、胖东来、华为、小米、阿迪达斯、耐克、好事多等品牌，就是我们餐饮人的榜样。这些著名品牌的共同特征就是将粉丝变成消费者，再将消费者转化为"大使"。

对于餐饮品牌来说，未来一定是"大使"当家做主的时代，也就是说，谁（品牌）的"大使"更多，谁（品牌）就是真正的王者。

3. 只有消费者才能主导品牌文化

很多餐饮企业在创建之初，目的只是赚钱，并不是为消费者创造价值，又由于市场竞争残酷，有急功近利的想法和做法也是正常的。但是正常不等于正确，因为如果方向不正确，就不可能持续下去。不能为消费者带来持续价值（利益）的品牌，从长远来讲很难留住消费者，培育回头客、"大使"就更无从谈起，其必然的结果只能是"各领风骚三五年"。

将消费者转化为"大使"，就是要让餐饮品牌打破"各领风骚三五年"的魔咒，使品牌"生态"实现可持续化。首要的就是改变品牌文化（思维），即要求品牌方所有人，不是从老板的立场，而是从消费者的立场出发，看待消费者的需求和喜好；要让消费者在产品、体验等方面获得超预期的感受，让消费者成为品牌"大使"。这需要品牌方所有人思维的改变和品牌文化的建设，因为思维和文化意味着方向的选择。方向不对，努力白费。你是选择消费者的利益还是自己的利益？不要忘记中国有逐渐富起来的14亿多人口，只要你认认真真、老老实实地为人民服务，人民就会记住你。不要忘记，现如今急功近利而忽视为人民服务的餐饮企业比比皆是，这是你为人民更好地服务并"出人头地"的大好机会。

如今，消费者人手一部手机，可随时随地在社交平台上向公众、亲友发布和分享餐饮品牌内容，消费者"当权"已是不争的事实。仅靠广告吹牛和大力度促销的"我对你喊"和"我刺激你来"的时代正在一步步成为过去。未来，餐饮品牌要从各方面、各环节主动连接、触动消费者，与他们互动，在互动中让消费者感到惊喜，并与他们"结网"。如此，才能将消费者变成品牌的真粉丝——"大使"，让"大使"们及他们影响到的人都坚定不移地跟随品牌，这才是餐饮品牌该做的梦，这才是未来餐饮品牌的壁垒、护城河。

时至今日，令人遗憾的是，许多餐饮品牌仍热衷于"我跟你说"的传统品牌建设方式，只把消费者当作被动接收信息的一方，自以为是地认为依靠自吹自擂的内容、大力度的活动就能吸引并留住消费者。这样做，也许短期内有效，但可持续的复购呢？可持续的转介绍呢？

在互联网高速发展的今天，餐饮企业要学会找到更多合适的目标受众，然后利用综合手段（不仅限于出品、选址、项目等），精心维系与消费者的关系，让消费者去传播、建设并协助推广品牌。消费者的痛点与爽点，指引着餐饮行业及餐饮品牌的经营、营销策略，目的是打造被消费者记住的品牌——这是餐饮企业未来的天花板！

毋庸置疑，消费者已坐到了品牌建设的主驾驶位上，单方接收品牌信息的时代已一去不复返了。

第二章
极致口碑营销——打造品牌的唯一之路

上一章我们讲了餐饮企业要立志成为被消费者记住的品牌。这一章我们讲一下成为被消费者记住的品牌的唯一之路——极致口碑营销。

一、五大营销思维误区——自以为是的营销思维

自从互联网普及，科技的变化层出不穷。互联网之后又出现了移动互联网、智能互联网，人的行为和生活也随之发生了改变。事实上，智能互联网有三个最重要的概念：连接、互动、结网。这为餐饮品牌建设打开了一片新天地，它让品牌跟消费者可以频繁互动，让消费者跟消费者可以相互影响，让人和人之间不再受时空、地域和文化的限制。消费者被智能互联网赋权，成为传播内容的创造者及影响者，甚至是餐饮品牌的推销员、倡导者（"大使"）。当然，消费者也可以成为餐饮品牌的破坏者。美国营销学大师菲利普·科特勒在其《营销革命4.0：从传统到数字》一书中明确地说了一句令人震撼的话："连接能力是今天最颠覆的营销创新。"餐饮品牌在新的市场环境下，如果再不把营销的重点放在连接、互动、结网上，其营销竞争力就会变得不可持续。

今天和未来，餐饮品牌的建设（塑造）已经不再是企业自己能完全掌握的了。智能互联网改变了餐饮行业的营销逻辑，可是还有很多餐饮人"身在曹营心在汉"，在智能互联网急速而持续发展的情况下，存在着如下五大营销思维误区：

第一，在社交平台（网络）上做传统营销。他们把自编自导的品牌（产品）信息，以自以为是的方式传播出去，还美其名曰"内容营销"，完全没有理会消费者是否真的有"被

营销"的需要，也没有系统且认真诚恳地与消费者互动，倾听他们的意见。这种高高在上式的"我猜你需要什么""我告诉你我有多棒"的营销方式已经过时。任何餐饮品牌营销都要有真正的亲和力，不能只是"我跟你说"，而应该主动采取"我听你说"的态度与方式。

事实上，餐饮品牌在智能互联网时代，最应该做的就是通过倾听，主动发现消费者及其需求，并主动给予满足，直接从营销转化到销售和品牌记忆，尤其是品牌记忆。

第二，只管盲目追求所谓的 KPI（Key Performance Indicator，即关键绩效指标），但是根本不知道这些 KPI 的维度和数据是否合理。为什么只重视营业额、粉丝量、收藏数等，而不重视对消费者体验的追踪和消费者的体验程度？要知道，先有体验才会有复购和转介绍，连消费者体验都不重视，空谈营业额、翻台率、粉丝量等是十分荒谬的。为了追求 KPI 的实现而去做营销的行为，是彻头彻尾的本末倒置，甚至会造成数据上的自我欺诈，对品牌和消费者都是有百害而无一利的。

第三，不理解线上线下的消费者行为（如消费者评价），并且将自己的行为作为对错标准。这是一种特别荒谬的做法。我对很多餐饮经营管理者做过调研，发现他们中的很多人没有认真研究过堂食客人的现场评价和线上评论以及评论背后的逻辑，那他们又怎么知道战术（方法）是不是对的呢？这就是典型的自以为是。

第四，很多餐饮企业的高管除了盲目相信自己是对的（自己曾经对过），也会盲目不相信其他人是对的。智能互联网让世界变得丰富多彩，让餐饮人有机会发现更多的新鲜事。身为餐饮企业的高管，必须承认餐饮市场本身就是"百花齐放"，自己不懂、不知道的东西太多了。很多时候，过去的不合逻辑就是今天的逻辑，过去的正确就是今天的不正确。餐饮行业的不断迭代，说明不断有餐饮新人冒出来，我们要承认"长江后浪推前浪"。今天的餐饮新人比老一代懂得多，他们的思维和认识，才是今天餐饮人应有的营销思维和认识。

第五，智能互联网是消费者聚集、讨论、互相影响的地方。很多餐饮人选择相信自己的直觉，而不相信真实的消费者体验、评价和消费行为大数据。其实，我认为倾听消费者的意见是洞察餐饮市场最重要的方法，如果没有真正的洞察，又如何制定执行战略呢？所以，餐饮人要学会拥抱互联网上的评价、大数据，要善于在互联网上（包括线下现场）聆听、洞察。

二、餐饮消费者的行为在互联网时代的九大特征——知己还要知彼

有的餐饮人会说，我们知道在互联网时代，信息的传递对餐饮消费者的选择有很大的影响力，所以，我们可以动用技术手段，制造、传播对我们企业有利的信息。这种想法是十分短浅和有害的，因为抱有这种想法的餐饮人还没有真正理解智能互联网的"智能"两个字。

在这里，我尝试从餐饮消费者行为改变的角度，谈一谈智能互联网在餐饮行业发挥作用的九大特征。

1. 平等

平等即指阶层和距离感的消失。如今，每个消费者都可以在社交媒体上发声，我们可以随时看到他人，包括名人、"大V"、亲友及陌生人发布的信息，我们自己也可以随时发布信息，发表评论、好评、差评、投诉、推荐，监控餐饮企业。我们与其他消费者的距离得以拉近。拥抱互联网，不是把自编自导的内容搬上网络那么简单，而是要充分认识到，这是一个打破了阶层和距离感的时代，是一个人人可以发声的时代，是一个真正的"你为人民服务，人民为你发声"的时代，让消费者自愿为企业发出声音，才是餐饮企业营销、餐饮品牌打造的最佳路径，从而实现餐饮企业商业模式上的自我颠覆。

2. 消费者真正"当权"

过去，餐饮企业的思路是：我提供我认为合适的产品，通过推广、促销让消费者知晓，让消费者来体验，再通过技术手段让消费者传播，从而赢得市场份额。今天，一个餐饮品牌、餐饮产品好不好由消费者凭自己的感知说了算，不是由品牌主自说自话或操控"民意"。消费者群策群力给出意见，绝对能够帮助餐饮企业成长，改善营销能力。试想一下，小米的产品正式上市之前，消费者就已经决定要买了，然后在体验后给出意见，使产品不断改善，这样的产品不可能卖不好。小米的成功证明了把消费者动员起来的力量是无穷的。

3. 透明时代

这是一个没有秘密和隐私的时代。在餐饮店里，消费者的一举一动都被摄像头监控着。消费者上网查询、消费、评论，运营商就会知道消费者的浏览路径、消费了什么、发布过什么内容、成了谁的粉丝、被谁关注、被谁点过赞等等，这些都会形成行为大数据图

谱，从而推算出消费者的喜好与痛点。你说你是不是透明的？餐饮企业是不是应该通过公开的大数据技术，更精准地捕捉消费者的痛点、爽点，更精准地规划营销策略、品牌建设，以减少浪费，提高效率。

4. 获得信息变得便宜

不需要付钱就能得到有用的信息，信息不对等的现象就会消失。过去有的餐饮人很成功，原因不一定是他们比别人能干，也不一定是他们拥有丰富的餐饮经验，而是他们掌握的信息比别人更新、更多。随着智能互联网的普及，信息随手可得，更多好事的消费者甚至可以"创造"信息，于是信息不对等的现象开始慢慢消失。今天，我们可以"百度"一下，就什么都知道了；可以"大众点评"一下，就能了解许多信息；可以"抖音""小红书"一下，就可以学到很多东西。所以，餐饮企业要抢占先机，争夺高位，就一定要重视线上信息平台，要主动发声，更要让消费者替企业发声。餐饮企业要做到的是无处不在，在任何受大众欢迎的平台上，都要全方位地与消费者互动。

5. 人人都有影响力

谁都可能成为餐饮行业的意见领袖，只要他（她）能被更多的消费者认可。在过去的传播环境下，消费者往往没有发言权（发言渠道），只能聆听、接受和服从。智能互联网的出现，彻底改变了这种状态。今天，消费者可以非常便捷地发表消费观点，与其他人在相关平台（媒体）上讨论，发表评论。这代表着每一个消费者都有一定的影响力。尽管现在还有一部分消费者不习惯发表自己的感知，但我坚信，未来会有更多的消费者站出来发声。

先知先觉的人更多地发声，于是粉丝就多了起来。粉丝多的人被定位为意见领袖、"大V"。在今天社会化营销的时代，意见领袖、"大V"对于餐饮行业尤为重要，这是因为我们自古就习惯服从权威。所以，拥有众多粉丝的"大V"就有了高高在上的感觉，说一句话、发一条视频就会引起四面八方的关注。对餐饮品牌而言，不得不承认，必须认真识别真领袖和假领袖，必须有效地与意见领袖互动，以增加品牌的曝光度和美誉度。

6. 内容和语调更亲和

既然餐饮品牌要承认消费者的"当权"，并使之落地，就不要再装权威，企图忽悠消费者了。只有抱有同理心，进行换位思考，来与消费者互动，才能深化与消费者的关系，拉近彼此之间的距离。

7. 社群口碑

我认为，现在和未来都是社群经济。餐饮品牌必须有记住品牌的"粉丝部落"，而不是像现在有些企业只是单纯地追求粉丝的数量。做餐饮品牌要像传教一样,懂得带领信众、粉丝,传播真善美的价值观,而且要动员粉丝口口相传,使他们成为品牌的维护者、"大使"。羊群效应累积到一个临界点,就会出现大爆发,到时候品牌就会成为社会符号,受到人们追捧。最为典型的例子就是苹果、小米、亚马逊、华为、好事多、胖东来等。消费者对这些品牌的信任度已经超越了一般营销(4P、4C)所能带来的效果。

对于餐饮企业来说,在智能互联网时代,餐饮人要把品牌打造成鲜活的、接地气的品牌,被消费者记住的品牌,首先被联想到的品牌。

8. 随时随地在变化

随着智能手机的普及,我们发现消费者看到什么、想到什么会马上在网上搜寻并做出选择。这说明品牌和消费者之间的距离接近于零,也可以说营销是随时随地进行的。在这种情况下,餐饮企业又怎么可能有长期且具体的营销规划呢?大方向和长远目标是必须有的,但是中长期计划(如年计划、月计划)变得意义不大。在智能互联网时代,营销规划、品牌塑造是每天都在进行的,因为我们根本不知道明天会发生什么社会事件,会有什么热点话题,自己在网上会被消费者如何评价。在这种情况下,也许只能预设场景,连规划都难以进行,因为变化才是不变的真理。既然如此,餐饮品牌就不能墨守成规,即时研究,即时反应,以变制变才是上策。很明显,餐饮企业要非常勤快地关注市场和消费者的变化,要随时分析变化,并做好随时改善的准备,这样才能洞悉先机。

9. 消费者体验

本书所说的消费者体验,不仅是指消费者在消费过程中的体验,还包括消费者消费前和消费后的体验。我认为完整的餐饮消费者体验有六个要点,分别是:

- 消费前:消费者在选择餐饮企业前的感知。
- 到店路途上:消费者到店是否便利及停车是否方便。
- 到店后:消费者对店招、进门招待、环境卫生及上菜前的感知。
- 品鉴中:消费者对菜品及席间服务的感知。
- 买单时:消费者买单时对消费金额和性价比的感知。
- 消费完离店后:餐饮企业对消费者离店后所做的线上评论及时给予回复,以及维护与回头客的关系。

餐饮品牌可以通过在线上线下全方位地了解消费者的真实体验,推送有针对性的营销信息,认真关注消费者的点评,提升消费者的体验,甚至可以根据消费者的消费记录,为其提供更多的营销信息，周而复始，使消费者忠实于餐饮企业。

三、极致口碑营销形成营销长尾——涓涓细流，汇聚成河

对互联网发展影响巨大的美国学者克里斯·安德森有两部著名的著作——《长尾理论》和《免费：商业的未来》。这两部书对我的影响很大，我把长尾理论运用到餐饮行业，将其转化为餐饮营销长尾——通过极致口碑营销带来可持续的、可信任的、低成本的、自然发展的传播力，并最终让消费者记住品牌，持续影响消费者的行为，从而形成没有尽头的销售。

我认为关于餐饮营销长尾的一个生动的说法是"涓涓细流，汇聚成河"。餐饮营销有它的长尾，这是互联网的普及所赋予的。过去餐饮企业的传播有很大的局限性，要付出很高的成本；而现在，即便是一个不知名的小餐馆，也有可能在一夜之间忽然成名。究其根本，互联网赋予餐饮企业的是营销长尾，其中最经典的就是社交网络上企业口碑的出现。社交网络可以让消费者随时、实时、适时产生口碑和传播力，而消费者的口碑是真正塑造品牌影响力的原动力。相对于餐饮企业自己推广的信息，消费者的口碑更可靠、更持久，也更能转化为持续的销售。

过去，一般餐饮企业营销活动的目标，主要分为长期目标和短期目标两种。长期目标是要创建品牌资产，让消费者认识品牌，喜爱品牌，最终培养忠诚的消费者，并让他们帮助传播品牌；短期目标就是提高销售额。很多餐饮人为了提升短期业绩（KPI 考核往往也是考核月度业绩、年度业绩），往往忽略了创建品牌这个重要的长期目标，于是大量的营销预算就会被分配到投放广告、搞促销活动等立竿见影的战术上。但是，社交网络的普及，使得这条长尾的形成加速了。故步自封和急功近利的餐饮人，却完全没有意识到口碑这条长尾对餐饮销售的长期帮助。

所谓餐饮营销长尾，本质是消费者信任和消费者影响力的长尾，就是指通过餐饮企业营销（极致口碑营销）战略所产生的源源不绝而且持久的口碑、印象、信任和影响力，要形成的是强大的品牌记忆，要让品牌被喜欢并被记住。当消费者需要一个餐饮品类时，就会立刻联想到这个品牌的名称、主打产品、好处，甚至一切有关联的故事、评论和体验。而要实现餐饮营销长尾，互联网（不限于社交网络）的社交、互动能力以及餐饮产品的个性化设计都提供了最好的切入点，也是最理想的加速器。简而言之，通过互联网（当然也

包括线下方式），餐饮企业可以塑造更好的品牌个性，打造能增加消费者好感和加深消费者记忆的品牌原型，让品牌营销的效果可以生生不息，彻底打破餐饮企业"各领风骚三五年"的怪圈。

近年来，我一直在专心研究餐饮营销长尾，也跟很多餐饮企业人交流过。我体会到，有许多餐饮企业人都对真正的极致口碑营销及营销长尾有非常深的误解，从而导致他们重视的口碑营销实际效果平平，甚至使得他们放弃了这个其实是最有效而且性价比最高的营销方式。这实在可惜。

我在一些特定的小范围内，针对一些餐饮企业试验了营销长尾理论的落地——通过极致口碑营销形成营销长尾，建设被消费者记住的品牌，并取得了积极的效果。有几位餐饮企业人是这样理解营销长尾的：

赵先生：我所理解的餐饮营销长尾，是指一种可持续的影响力，它能低成本地带动更多消费者对品牌的持续关注，且能带来持续消费和推荐的效果。比如，近年来，我们持续关注消费者的痛点，致力于将痛点转化为消费者的惊喜点。这其实是我们的日常工作，并没有什么额外的投入，但是效果十分明显：带动了我们的日常生意、早餐生意、宵夜生意和家用预制菜生意，甚至还有许多商业地产商家主动想让我们入驻，并承诺给予很大的房租优惠等等。我觉得营销长尾的关键是让我们的品牌和消费者产生情感关联，让消费者迅速记住品牌，并对品牌持续关注，这才是品牌的核心竞争力，也就是品牌的营销长尾。它的根本就是坚信"人民群众的力量才是决定性的"。

李女士：我认为餐饮店的产品不单在于菜品、服务、环境、价格，还应包括餐饮店的体验文化，即消费者的惊喜体验。餐饮店的产品只是一种载体，不要只注重消费者当下的体验。餐饮店（品牌）着力于口碑营销——消费者惊喜体验后的传播，积累品牌的长久资产，这是我所理解的餐饮营销长尾。

卢先生：我经营一个小众的餐饮品牌，我的营销预算不多，所以我十分依靠口碑传播。其实我也是一名消费者，我也天天被营销。那些能打动我的营销，主要有三个原因：需求、信任、体验。需求更多偏向心理层面，信任指的是口碑效应，体验是指消费前后的感知。这三点是我愿意反复消费的理由。所以，我认为餐饮营销长尾是指满足消费者的情感需求和注重建立信任，更要注重消费者的体验感知。每一次好的感知累积起来，就形成了消费者对品牌的记忆和信任，这种记忆和信任是巨大的持续性财富。

四、极致口碑营销的含义——UGC 大于 BGC

极致口碑营销并不等同于利用线上线下社交媒体做传统的信息传播，它是通过主动拉近与消费者的距离，积极与消费者互动，给消费者提供令他们开心、惊喜的体验，鼓励消费者参与品牌建设，从而产生 UGC（User Generated Content，即消费者原创的传播内容）。成功的极致口碑营销可以使 UGC 的声量扩大且更可靠，从而让品牌价值得到提升，消费者的消费欲望持续增强，进而产生消费，而且能产生延伸消费。我认为，餐饮品牌的极致口碑营销的重点从来都不是品牌选择什么媒体、选择什么话题、选择哪些"大 V"等，而在于极致口碑营销中的消费者体验与决策过程。事实上，更重要的并不是 BGC（Brand Generated Content，即品牌方产生的传播内容），而是 UGC。

在此，我想跟大家分享我在极致口碑营销落地过程中的五点经验，以使大家对极致口碑营销有更全面、更正确的理解。

第一，极致口碑营销的切入点不是账号。

不要以在社交媒体上开设账号作为极致口碑营销的切入点。在规划极致口碑营销之前，必须先洞察目标消费者的需求，要知道他们在哪些社交媒体上比较活跃，他们爱谈什么、喜欢什么、反感什么，再决定要不要开设账号，或以什么角色进入媒体。很多餐饮人，自己常用抖音、微信，所以就自然地假设大家都在这些媒体上最活跃。然而，事实并非如此。比如，有许多中高端消费者平常有浏览微博的习惯；有许多年轻女性消费者十分喜欢活跃在小红书上；有许多消费者通过各种渠道了解到餐饮品牌信息后，往往要在大众点评上验证一番。事实上，每个餐饮企业的情况都不一样，应该根据企业的品类、定位、所在地域、特色做出适当的选择。因此，先做好消费者洞察是必需的步骤。极致口碑营销应该从目标消费者开始，社交媒体只是工具。

第二，极致口碑营销不等同于线上线下推广。

极致口碑营销并不只是推广。它的起点可以是菜品、服务、性价比、卫生、环境、便利等带来的各种惊喜。比如，令你赞不绝口的菜品，诚意十足的分量，性价比超高的定价，让你备感温馨的装修环境，令你十分舒服的服务，甚至是任何可以引发传播的创意活动、特色服务，都是极致口碑传播的切入点。推广其实只是其中一个很小的部分。最有效的传播，是餐饮企业以能够令消费者惊艳作为营销动机。

第三，创造口碑是王道。

在极致口碑营销时代，消费者的传播比餐饮企业的传播重要得多。以往企业主习惯了把企业信息告诉消费者，其实这就是广播信息。许多餐饮人至今还热衷于投放大量资源去包装内容、购买渠道，却不知道这样做的效果已明显减弱——效率低下，浪费惊人。今天的消费者已经拥有了创造品牌内容的自主权，他们能通过自己的口碑塑造品牌，效果更好。餐饮企业应该做的，就是踏踏实实提升消费者的体验，让消费者去"传"；要更多地引发 UGC，鼓励消费者根据自己的惊喜体验发布对餐饮企业有利的内容，将"播"的主动权交给消费者；要狠抓消费者体验，主动与消费者交流，将消费者"传"和"播"的效果发挥到最大。

第四，用心经营与消费者的关系。

有的餐饮人认为，经常发布各种自编的内容，必要时配合线上线下的推广，在各种平台上做促销活动，或是请明星代言，这就是极致口碑营销。其实，这只是餐饮企业自己的视角，餐饮企业只把重点放在了自己身上。互联网思维主张把重点放在连接品牌和消费者的关系上，重点不是"点"，而是"线"。餐饮品牌要用心经营的是"点"和"点"之间的"红线"——这里说的"点"指的是餐饮企业及消费者，"红线"指的是消费者与餐饮企业的关系。我认为极致口碑营销就是关系营销、互动营销、情感营销，只有用心经营品牌与消费者的关系，才能真正提高餐饮企业在消费者心目中的价值，才能被消费者记住，营销长尾才会随之而来。总之，这个时代的营销，"营"比"销"重要多了。

第五，鼓励消费者多进行"传"和"播"。

餐饮人要接受的现实是，品牌自说自话的年代已经过去了。餐饮人要做的是让消费者去做品牌的推广大使。这并不是通过广告告诉消费者"我是什么""我好在哪里"，而是利用极致口碑营销时代的新常态，引导和鼓励消费者去告诉其他消费者品牌是什么，鼓励他们去"传"、去"播"属于他们的个性，去产生口碑。

现在是消费者掌握话语权的时代，品牌不能再高高在上了。所以，品牌方要多聆听和助力，把更多"传"与"播"的重任交给消费者——用心经营与消费者的关系比生硬地推销要重要得多。

以上五点经验揭示了一个道理，即为什么粉丝量、阅读量、转发量并不是最重要的 KPI。对于现在的消费者来说，品牌的粉丝量、阅读量、转发量与他们关系不大。消费者现在最关心的是共同兴趣和共同追求，一件事能让消费者心动、兴奋、有归属感，他们就会花时间和精力去了解、体验并分享。所以，餐饮人不要总想着靠活动来增加粉丝量和转发量，这些手段已经过时了。总结以上经验，从理论层面上，我认为极致口碑营销有如下四大含义：

（一）倾听消费者的需求

"希望（新款手机）有 iPhone 的功能，却是白菜的定价，还可以随时共享 Wi-Fi。"这是"米粉"们的呼声。

作为成功的极致口碑营销品牌，小米手机就是这样在众多的粉丝中诞生、改善和进步的。小米公司的创始人雷军先生是善于倾听的人。餐饮老板、老总、总厨、店长、员工等都应是善于倾听的人。消费者体验的改善就是因为企业管理者用心聆听了消费者的需求。

（二）消费者是口碑内容的创造者

餐饮企业输出内容本身是一种单向传播，引起 UGC 才是赋权消费者的内容。消费者可以发布消费的体验感受、餐饮产品的特色、对餐饮产品的好评或差评，而且可以发布照片、视频，可以回应（评论）企业信息，可以跟其他粉丝互动，可以点赞，可以转发，甚至可以发布自己原创的有关企业的内容。这些来自消费者的 UGC 天生就带有可信的基因，容易形成口碑，引发消费行为。

在整个极致口碑营销的过程中，消费者是这场表演的一号主角，企业不再是演员，而是幕后编剧、导演或是工作人员。如果企业总是包揽所有内容的生产，那么只不过是把传统的营销思维搬到了互联网上，打着口碑营销的幌子出着传统营销的牌。消费者如果不是主角，只是受众，体验感就会大打折扣。没有惊喜的体验，就不会有可以引起共鸣的分享，极致口碑营销就是空中楼阁。

（三）让消费者参与进来一起营销

与其猜测消费者的需求，或是自以为是地判断消费者的需求，不如建立机制，直接让消费者将他们的需求告诉企业。通过极致口碑营销工作，让消费者决定餐饮企业生产什么产品，提供什么服务，其实就是让消费者参与到极致口碑营销的规划中。餐饮人再聪明，也不能替消费者做决定。消费者的参与，决定着极致口碑营销的成败。

（四）立异才能区别于对手

企业只有立异，才能区别于竞争对手，在消费者心中占有独特的地位。企业有有趣的个性，才能吸引兴趣相投的消费者，形成区别于其他企业的记忆点。要与其他企业形成差异，最终还是要通过和消费者一起创造口碑内容、对话来产生消费者价值。

这里的关键是，立异不是企业自己的事，企业的立异如果得不到消费者的认可、喜欢，就没有什么实际意义。极致口碑营销的目标是让企业被消费者记住，形成营销长尾。所以，极致口碑营销的本质之一是立异。立异的过程就是从消费者中来，到消费者中去的过程。简单地说，就是从与消费者的互动中找出消费者的痛点，在日常工作中把消费者的痛点转化为给予消费者的与众不同的惊喜点，再把这些惊喜点通过消费者传播扩散出去，这才是极致口碑营销的核心。

最后，用一个模型总结一下极致口碑营销的本质：吸引—扩散—唤起行动。

吸引：找需求，也就是找痛点，把痛点变成惊喜点。

扩散：让消费者将惊喜体验传播出去。

唤起行动：让更多的消费者记住品牌，形成营销长尾。

五、极致口碑营销落地的"一四四"法则——一个核心、四个战略、四个关键词

我参访过不少餐饮企业，这些企业总部的墙上、宣传资料上通常会有"顾客是上帝""顾客是朋友""顾客是衣食父母""百年老店""长期主义""体验为王"之类的话，看上去非常重视消费者。但仔细了解，却发现老板、高管、店长、厨师长更关心的是当下的营业额、人效、坪效、净利、毛利率、各项费用的占比、供应链、选址、线上线下促销等。他们中充斥着急功近利的思想，他们关注的不是消费者所关心的，他们中真正关注消费者真实体验的并不多，"顾客是上帝"之类的标语成了空话，完全是自嗨式的口号。

有许多消费者对我说：我们看似被重视，实际上到哪儿都被忽视。

餐饮企业要享受消费者的终身价值——反复进行消费及推荐，就要与消费者建立高频的连接，还要有情感纽带。

我认为，正确的营销是从消费者的视角（同理心和慈悲心），了解消费者的痛点和爽点，解决痛点问题，发扬针对爽点的长处的连续不断的过程。多年来，我目睹了许多餐饮企业的创建、成功及失败，我发现构建一个正确的营销观十分重要。比如，一个餐饮品牌在创业之初会经历几个阶段，即所谓的初创期，先是从 0 到 0.1，再是从 0.1 到 1，后面才

是从1到10，从10到N。在从0到0.1的阶段，最核心的是你是否了解消费者的痛点和爽点；在从0.1到1的阶段，最核心的是如何根据你了解到的痛点和爽点，打造出令消费者惊喜的点。然而，我经常看到的误区是，企业有了很好的品类、几乎完美的选址和充足的资金，甚至还有强大的集团品牌效应和较强的组织能力，然后使劲砸向市场，初期确实取得了明显的效果，可是没有持续关注善变的消费者，极致口碑营销能力低下，导致这些叠加的资源很可能是竹篮打水一场空。经过多年的探索和分析，我总结出一个规律："活的"持续好的餐饮企业和"死掉的"餐饮企业之间有一个特别大的区别，那就是懂不懂口碑营销，有没有构建起极致口碑营销观。营销观的准确性直接决定着餐饮企业能否实现可持续增长。

极致口碑营销包含三观：消费者观、价值观、品牌观。

消费者观，考验的是餐饮企业对消费者的理解程度——"知我者，谓我心忧；不知我者，谓我何求"。消费者观要求餐饮企业换位思考，设身处地地为消费者着想，从消费者的视角出发，站在消费者的角度，了解消费者的痛点和爽点。

价值观，即营销所表现出的对消费者的负责、敬重、关爱，也就是表现为餐饮企业的思想和行为的价值观：追求什么，反对什么，什么让消费者痛，什么让消费者惊喜。

品牌观，反映了餐饮企业的老板及其他主要负责人对品牌的深度思考，对未来行业、企业发展趋势的认知。

消费者观决定着某种营销手段可不可用，价值观决定了营销手段能否成功，品牌观决定了能否成为被更多人持续记住的品牌。

本书的核心内容就是消费者口碑为王。消费者口碑的本质是消费者思维，其落地的表现就是让消费者有参与感。消费者选择餐饮企业的决策心理在这10多年里发生了巨大的转变，消费者的餐饮消费从最早的功能式消费，发展为后来的指牌式消费，到近年又流行起体验式消费。而我提倡的是参与式消费——为了让消费者有美好的体验，餐饮企业应该从一开始就让消费者参与到餐饮产品的研发过程中来，包括参与到装修设计、服务设计、价格定位等运营管理中。让消费者参与是极致口碑营销三观及其落地的核心。参与式消费的时代已经来临，为了更好地适应这个时代，我们餐饮人必须满足消费者全新的消费心理。

让消费者参与，能满足消费者"我是主导"的心理需求，使他们抒发"影响世界"的热情。在餐饮企业极致口碑营销的实战中，如何使营销三观落地？如何使消费者产生参与感？

让消费者产生参与感，就是把餐饮营销的过程开放，让消费者参与进来，建立一个可触碰、可拥有、和消费者共同成长的品牌。我总结出一个核心、四个战略、四个关键词，称之为落地"一四四"法则。

一个核心：秉持同理心。

四个战略：聚焦于找痛点；极致打造惊喜体验点；口碑推广；快速改善。

四个关键词：学习；价值观；爆品；效率。

（一）一个核心——同理心是地基

消费者为王，是互联网时代餐饮企业思考一切问题的基础。消费者为王，指的是以消费者的体验为王，即所有的体验都要从消费者的角度出发，由消费者评判体验得好与不好。

餐饮人最容易犯的一个错误，就是把自己的位置放得太高，过于看重自己的感受。他们对行业十分熟悉，以致形成了自以为是式的习惯性思维，或者叫作"知识的诅咒"（心理学术语）——当我们在餐饮行业有丰富的经历，脑海中充斥着过多的专业知识或以往的经验时，就很容易被这些专业知识、经验拖累，认为其他人都具备与自己一样的职业素养。

"知识的诅咒"在餐饮行业中十分常见，餐饮人总是喜欢按照自己的思维惯性提供一些令消费者难以理解的产品（营销方法）。"阳春白雪"确实有意境，但是"下里巴人"听不懂，看不明白，正所谓"叫好不叫座"。餐饮企业的目的是让消费者记住自己，并且自己能够赢利，"下里巴人"却不买账，那么利润何来？

没有耐心且爱抱怨是大多数消费者的天性。对于消费者而言，他们无感的餐饮产品就不是好产品。可是许多餐饮人的误区是：我用心打造了一款餐饮产品，它应该是完美的，我越看越喜欢。不能否认，这些餐饮人在行业内经历了长时间的摸爬滚打，确实具备了丰富的专业知识。而消费者则不然，他们是用自己的眼光评价餐饮产品：体验好就复购，就转介绍；体验不好就不会复购，还会吐槽。就这么简单。

弄清"知识的诅咒"的概念后，餐饮人便会发现，并不是所有消费者都和自己处于同一认知高度。很多餐饮产品（营销）或许能获得行业大奖或得到同行们的认同，但不一定会被消费者认可。这决定了餐饮产品（营销）甚至餐饮企业是会生意火爆还是会昙花一现，或者干脆默默无闻。

打破"知识的诅咒"的唯一方法，就是学会真正持续地从消费者的角度考虑问题。要像消费者一样思考，像专家一样行动，千万不可反其道而行之，否则结果只能是死路一条。

对于许多餐饮人而言，刚开始摆脱"知识的诅咒"时会感觉很不习惯，困难重重。关于这一点，我有一个小窍门，就是要经常性地在店面与消费者互动，以及习惯性地在线上看关于自己店及对手店的网评，并与消费者互动，了解消费者是怎么想的、怎么做的、怎么说的。

如何通过消费者反观自己是一门重要的学问。当你学会从消费者的角度反观自己的企业（营销、产品）时，就能看到自己的很多破绽，机会也会随之而来，取舍的准确性也会大大提高。

其中最大的难题是心态上的。餐饮人中有很多人表面谦虚，但内心无比狂傲，认为"老子天下第一"。乔布斯式的天才的确有，但是很少见。当你还没有成为乔布斯的时候，请你遵循市场规律，将自己的心态放平，打破"知识的诅咒"，真正进入消费者的状态，想一想消费者为什么选择你或为什么选择别人。

所谓同理心，就是指观察自己作为普通消费者的消费体验和感受，并扪心自问："我的感受能代表绝大多数人的感受吗？"

我研究餐饮行业多年，有一个重要的心得是：谁持续有同理心，谁的事业就会长青。

如果你发现自己缺少同理心，别着急，本书从头到尾的底层逻辑就是同理心，建议你将本书多读几遍。同时我介绍两个小方法供你做专项练习。没错，同理心是可以经过后天有意识的练习得到提升的。

方法一：正反对比法。

我在对一些餐饮企业研发的产品或设计的营销方案进行评判时，往往会从正反两个方向进行思考：一个是专业的角度（企业的角度），另一个则是消费者的角度。比如，有一次一位行政总厨准备推出一道新菜品，让我评判一下，我问他："推出这道菜的理由是什么？"他说："这道菜便于批量加工，上菜快，毛利率高。"我毫不留情地对他说："你想的净是你自己的利益，我代表消费者认为……"

方法二：隔岸观火法。

许多餐饮人都很勤奋，但他们共同的最大错误是太想把自己认为好的东西展现给消费者——其实就是忘记了从消费者的角度出发。

比如，"扫码点菜"这几年在餐饮企业中很流行，对餐饮企业来说，它的优点是效率高，能够减少人工。有的消费者也习惯于"扫码点菜"。但是，现在有很多消费者不喜欢

"扫码点菜",他们的理由是:一是害怕泄露自己的信息;二是有的企业"扫码点菜"程序设计得太复杂,有的要先登录或成为会员才能点餐;三是面对满手机屏的菜,看了后面的忘记了前面的,不知点什么好。

又如,一个消费者在一家餐饮店里向我吐槽:"这家店的菜品性价比高,我挺喜欢的。但是我越来越讨厌他家的会员制。每次来吃饭都有不同的人来推销会员卡,我都烦死了。我来这里只想安静地吃饭,不想成为他家的会员,天天被他们推送的信息打扰……"

如果不能从消费者的角度思考,你必定会犯一个错误:认为你的消费者会理解你。这是餐饮人的大忌。餐饮人必须具备快速切换到消费者角度的能力,学会观察并进行思考。

需要注意的是观察对象的选择。有的餐饮人喜欢从专家或熟客中选择调查对象,实际上,这些人的观点不一定准确,因为他们的专业水平比一般消费者高,或对这家餐饮企业有较深的感情,都不属于一般消费者。他们说好的东西,大多数消费者不一定说好;他们能理解的问题,消费者不一定能理解。

为了更加真实地观察大多数消费者的餐饮消费思维方式和习惯,"隔岸观火"是一个不错的方法。顾名思义,"隔岸观火"就是在现场观察消费者就餐的过程,在现场征询消费者的意见,以及经常在线上查阅(互动)消费者的评论,海量掌握消费者的真实需求和想法。这个方法我已使用多年,从中获益匪浅。

极致口碑营销都是打磨出来的,这需要餐饮人持续不断地努力。努力的方向就来自同理心,来自消费者的反馈。这就需要餐饮人更加注重消费者的表达权,加强与消费者的沟通。

(二)四个战略——战略就是取舍、排序

1. 聚焦于找痛点

关于找痛点,我将在第三章专门介绍,这里主要讲一下聚焦。

从餐饮企业的角度看,聚焦就是"把鸡蛋尽量放在一个篮子里"。这听起来似乎有些不合理。大家的第一反应可能是"餐饮行业细节很多,这样做会不会顾此失彼?"事实上,这往往才是正确的选择。一方面,在任何时候,餐饮企业的资源(金钱、时间、人才、精力)都是有限的,将有限的资源投入足够聚焦的核心工作中,才可能形成最大化的竞争力;另一方面,在存量市场中,什么才是餐饮企业最核心的工作?表面上看是以消费者的体验为王,但这背后真正的底层逻辑是什么?是影响消费者体验的问题——痛点为王。连消费者的痛点都找不出、找不准，体验为王就是空话，持续生意好就没有可能。

为什么有许多餐饮品牌走上了"各领风骚三五年"的道路？我认为最根本的原因就是这些品牌的高管们没想明白他们真正追求的是什么。"看似什么都对，什么都在抓"，其实是"做什么都不知道"，没有真正抓住餐饮经营的"牛鼻子"。不聚焦所以做不到洞察，所以不持续、打不透，这才是根本问题。毕竟只有想清楚什么是核心中的核心，才知道什么应该排第一，应该以什么样的组织形式、拿什么样的资源去做。

"各领风骚三五年"告诉我们餐饮人，不聚焦于正确的事就没有一切。那么，聚焦于找痛点，对于餐饮人来说的三个核心问题是：

第一，明确靶向——洞察痛点，把痛点转化为惊喜点是餐饮人的核心价值观。

有一句古训叫"有所为，有所不为"。要做到真正的聚焦，就要搞清楚哪些要为，哪些不该为，哪些要狠狠抓。在具体事项的讨论决策上，需要餐饮企业内部的终极判断依据，那就是非常明确的价值观，它是餐饮企业最核心的行动指南、游戏规则，也是餐饮企业内部认知层面的聚焦。

能够脱颖而出的餐饮企业，一开始都足够锐利，因为想得不多，做的事少，反而非常聚焦。但跟随直觉发展到一定规模后，就容易迷失方向。这时就要有意识地进行收敛性思考，像亚马逊一样，把当初"为什么出发""刚出发时追求什么，反对什么"这些核心问题进行反复对照思考。它揭示的是靶向问题，就像一家 30 年来一直生意很好的餐饮企业的创始人所说："我们的经验只有一条：两耳不闻窗外事，一心只抓消费者的痛点及好的体验，好事自然源源而来。"

第二，克制贪婪，少就是多。

资源总是有限的，切口越小，压强越大，突破越有力。所以，餐饮企业大到开源节流，小到每日的日常工作，对于一个具体的业务目标，基于洞察和我们所掌握的基本能力，我们要做的就是不断收敛，聚焦于必要的"最小切口""核心牛鼻子"，这也是我强调的"克制贪婪"，尽量追求"单点切入痛点"的原因。

第三，以深刻的洞察力洞察消费者的痛点，找到机会。

大家都知道消费者的需求很重要，可是消费者的需求多种多样，切口怎么选？我的经验是"单点突破，逐步放大"。一开始海量收集消费者的痛点，逐渐从中找出一级痛点，围绕一级痛点找到突破口。例如，一位餐饮老板曾对此做了如下几点总结：

· 每天都要去现场观察消费者的体验；

- 每天都要研究客诉记录、退换菜记录、营业日志、网评记录；
- 明确高频的痛点，更容易发现主流消费者的需求，这样才不会走偏；
- 找出的消费者需求要有一定的普遍性（刚需），这决定了餐饮店的市场前景；
- 聚焦于一级痛点更容易出成果，推广也会相对简单。

餐饮经营管理有一条"公理"，即企业一旦成立，就有无法抑制的自我成长的冲动和诉求。对一家餐饮企业而言是这样，对这家餐饮企业内部的任何一支团队而言也是如此。餐饮企业的成长通常体现在设定的各类项目或开了更多的店面，还有与项目（店面）相匹配的人力、资金等各类资源的要求，以及最为关键的一点：营业额或利润的增长。营业额、利润的增长往往会很快带动企业成长欲望的"局部正循环"，如多开店，不断增加利润。

但是，任由这样的"局部正循环"发展下去，往往并不能带来"全局正循环"，而是会指向一种近乎失控的状态。这种现象在近年的餐饮行业反复上演。这里的关键问题就是，企业内部的团队的行动方向与企业的整体方向是否严格一致？如果存在偏差，哪怕只是失之毫厘，最终也会谬以千里。

例如，一家餐饮企业的麻婆豆腐（售价16元）多年来深受消费者的推崇，出品研发团队后来花费精力又研发出升级版的麻婆豆腐烧海参，售价68元。但是，上市半年后，总经理发现这道升级菜的研发是错误的，甚至给企业形象带来了负面影响。

错误的本质在于，这家餐饮企业发展的初心是服务于普通大众消费者，立志为普通大众消费者提供性价比高的大众家常菜。而麻婆豆腐烧海参这道菜上市后，大多数消费者并不感兴趣，甚至不少消费者还认为这是变相涨价。

售价68元的麻婆豆腐烧海参好不好？我尝过，味道真的不错。但是，这样的菜品是这家企业需要的吗？是这家企业的主流客群需要的吗？大众点评上的一个差评说得好："我只是希望吃一道普通版的传统麻婆豆腐，结果在服务员的强推下，硬着头皮点了一道68元的升级版。老实说，真划不来。"

一道新菜的上市不只是多了一份销售额。每增加一道新菜，开发成本、加工成本、采购储藏成本、销售成本等一系列成本都会增加。在企业总资源有限的情况下，各团队把力气花在这样的消费者价值不明显的产品上，显然是不值得的。

这就是典型的部门增长目标与企业整体目标（价值观）发生了背离。分开来看，出品研发部门也很用心、聚焦；但合起来一看，离聚焦于消费者的痛点就相差十万八千里了。

后来，这家企业以麻婆豆腐烧海参这道菜为主题召开了高管专题复盘会，做了集中反思，并把这一类型的菜品及消费者评价通通找出来，围绕着本企业主流消费者的痛点进行了系统的总结分析，再一次明确了为消费者提供极致性价比的美食的主攻方向。

餐饮企业的核心业务、方向、目标一定是一元的，不存在二元乃至多元的可能。无论是"单点切入"的创业阶段，还是业务扩张的后期发展阶段，都是围绕一元核心转动增长飞轮。

容易实现的增长未必是高质量的增长，反而可能是资源的不合理消耗；销售额增加未必是企业"体质增强"了，也可能是"虚胖"。在餐饮企业内部，关于发展与进步，我们要反复问自己三个问题：

我的业绩增长为企业的核心战略——成为被消费者记住的品牌贡献了什么样的价值？

我的业绩增长是否与消费者的体验（口碑）同步（连带）增长？

我的业绩增长是否带来了消费者的不良体验及消耗了企业的哪些资源？

要保持整体聚焦，就要进行目标分解和持续校验。分解和校验的过程，也是对企业（个人）能力体系的校验和指导过程。每一个宏大的目标在实现过程中，都必然要经受巨大的考验，承受巨大的波折和痛苦。合理设定一系列核心发展目标，一步步向前，是不断获得正反馈，保证始终专注而不偏航的非常好的方法。分解的程度合适，就能极大减少跑偏的风险，也是对聚焦能力和方法的一次又一次的训练。

一家餐饮企业在创业之初，店面少，团队规模小，极度扁平，沟通成本低，方向不易出现偏差。但企业发展到一定规模之后，针对更多的店面、复杂的业务结构、庞大的团队组织，就需要用好相关的管理沟通工具，以做到高效一致。英特尔公司创始人安迪·格鲁夫发明的OKR（Objectives and Key Result，即目标与关键成果法）就是一个好工具。它的好处在于全员参与、目标明确、逐级分解、互相协同。每一层的O（目标）都对应分解成阶段性的几个KR（关键成果），而上层的KR又能有效指导下一层团队的O，而且可以跨团队组织印证协同。不同层级、不同部门之间可以依照OKR系统实时"对表"。

2. 极致打造惊喜体验点

惊喜体验点是指令消费者惊喜的细节亮点，具体内容在第四章会有详细的讲解，这里主要讲一下极致。

提到极致，大家往往会想到许多互联网公司的一系列口号，比如"玩命死磕""不惜代价投入""做到超乎想象""不断快速迭代"等等。这些认知对餐饮企业而言可能都对，但不全面。我认为，极致对餐饮企业而言，既是产品策略，又是营销策略，也是竞争策略,还是经营管理策略。

多年来,我研究了许多餐饮企业成功与失败的原因,围绕着这些企业的各种策略不断地进行总结分析,得出的结论有两条,即"必须把每个细节做到极致"和"仅仅做到优秀是远远不够的"。这也是我将本书的副书名定为"餐饮极致口碑营销"的原因——让消费者因为极致而喜欢并记住。

那么,什么叫极致?我的理解是,极致就是做到餐饮人能力的极限,做到别人做不到的高度。在餐饮实战中,极致有两层含义:心态上的无限投入,不遗余力地争取第一或唯一;无限追求最佳体验,认识触及行业和消费者需求的本质。

(1)做到自己的极限

极限首先是一种精神和意愿,表现为心态(态度)上的无限投入,不断挑战自己的极限。为了获得持续且出色的结果,以极强的主观能动性去探索、发现、总结。在自己聚焦的核心方向上,不要"差不多",没有"够好了",要的是"再努力一把,能不能更好"。有句话叫"高标准,严要求",极致就是"更高标准,更严要求"。

第一,不妥协的心态。

追求极致,说起来很容易,做起来很难。难的不是创造的过程,而是能在日常工作中发现很多司空见惯、熟视无睹、不美好、不完善,同时对这些不美好、不完善决不妥协,决不容忍。比如说,餐饮行业有一个著名的公式是"100-1=0",我们能否做到天天发现关键的"1"?我们能否做到质量零缺陷?

对不完美不妥协,对一切不好的消费者体验细节不容忍,并且有极大的热情、决心和动力去改变,这是做到极致的前提。

第二,哪怕收获只有1%,也愿意投入100%。

对聚焦的痛点不惜心力、不惜代价地投入,就像行动教育导师李践老师提倡的"对准一米宽的井口,向下深挖一万米、十万米",这是实现极致突破的关键。比如,我在一家餐饮店的菜单上发现了他们的承诺:本店菜品使用最新的天然代糖品——赤藓糖醇,不添加任何蔗糖,请消费者放心食用。

赤藓糖醇是一种天然代糖,远比其他人工合成的代糖(如阿斯巴甜、安赛蜜等)安全,而且口味更好。但缺点是贵。贵多少呢?价格是阿斯巴甜等的50倍。当然,赤藓糖醇在菜品加工中应用工艺的研发及调试口味、用量、配方背后都有大量艰难的工作,但对健康和口味的极致追求奠定了这家餐饮店成功崛起的基础。

在我看来，这家餐饮企业极致地打造出一个适合自己消费者的惊喜体验点——放心品尝美食，这就是通过极致口碑营销打造被消费者记住的品牌的典型案例。这家店的总厨告诉我："哪怕收获只有1%，我们也愿意付出100%。"

第三，在别人看不到的地方也要做得非常好。

在沃尔特·艾萨克森所著的《史蒂夫·乔布斯传》第12章中，记载了一个让我感到震撼的故事：

乔布斯从父亲身上学到，充满激情的工艺就是要确保即便是隐藏的部分也做得很漂亮。这种理念最极端也是最有说服力的例子之一，就是乔布斯会仔细检查印刷电路板，电路板上是芯片和其他部件，深藏于麦金塔电脑的内部，没有哪个用户会看到它，但乔布斯还是会从美学的角度对它进行评判。他说："那个部分做得很漂亮。但是看看这些存储芯片，真难看。这些线靠得太近了。"

一名新手工程师打断他说："这有什么关系？只要机器能运行起来就行。没人会去看电路板的。"乔布斯的说法和往常一样："我想让它尽可能好看一点，就算它是在机箱里面的。优秀的木匠不会用劣质木板去做柜子的背板，即使没人会看到。"几年之后，在麦金塔电脑上市后的一次访谈中，乔布斯再一次提到了当年父亲对他的教导："如果你是木匠，你要做一个漂亮的衣柜，你不会用胶合板做背板，虽然这一块是靠着墙的，没人会看见。但你自己知道它就在那儿，所以你会用一块漂亮的木头去做背板。如果你想晚上睡得安稳的话，就要保证外观和内在质量都足够好。"

餐饮人应该向乔布斯及其父亲学习。其实，每个城市都有长青的餐饮企业，在这些企业的背后，都能看到这些成功人士的"登峰造极"之处。日本的"寿司之神"小野二郎不仅会给章鱼按摩，还会根据消费者是男是女来决定握寿司的手法。他在工作时甚至不跟男性握手，因为男性的体温更高一些，跟男性握手之后再去握寿司，会导致寿司的口感不好。

只有对细节的敏锐感知和对完美状态的孜孜以求，才能实现真正的极致。而这样的极致难道不是真正有力量的营销吗？

第四，持续改善。

极致只属于少数天才吗？我完全不这么认为。我始终相信，极致是可打磨、可训练的。要有一颗不满足于现状、不安于平庸的心，以及在枯燥痛苦、持续改善中始终追求完美的耐性。

我做餐饮管理培训有20多年了，跟很多成功的餐饮团队交流过。他们尽管主营的品类不同，发展阶段不同，但都有一个相同的特征：了不起的餐饮体验不是只靠某个天才的想法，靠一个突然出现的灵感就能做出来的，而是经过长期痛不欲生的修改，一点一点打磨出来的。

事实上，餐饮产品的推出、餐饮体验的提供不是终点。互联网思维告诉我们，产品卖出去，体验提供了，只是跟消费者关系的开始。产品和体验也需要持续更新和迭代改善，而改善是一条没有止境的路。

第五，想法不要太多。

在这些年的餐饮培训经历中，我发现了一个有趣的现象：想法太多的餐饮创业者的成功率往往不高。对创业而言，想法太多反而是一种拖累。

有一个朋友想在餐饮行业创业，找我交流。他的思路很好，无论是品类的选择、产品结构的设计、用工结构的设计、价位的设计，在我看来都是正确的。但是他最后对我说："我要用开百家、千家店的思维来打造这个餐饮项目。"我立刻劝他道："你想得太多了！我的建议是，先不要想几百家、几千家，你要先把一家店的产品标准、消费体验做透，不要怕失去市场机会。只要你足够好，市场上永远有大机会。"

这不是故弄玄虚，餐饮创业者在创业之初一旦想法太多，往往就不能在产品体验上百分之百地投入。聚焦反而容易做出极致的产品，给消费者带来极致的惊喜体验。

张艺谋导演的电影《英雄》中有一句话："人若无名，便会专心练剑。"对这句话，我是非常有感触的。正如一个餐饮创业者所说："一切靠消费者体验说话，一切只靠消费者体验说话。"我一直主张，餐饮人要先聚焦再到极致：激发自己及团队的全部能力，把一件事（一个一级痛点）当成唯一的机会，全身心投入，看看能将极致做到什么程度。

互联网上流行这样一句话："极致就是把自己逼疯，把竞争对手逼死。"这种表达虽然有些绝对，但这种不给自己留余地的精神就是极致的精髓。因为不留余地，所以必须惊艳，否则就是死路一条。

（2）无限追求最优解

什么才是极致的惊喜体验点？在我看来有两个条件：一是体验（产品）要惊艳，成本也要惊艳，好产品更便宜就是惊艳；二是超出消费者的预期，真的让消费者想不到。

要满足这两点，就必须无限追求餐饮经营管理各个环节的最优解。最优解就是消费者体验价值的最大化（第一或唯一），也是餐饮品牌的绝对竞争优势。

第一，最优解才是绝对竞争优势。

在消费者的惊喜体验上追求极致的重要性在于，先行者占有先发优势，如果有关于极致的想法，往往就能给出第一或者唯一的答案。这是一种让竞争对手感到绝望的优势。

最优解通常会出现在哪里？我们发现，最优解本身往往并不在于餐饮人按过去的思路所理解的菜品、环境、服务等方面，而在于将消费者的痛点转化为惊喜点的实现方法上。我相信，消费者的需求是无止境的，对于每一个餐饮品类，每一类消费者的需求（痛点）都存在一个阶段性的最优解。如果你聚焦的方面还没有找到公认的最优解，或者还有诸多的消费者痛点，那么恭喜，你还有非常大的机会不断接近它，直到搞定它，并建立起强大的竞争优势。

第二，再不起眼的品类也有最优解。

也许有人会怀疑：真的是每个餐饮品类、每种需求都存在最优解吗？以西安的米皮、米线、肉夹馍为例。在西安，有许多以米皮、米线、肉夹馍为主打产品的小吃店，产品标准经过多年的打磨，大家都认为没什么可折腾的空间了。然而在 2023 年，有一家叫"翔子米皮"的小吃店突然火了起来。其实我一直是他家的回头客，我认为他家的肉夹馍就是西安肉夹馍的最优解：肉香且肉量大，肉量是一般肉夹馍的两倍，而且价格还不贵。过去我每次去品尝，都会想这家店迟早会火起来。终于，在近几个月，我每次去都要排长队才吃得上。

我相信，只要是还没有出现被公认为最优解的地方，就有巨大的机会和空间；而要追求和实现极致（第一或唯一），就要持续追求最优解。

第三，没有永恒的最优解。

所有的最优解都有极强的时代性。对所有的后来者而言，前人的优势再完美，也总有机会实现弯道超车；而对曾经的极致创新者而言，如何保持持续追求最优解的能力，就成了对极致的本质理解。

极致的境界就是在认知上领先于全行业，率先洞察、抵达行业和消费者需求的本质。人无法挣到自己认知以外的钱，餐饮人也无法提供超过自己认知的餐饮产品，只有在认知上始终领先，才能保障长期不断产出极致的能力和环境。

我认为餐饮的本质包含创意和乐趣。最为关键的是，餐饮人要秉持同理心，时刻有"消费者之心"。经常有餐饮行业的朋友问我如何看待餐饮企业之间的竞争，我一贯主张：一个餐饮品牌要关注竞争对手，但出发点不是与对手竞争，而是关注消费者的感受（在自己企业及在竞争对手处）。餐饮人的敌人是不关心消费者的想法。

餐饮人不断围绕着给消费者提供乐趣，乐此不疲地进行创意，历经磨难，不断创造一个又一个极致，这是餐饮品牌被记住的核心。

（3）极致不是自嗨和自我感动

极致是一枚尖锐的钉子，我们铆足了劲儿敲钉子时，要小心钉错地方。追求极致切忌盲目自我感动——这是餐饮人最容易犯的错误。餐饮人需要基于对消费者需求的深刻洞察，以"聚焦于找痛点"的方向为指导，时时校验，防止跑错方向。

如果追求极致的努力不用在目标消费者需要的正确方向上，那么花的力气越大，离题就越远。此时的投入和努力只能沦为一种"秀情怀"的噱头，或者是一种无用的"炫技"，抑或是一种盲目的自我感动。

我不仅反对自嗨和自我感动，更反对把极致做成华而不实的噱头。一些餐饮人过度追求精致、好看，不过是想通过炫耀所谓的"极致奢华"来谋求高溢价。但菜品本身的味道很是稀松平常，而缺乏诚意的菜品显然只会迎来失败。比如，有一家大众中餐店，为了追求极致，选用的餐具都是精巧的器皿，而且每个餐具上都印有自己的品牌名。但是，大众餐饮的特点是翻台率高，餐具容易破损，又因为不好购买及还要印字，导致餐具总是不够用且成本高，进而影响了菜品定价和上菜速度，这是本末倒置。

乔布斯所说的衣柜的背板用料扎实、做工精美，前提是这个衣柜整体设计非常出色且质量过关，而且当时许多消费者都吐槽衣柜的背板普遍单薄。如果一个衣柜的全部亮点是背板精美，这无疑是一个蠢到家的笑话。

把噱头当极致是自欺欺人的行为。消费者不傻，他们会用脚投票。所以，当你撸起袖子准备大干一场时，我建议你反复问自己几个问题：

我追求的极致是不是消费者真正需要的？

我追求的极致能不能成为消费者的惊喜点？能不能成为核心竞争力？

我追求的极致能不能形成长期可持续的"护城河"？

把钉子往哪儿钉，决定了极致的价值。如果钉错了地方，那么餐饮人无论有多嗨，都难逃被淘汰的命运。

（4）追求极致的本质是投资未来

前文提到的用赤藓糖醇代糖的餐饮店，在研发首道代糖菜糖醋里脊时，前后共投入了近20万元，历经波折，终于给消费者打造出一道好吃且无糖的糖醋里脊。这家店的总厨后来对我说："我们也一直很纠结：为一道糖醋里脊投入这么多值不值？老板告诉我们，无糖的饮料卖得这么火，我们的无糖菜也一定会给消费者带来惊喜。未来，有利于健康、养生的菜一定是趋势。"

看到未来新的可能，再以超越常人的投入把它实现，这样的路注定充满困难。但真正正确的事做起来通常都不容易。做到别人做不到的高度才算极致。而所谓困难、痛苦、纠结，都是这条路上的常态，也都是值得的。

同时，在这条路上历练过的团队，会拥有更有力的竞争优势、更广阔的餐饮事业前景、更雄厚的技术积累，对营销、品牌和消费者体验会有更深的理解，团队成员也将更有经验、自信和雄心。这一切产生最大价值的时候，不是获得成功的今天，而是被消费者记住之后的明天。所以说，今天对极致的追求，其实是在投资明天的竞争力。一家有强大生命力、创新活力、荣誉感、自尊心和追求的餐饮企业，不会只盯着眼前一时的利益，而是能接受更长远的延迟满足感，这样才会有对极致的追求。

3. 口碑推广

关于如何进行口碑推广，我们将在第五章详细介绍，这里从餐饮实战的角度讲一讲消费者的口碑。

消费者的口碑是餐饮企业取得成功最关键的因素，这是不言而喻的。

资源永远有限，对于很难做到持续生意好的餐饮店来说，尤其如此。只有聚焦于找消费者的痛点，才能集中所有资源将消费者的惊喜体验打透，做到极致；只有做到极致，才能从内心深处打动消费者，消费者才愿意口口相传，从而形成良好的口碑传播效应，餐饮企业才能真正迎来营销长尾效应。

良好的口碑从何而来？我的理解是，好菜品、好服务、好环境、便宜、性价比高不一定能带来持续的口碑，只有超出预期的惊喜体验才能带来持续的口碑。

关于餐饮消费者的口碑，结合实战，我总结出以下五点：

一是口碑形成于消费者之间，而不是餐饮企业自己的吹牛。

二是口碑产生的基础：餐饮企业与大量消费者互动，倾听消费者的意见，深刻了解消费者的痛点、爽点。

三是口碑是餐饮企业的营销策略、生存策略、品牌策略，也是效率增长策略。餐饮企业有口碑就能自传播、自转化、自推广。

四是菜品、服务、环境、价位和沟通等与消费者体验所有触点的表现总和才是口碑。

五是口碑的临界值是不断提升的，其中存在着消费者体验价值长期稳定提升的倒逼机制。

（1）利润第二，口碑第一

这个小标题其实还有一种说法：口碑是衡量餐饮品牌的终极标准。也许你会有这样的疑惑：为什么餐饮品牌的终极标准不是利润或营业额呢？为什么强调口碑第一？因为口碑总是领先营业额或利润一步，好口碑才会带来客流量，营业额和利润才有可能实现——口碑是营业额、利润形成正循环的必要条件。

我们分析一下正循环的构成：与大量消费者互动，认真倾听消费者的意见，深刻了解消费者的痛点、爽点，才能不断打造出令消费者惊喜的体验，才能形成口碑；而口碑一旦形成，就能自传播、自转化、自推广，对餐饮企业的产品（营销）改善具有强大的推力，而且这些推力完全是低成本的、可裂变的。

很多餐饮人都知道口碑的重要性，但是，他们曲解了口碑，为了获得口碑，仅靠花钱炒作、搞活动，把口碑视为一种传播红利和流量来源。实际上，真正的口碑不仅能自传播，更能自转化、自推广，基于朋友、熟人圈的推荐，具有无可替代的坚实的背书能力和裂变能力。近年来，**KOC（Key Opinion Consumer，即关键意见领袖）** 投放、私域流量运营成为餐饮行业的热点风潮，很多餐饮企业为此投放了不少资源。但实际上，对体验感极强的餐饮行业来说，消费者的口碑本身就是最有效的私域流量和转化资源，我们大可不必舍本逐末，舍近求远。

也许有时会出现口碑好，但营业额、利润表现不尽如人意的情况，这在短期内是没有关系的。毛主席说过："存地失人，人地皆失；存人失地，人地皆存。"口碑就是餐饮企业的有生力量和群众基础——留得青山在，不怕没柴烧。只要有生力量不灭，群众基础不毁，未来一定可期。

我们餐饮人在日常决策中，一定要把口碑放在第一位。甚至要做好心理准备，只要口碑出众，哪怕出现一定的亏损也在所不惜。

口碑第一，就是消费者的体验第一。无论我们多么用心，无论消费者的评价是否完全公允——事实上，从长期、宏观来看，口碑一定是绝对正确的；但从短期、微观来看，一定会有局部的失真。面对企业预期与消费者口碑的偏差时，餐饮人无论有多委屈，都要归因于内，都得确认评判原则：消费者的口碑评价永远是对的。

有一家以极致性价比为靶向的大众餐饮店，研发了一道价格近 200 元的菜品，他们不惜购进一流食材，倾注了大量的精力，菜品的口味也的确不错，因而他们自以为做了一道会赢得满堂彩的菜品。但令他们始料未及的是，消费者的口碑却崩了，销售份额寥寥无几。

这家企业的负责人跟我说："我们的食材是一流的，也是让手艺最好的师傅加工的，我们的毛利率设置比起同行来也不过分，为什么还会被骂？"我说："当消费者觉得这道菜的表现不及他们的预期时，你讲道理、感觉委屈是没用的。这道菜的问题在于，它在你们这个性价比极高的店出售，但它的性价比低于消费者的习惯性预期。消费者对你们店的厚道表现有一贯的高预期，突然冒出一道所谓的高品质、高价位的菜，就会挑战消费者对你们的信任。"我继续说："你好好品味一下沃尔玛、宜家、福特、亚马逊的老板都表达过的一个观点：我们企业的使命就是让好东西变得更便宜。"

印象是经过无数事实累积、验证而来的。消费者对餐饮企业的印象一定大过餐饮企业自己所讲的事实。餐饮人一直希望赢得消费者的信任，然而稍有不慎就会伤害消费者对餐饮人的信任，所以这是一个非常严重的错误。

因此，我主张餐饮人要像相信真理一样相信口碑的力量，这也是本书的底层逻辑。

（2）超预期才有口碑

海底捞的服务好有口皆碑。前一段时间，我和家人去了一趟海底捞，员工依然热情无比，但是我和家人却感到失望。为什么？因为我们的期望在此之前被吊得太高了，我们认为他们的服务还是原来的样子，没有什么提高。

而我在一家烤肉店吃饭时，服务员十分热情地问我是否需要免费的西瓜、粥、浆水菜，接着给我们端上了一盘西瓜（每块西瓜有两指宽）、一大碗粥、一盘浆水菜。我当着服务员的面说："这家店真厚道！粥、西瓜很棒，尤其是这浆水菜，就是小时候我妈给我做的味道，可惜今天我妈没有来。"当我结账要走时，服务员给了我一个袋子，说："听您讲奶奶爱吃浆水菜，我们专门给您打包了一份，请奶奶尝尝。"结果一盒浆水菜就把我感动得热泪盈眶。

口碑不仅与好吃、好看、好玩、定价合理有关，更与消费者事先的预期有关。这家烤肉店带给我的体验超出了我的预期，我当然会感到惊喜。而当我们去海底捞的时候，我们的期望值很高，超越的难度就不可同日而语了。所以，只有超预期、有惊喜才能带来口碑。

我们需要了解，消费者的预期是一个相对值。每一位消费者在消费时，都有一个综合心理评估。体验之后感觉超出了预期，就会产生口碑。比如，海底捞如果有一天降价了，同时服务、出品依然很棒，就超出了我的预期。

概括来说，口碑的来源是始终保持对同类对手的显著竞争优势——始终保持聚焦于消费者的体验，追求第一或唯一。

（3）做全段口碑

餐饮行业最重要的特点、难点就是"100-1=0"，所以餐饮人追求口碑要做到全面覆盖，不能留缺口和短板。好菜品、好服务、好环境或定价合理，都只是口碑的一部分，餐饮企业与消费者体验所有触点的表现总和才是口碑。

实际上，一家餐饮企业的所有人都与消费者有着直接或间接的接触，每一名员工都应该是企业口碑的创建者、维护者。全员靶向一致，共同参与，挖掘更多与消费者的触点，并不断打磨触点中的细节，就是在为企业争取更多真实、全面的反馈，同时也是为企业争取更多自传播、自转化、自推广的机会。

（4）没有一劳永逸的口碑

口碑如同流云，因势变幻莫测，风云际会间就是风起云涌；口碑如同潮水，一开始静水流深，汇聚入海就是澎湃巨浪。

因为消费者在不断变化，也在不断进行优势变量比较，无论是评价本身还是评价的标准都在不断变化。所以，从来没有一劳永逸的口碑，也没有一成不变的获得口碑的方法。辩证唯物主义告诉我们，要用发展的眼光看问题，对口碑的看法也是如此。

2023年4月，一家餐饮企业的几位负责人突然找到我，说他们发现营业额、进店人数、开台数有明显的逐月下滑的态势。他们说主要管理人员、技术骨干没有变化，服务标准、出品标准、定价标准也都丝毫未变。我赶紧让他们在各门店进行一轮大面积的消费者痛点访谈，再结合内部更细致的数据分析，才弄明白问题恰恰出在"丝毫未变"上。因为竞争更激烈了，消费者的预期发生了变化，原本消费者可能对一些细节不以为意，如今却要"吹毛求疵"了。

这就是典型的"刻舟求剑""自以为是"式的刻板经验带来的问题。事后可能会觉得这有点可笑。道理如此简单，但发现问题的过程居然如此大费周章。这件事值得我们餐饮人严肃且深刻地反思：我们在日常的经营管理活动中，为什么没有动态地收集消费者的痛点？我们因为自以为是、疏于思考、想当然，到底犯下了多少错误？

除了上面提到的消费者口碑临界值的变化外，还会遇到不同消费群体预期不同带来的口碑临界值的不同。

有一家餐饮企业，包间面积与大厅面积相当，包间主要针对商务接待，大厅主要针对当地年轻大众消费群体。2023年3月，这家企业开发了10道比较清淡的菜品，并且对原菜单上一些重油、重盐、重辣的菜品进行了"减重"处理。但是出乎企业意料的是，这个升级做法却对口碑造成了严重损害。大多数包间消费者对这个做法较为满意，甚至觉得这是企业与时俱进的表现；但是大厅的年轻消费群体有些无法接受——他们就是因为喜欢重口味才来这家餐饮企业的。尽管企业的初心是好的，但根据口碑第一的原则，消费者不接受的，就是错的。

这样的"会错意"对经营管理者而言，同样是一件"自以为是""刻舟求剑"的蠢事。后来，这家从诞生之日起就坚决信奉口碑第一的企业进行了严肃的反思，认识到这是极其严重的错误。整个团队对消费者的一系列不满、痛点进行了深刻反思，并针对包间、大厅分别制订了整改计划。

我认为，永远没有一劳永逸的口碑，消费者口碑临界值的不断提升（变化），其实是对消费者体验价值长期稳定提升的倒逼机制。餐饮人需要持续关注消费者痛点、爽点的变化，不断提升消费者的体验，才能维持良好的口碑。而避免"自以为是""刻舟求剑"式失误的方法，就是不要犯洞察与思考方面的懒病，要天天关注行业动向、消费者需求的变化，注意对口碑变化的追踪与分析。

洞察、追踪消费者口碑的变化，千万不要急功近利。近年来，在餐饮行业有一种最危险也是最可憎的现象，就是不正当竞争中的"线上水军行为"，比如在一些App上买分、买好评等。如果说互联网的本质是信息高度透明和去中心化，那么"水军行为"则是直接冲着破坏信息透明来的，甚至可以说是欺骗行为。也许有的餐饮企业因此获利了，但是我要奉劝这些企业和个人，"出来混总是要还的"，真的假不了，假的长不了。群众的眼睛始终是雪亮的。

4. 快速改善

我在这里强调的快速改善不是指业绩提升得快，而是指面对消费者的反馈时，洞察、反应、决策、改善的速度要快。我相信，这是餐饮企业的底层核心素养和能力。有了这些"快速的素养"和"快速的能力"，业绩提升"快速的结果"自然是水到渠成。

（1）快速改善是成长效率

在激烈的市场竞争背后，快速改善的重要意义在于餐饮企业的成长效率，以及消费者体验价值的提升预期和速度。

对餐饮企业而言，快速改善代表着更低的机会成本、更快的成长速度。对消费者而言，快速改善关联着选择成本与持续获利（占便宜）预期。现在的消费者在互联网上发现有更多的餐饮店可用来选择，所以对餐饮企业的快速改善要求很高。餐饮企业要用一切办法尽可能了解消费者的需求，尽快获得消费者的反馈，尽快做出改善，以达到消费者不断提升的体验（获利）预期。在智能互联网时代，餐饮消费者其实不怕一家餐饮企业不够完善，怕的是他们提了意见、给了差评，餐饮企业却不重视，没有改善。如何与消费者快速沟通，快速得到反馈，快速进行改善，这才是这个时代餐饮营销的关键问题。

所以，对餐饮企业而言，快速改善是一种持续进化和成长的素养。

"天下武功，唯快不破"，将这句话用在餐饮行业，我的理解是，一家能做到快速改善的餐饮企业，凭借更高的效率，必然会拥有更强的洞察力、更好的行业适应性、更坚韧的生命力和更持续的创新能力。

（2）快速改善的四种能力

快速改善作为一种素养，它的实现本身更是一种突出的系统能力。我们可以把快速改善的四种能力总结为：洞察快速、响应快速、决策快速和改善快速。

有一家餐饮企业请我作为"神秘顾客"进店体验，体验之后我跟企业的高管们进行了座谈。当时这家餐饮企业在其所在城市名气很大，生意很好。我讲了很多我认为应改进的方面，高管们十分认真地做了记录，反复表示感谢，并非常诚恳地说这些问题确实存在，接下来他们将尽快改善。很可惜，半年后我第二次来到这家企业时，之前存在的问题大多数依然存在，改善微乎其微。

我毫不怀疑那几位高管听取我的意见的诚意，我也完全相信他们会在企业内部传达这些意见，但是没有什么改观，只能说明这家企业内部的管理系统出现了某种程度的失灵。

我第二次到这家店时，发现生意明显不如第一次去的时候好。当一家餐饮企业持续出现系统失灵的情况时，无论它以前多么强大，一旦对消费者的反馈麻木或有更强的对手出现，就必然会走下坡路。

快速改善不是凭空的，不是靠喊口号和讲道理就能做到的，也不是光有想法就能实现的。它来自充满进取心和热情的团队的协作，来自严密而持久的体系的支持，来自企业与消费者亲密无间的接触和消费者的反馈，来自勇于试错、创新的思路和工具。

从本质上讲，快速改善是一种独特的全局性能力，是餐饮企业实现可持续发展的根本。要实现快速改善，需要不断打磨快速改善的机制，以快速改善的四种能力来对标，来衡量和改善餐饮企业的组织和流程，这样才能真正让企业的发展提速。

（3）慢才是快

快速改善是一项准则，而不是目的。所以，在具体进行时，我们要防止本末倒置，要以消费者的口碑为先，而不是一味追求表面上的、局部的快速改善。

多年来，我发现有许多餐饮企业会在某个阶段发展很快。但是随着企业的成长和业务拓展，需要做出的选择就多了，这时决不能因为一味图快而含糊、轻率地跨过关键节点——比如，任何时候都要以消费者的体验为王。很多当下看似是机会或看似对的选择，日后却可能引导企业走向截然不同的道路。

在这个问题上，有的餐饮企业付出过惨痛的代价。有一家餐饮企业因品类独特，市场机会很好，开店速度很快，三年在全国开了200多家店面，甚至在一次年会上喊出了"五年千店"的目标。然而，超高速发展掩盖了非常多的问题。很快，问题一下子全部爆发出来。究其原因，主要是对快速发展的片面追求，而没能下决心及时解决企业的隐患。比如，为了解决快速开店带来的缺少店长、厨师长的问题，盲目采取入股分红的分配机制。一段时间后，出现了"分红时皆大欢喜，没分红或分红少时怨声载道"的现象，严重削弱了团队的凝聚力。店面负责人聚焦于对利润的追求，忽略了对消费者体验的实时监控，导致进店人数下降。这是这家企业犯下的最严重、最致命的两个错误，后来为此付出了惨痛的代价。

还有一家餐饮企业忽视了品牌的系统性建设，一味高举高打，采用大量投入线上线下广告并配合大力度促销活动的方式，轻率地做出一些品牌建设方面的决策，完全忽视了餐饮品牌建设的系统性规律——一方面需要企业传播自己的好，更为重要的一方面是消费者体验后的自传播。只在"吹自己好"方面投入巨大，却不重视对消费者惊喜体验的打造，没有聚焦于对消费者痛点的收集、分析，这样会带给消费者一种普遍的认知：吹得好，但实际差得远。

磨刀不误砍柴工。在餐饮行业，你带给消费者的体验只要足够好，就永远不缺市场机会。快速与耐心并不冲突。在消费者的体验方面，一定要有谨慎且长远的眼光，战略选择上要稳。不稳、不扎实，必然会造成下一步不必要的急躁，迟早会出问题。所以，我认为餐饮企业在消费者的体验为王这一战略选择上要坚定，要不断积累、不断改善，在这一战略基础上的战术动作则要快速进行。

有时候，有局部的、阶段性的慢，才会有全局的快。这个全局指的是因为你持续让消费者的体验好，你才会有持续的发展。

（三）四个关键词——关键词是落地的导航仪

秉持同理心、聚焦于找痛点、极致打造惊喜体验点、口碑推广、快速改善是我们思考并提出的一套餐饮极致口碑营销的战略选择，它可以运用在各类餐饮企业的经营中。在这套战略选择的指导下，结合实战，我们总结出四个关键词，即"学习、价值观、爆品、效率"。这四个关键词是战略选择的关键点，同时有效地指导着后面战术的落地：洞察痛点、惊喜体验、点爆口碑。进而形成了整套的通过极致口碑营销打造被记住的品牌的方法论。

- 学习：学习为本；学习型企业。
- 价值观：一切以消费者的体验为中心。
- 爆品：惊喜体验就是爆品。
- 效率：高效率是基石。

1. 学习

我认为餐饮行业有两大特性：一是变化快，二是充满特色。这两大特性决定了餐饮人、餐饮企业必须持续学习，持续提升认知。

（1）学习是根本驱动力

未来成功的餐饮企业是什么样的？就是以消费者的体验为中心，以学习为根本，以能力（技术）进步为驱动，以创新体验赢得消费者口碑的餐饮企业。

优秀的餐饮企业有很多，各企业的核心驱动力各不相同。有的是基于独特的品类，有的是基于成本价格优势，有的是基于强大的选址能力，有的是基于创意能力。对餐饮企业而言，这些都非常重要，但最终的长期发展保障还是要归于学习。因为一切都会变，而且还会变得更有特色、更好。所以未来能持续保持成功的餐饮企业的立命之本、发展之源必须是学习。

（2）思想学习是关键

餐饮人很重视学习落地，强调学以致用。但是我认为，对综合文化（思想）素质不高的餐饮人来说，学习落地背后的思想提升更加重要。餐饮人的学习不是缺什么方法、技术就学什么方法、技术这么简单，而是要真正明白一些道理：做不好工作的主因是不知道怎么做（方法、技术），不知道为什么这么做（思想、激励）。为什么比怎么做更重要。要真正有思考、有积累，知道自己要什么、为什么要，知道怎么能持续实现想要的结果，并能提供独特体验的最优解。

餐饮企业天天面对消费者,要做到在众多消费者中有口皆碑。要想成为被众多消费者记住的品牌,就必须有自己的优势,并不断拿出令人惊喜的创新成果,必须实现对全员思想的掌握和主导。因为好的结果来自好的行动,而好的行动则来自好的思想。所以,当下是否有好的方法、技术并非关键,全员思想的持续提升才是关键。思想的提升要靠持续不断地学习、积累、总结。思想学习是一项长期的系统工程。

我认为餐饮人思想提升的关键在于"消费者的体验为王,而非自己的利润多少"这一核心思想。

(3) 关键赛道的重点突破

餐饮行业的技术、方法多种多样,更需要集中力量重点突破。企业在关键赛道持续投入学习资源,集中攻关,形成足够的持续压强,就有机会实现快速突破和成长。

有一家诞生于2019年的餐饮企业,创立之初,创始人就坚定地以消费者的体验为王,以小米公司为学习榜样,创建出日日收集、日日分析、周周总结的消费者痛点采集分析机制(技术),在解决消费者的痛点方面取得了关键性突破,为后来的发展打下了坚实的基础。随后,他们又成立了跨部门的消费者惊喜创造团队,持续学习、研发、试错。短短一年后,在消费者的体验方面取得了重大的技术(方法)突破,成为一家天天有消费者排队的餐饮企业。在痛点采集、痛点分析、惊喜体验点打造的集中压强、重点突破的赛道上,这家企业很快尝到了甜头,企业的发展也有了支撑和牵引力量。所以,餐饮企业在做学习规划时,相比起什么都学,不妨对照思想、文化的核心点进行权重分析,寻找支点,这样往往能带来更高的效率。

(4) 学习的目的就是创新

我十分推崇小米公司的企业文化,其中印象最深的是2017年雷军先生在小米6发布会上讲的一段话:

小米在8年前,就是由一群工程师创办的。我们一直渴望做出极致的作品、与众不同的作品、伟大的作品。要达成这样的目标,我们一定要不怕困难,不畏艰难险阻,执着前行。在整个探索过程中,不是鲜花,不是掌声,全部是汗水,全都是辛苦。只有抵达成功的那一刻,你才可以享受来自消费者的掌声。那么,我们为什么做呢?因为我们是工程师。工程师是一群什么样的人?他们看起来很闷,他们不善言辞,就像我一样。但是我们的内心非常狂热。探索技术的时候,我们是苦行僧;打磨工艺的时候,我们是受虐狂;谈到体验的时候,我们吹毛求疵;做产品的时候,就野心勃勃。我相信,就是这样的野心勃勃，就是这样的勇气，才会有可能拿出一个又一个的好产品。如果没有这样的勇气，连试都不去试一下，你就没有可能做出好产品。

这段话应该是雷军先生的真情流露，也给我带来了深深的震撼。我从餐饮行业的角度进行解读就是，最宝贵的资产永远是人才，是杰出的前厅、后厨的匠人团队。未来成功的餐饮企业——拥有极致口碑且能被消费者记住的品牌，其中坚力量就是学习型的匠人团队，再了不起的企业，再了不起的爆品，都是出自这些善于学习的匠人之手。也只有一群特别纯粹、特别有学习精神、特别有探索精神的餐饮匠人，才能坚守一家餐饮企业的初心：一心一意为消费者打造出惊喜体验。

所谓学习为本，核心就是要打造、发扬餐饮人的学习文化，塑造可持续发展的餐饮企业的灵魂：学知识，用知识，边学边用知识。要学习、学习、再学习，只有通过学习才会有极致口碑，才能被消费者牢牢记住。

2. 价值观——一切以消费者为中心

前面提到过价值观，在这里，我还想从更深、更实战的层面再讲一讲价值观，因为价值观太重要了！

如今的餐饮企业都以消费者为中心。但是以消费者为中心，以消费者的体验和感知为中心，说起来简单，做起来却不容易，关键是如何看待企业的利益与消费者的利益出现矛盾时的价值观。

很长时间以来，消费者总是提心吊胆，一提起餐饮人，总会想到"无商不奸，无奸不商"，餐饮人的总体社会口碑不高。

我一直在想，能不能有更多的餐饮企业诚实经营，善待消费者，真正让消费者感到欢喜、信赖？我觉得依靠互联网对信息高效透明的传播，完全可以建立一套崭新的餐饮营销秩序。

什么是营销价值？从实战的角度来看，营销价值不仅要看营销给企业带来了多少营业额的增长，营销价值是由消费者定义的。所以，我所认为的营销价值就是消费者体验价值。

所谓消费者体验价值，是指那些真正满足了消费者的需求，为消费者带来愉悦、惊喜的体验感知。许多餐饮企业认为"店多等于消费者价值"或"名气大等于消费者价值"，这些理解都不够精准。只有消费者的体验才能产生真正的消费者价值，而营销价值观的落地则是一个由痛点到爽点的过程。

2008年，我在西安接手了一家烤肉店的咨询培训项目。这家企业当时只有一家店，人均消费 60~70 元，他们希望能提升品质，吸引更多的消费者。于是我开始针对消费者的痛点和爽点做调研。我至今还清晰地记得出现频率最高的一个痛点："这家店的出品不错，价位也合适，就是烤肉本身'太硬'，口味偏重。希望能有一些与众不同的解腻的菜品。"其实他们当时也推出了一些口味清淡的绿叶菜，但是效果不好。于是我们外出考察，在另外一家烤肉店发现有许多消费者都在免费自助区取稀饭、小菜，他们家的稀饭、小菜品质很好。

稀饭、小菜是老百姓的高频刚需。但是在快节奏的今天，许多人没有时间，甚至也不会熬一锅适口的稀饭，更别说做出好吃的小菜了。许多餐饮人也不屑于重视稀饭、小菜。于是我们决定把免费的稀饭、小菜作为吸引消费者的重要卖点，精心打造，最终为这家店打磨出一套"大厨亲自熬稀饭、亲自拌小菜"的模式。这一模式一经推出就受到了消费者的追捧，迅速成为这家店的招牌，同时带动了这家店的生意。时至今日，这家企业已经有 15 家直营店了，是当地天天、家家都有消费者排队的品牌。他们的稀饭、小菜及后来加的免费水果一直是大众点评上关于这家企业的好评中出现频率最高的点赞关键词。

我经常会提起这个案例，因为它对我的冲击和影响极大。不起眼的，甚至是免费的稀饭、小菜颠覆了我对餐饮营销价值的理解——稀饭、小菜的价值由消费者来定义——给消费者带来了意想不到的惊喜体验，让消费者喜欢、记住，进而反复来消费。观念的转变，让我看到了餐饮营销的新机会。

创造什么样的营销价值观是由你的需要被满足的消费者定义的，只有建立起真正的底层营销消费者观——消费者认为什么是对的、什么是错的，需要什么、不需要什么，才能构建真正的企业营销价值观，以终为始，以始为终。

今天，很多餐饮企业都把价值观讲得很宏大，其实根本没有必要。餐饮企业应该把核心价值观讲得朴实无华、接地气，因为大道至简。极其明确、直白、简单的道理，往往更有生命力。

就像前文提到的烤肉店的老板，有一次我在与他聊天时问他：你们企业的核心价值观是什么？他说：很简单，就两个，一是为周边的消费者提供有极致性价比的三餐美食，二是让认真负责的员工生活得幸福。我问他：这两个有前后顺序吗？他说：有，永远是消费者第一，消费者是源头，但是，也必须逐步让员工感到幸福。因为价值观确定之后，企业要确定战略和为战略服务的组织结构，哪个价值靠前，组织结构、资源等就要优先向哪个价值倾斜，相对应的用人、制度、奖罚一定要跟进。所以，我们的管理人员最重要的职能就是天天在现场采集消费者的痛点、爽点。我们的高管要天天、周周、月月、年年分析这些痛点、爽点，来校正我们的日常工作及重点工作。

价值观可以叠加，可以有很多，这主要取决于企业的发展阶段和组织管理能力。价值观自上而下排序，企业资源的倾斜方向也会随之调整。我建议现在的餐饮企业不要追求过多的营销价值观，未来几年能把消费者的体验打透就已经足够，否则会得不偿失。

我经常与餐饮朋友交流我的想法，即餐饮人在互联网时代要建立新的价值观：利他才能利己——坚定地秉持一切为了消费者，一切依靠消费者，从消费者中来，到消费者中去，坚定地走消费者路线。

（1）利他才能利己

2023年11月，我带着几位餐饮朋友以消费者的身份实地考察了6家餐饮企业，分别是北京的广州顺德菜馆、上海的细记港九、杭州的绿茶餐厅、成都的陶德砂锅、长沙的笨罗卜、武汉的夏氏砂锅。考察之后，大家都感到十分震撼，震撼的是它们的客人的排队量，每个饭口去就餐至少排队一小时，而且天天如此，实在是不可思议。

对这6家企业，我跟踪研究了多年，越研究越佩服，它们在我心目中是真正成功的餐饮企业。对它们的成功之处，我有以下三点心得：

第一，菜品几乎道道都好吃，没有踩雷菜品——质量十分稳定。

第二，很重视服务，让消费者感到意外——这么忙的店还有如此好的服务。

第三，整体菜品的毛利率设置都不高，我估算不超过55%，少有华而不实的菜。

这6家企业其实就做了两件事：对消费者负责和克制自己的贪婪。上面提到的三条中，第一条和第二条保证了餐饮产品有足够的诚意。比如，长沙的笨罗卜是透明厨房，我看到所有炒锅厨师都是用炒瓢炒菜，而不是用普遍使用的双耳炒锅。其中的区别是：炒瓢小，每次只能加工一份菜；而双耳炒锅大，一次一种菜可以加工多份。这就是对消费者的诚意——生意再忙，也是为您一份一份用心炒。又如，成都的陶德砂锅的服务水平堪比海底捞。第三条是克制贪婪，菜品毛利率设置较低。尤其在当下，许多中餐店都把毛利率设置到60%~75%，所以消费者看到这几家企业的菜品和定价时，就有惊喜的感受。

这三条看起来很简单，但做起来很难。在当下，房租、人工、原料、促销费用都很高，许多餐饮企业把菜品毛利率定到60%以上肯定有其道理。这几家把菜品的毛利率定得低，经营上稍微出问题就很容易出现亏损。这种经营模式难度非常大，对顾客数量及内部浪费管控水平要求非常高，一般餐饮企业是不敢冒这个风险的。

这 6 家餐饮企业采用的就是典型的极致性价比模式,这种模式风险很高,但是一旦成功,威力极其强大。因为性价比本身就是最好的促销(营销),性价比会赢得消费者的喜欢、信任,占据消费者的心智,让消费者反复来消费,并帮助企业推广,形成营销长尾。今天,这 6 家店门口消费者的排队量(客流量)就说明了一切。

(2)真正的性价比是最大的诚意

网上有句玩笑话叫"别谈钱,谈钱伤感情"。其实做生意就是谈钱,这是挺正常的事,为什么会伤感情呢?因为在大众的认知中,大多数人谈钱的时候诚意不足,都想着占别人的便宜,当然会伤感情。

为什么会有占便宜这种事?必然是基于买卖双方信息不对称。而在互联网时代,任何信息不对称都不可能长久。

我经朋友介绍认识了一位传说中的餐饮营销高手,他有几十家店,都在商业综合体内。在与我交流时,他告诉我他的性价比模式:把菜品的毛利率定高,一定要达到 70%~75%,然后从中拿出 10%~15% 去打广告和做大力度的促销活动,以吸引消费者。我一听,心就凉了。他所说的不是我认为正确的餐饮营销方向。

我认为餐饮行业是一个天天需要消费者进店消费的行业,餐饮人一定要做老实人,每天要像农民种地一样,一分耕耘一分收获。不要做蒙人、坑人的事情,哪怕这种模式现在在市场上很有效果,因为这不是餐饮人应该有的价值观。什么是真诚?什么叫消费者是朋友?如果有一天你得知你的朋友把毛利率这么高的菜卖给你,他还是你的朋友吗?他绝对不是你的朋友。我不认为那位餐饮营销高手是真正的高手。我认为真正的高手应该像农民一样,每天下地干活,然后用辛勤和汗水打动大多数消费者,挣合理的利润。我觉得这样的餐饮企业才会持续下去,这样的人才能拥有真正的朋友。

小米公司的雷军先生曾说过:"难道我们真的习惯尔虞我诈的生活吗?我们能不能有一个公司值得用户信赖,真的是用户的朋友呢?做每一笔生意时我们都应想到,把产品卖给朋友的时候,我怎么跟他推荐?怎么体现出我的诚意?我的答案是 8 个字:感动人心,价格厚道。"

对这 8 个字,我从餐饮行业的角度是这么理解的:感动人心,是说做餐饮产品要有超预期的惊喜体验,如果产品不行,价格再低也没有人喜欢;价格厚道,是说定价要有诚意,否则等到需要消费者用钱包来投票时,他们是不会买单的。所以这 8 个字就像一枚硬币的两面,是一体两面的关系,看似平常,却很不容易做到。要真正做到,必须有足够的诚意和克制贪婪的狠劲。

前面提到的6家企业及越来越多这样的企业给了我极大的信心。近年来，我一直主张做长线餐饮企业，不一定非要在选址和促销上投入过多，反而应该减少选址（房租）费用和促销费用，狠抓内部浪费问题，进而定出更低的毛利率定价，为天天要吃饭的广大消费者提供性价比更高的产品——你天天让"爱占便宜的"消费者占些便宜，消费者就会天天来，天天说你好，这样你会赔钱吗？你赚到了什么？

性价比不是指绝对价格，更不是低价。性价比讲究的是比较优势，就是同等价格下性能最好、价格最低。

而极致性价比就不再是竞争手段，而是经商修养，是严格的自我要求和精细化的内部管控，以此表达对消费者的诚意——极致性价比不是经营问题，而是信仰、价值观问题，是对消费者的承诺、诚意，是希望拥有消费者的极致口碑，是希望消费者记住我们。

简单地总结为：极致性价比是指给消费者带来超预期的惊喜体验（第一或唯一），而且价格还相对厚道、有优势，即商业的本质是物美价廉。

另外，近几年还出现了"品价比"的概念，具体是指餐饮企业在性价比、极致性价比的基础上，获得了消费者的口碑，逐渐形成了品牌记忆，即便如此，企业也不追求品牌溢价，反而继续追求"价格厚道"，或者更低的价位。

不论是性价比、极致性价比还是品价比，其实都是企业利他、诚意的价值观的正确体现，都是极致口碑营销的真正体现。

（3）用真诚打动消费者

要想拥有消费者的口碑，首先要做的是倾听消费者的意见，这是一件说起来容易做起来很难的事。说它难，主要是因为诚意不够，不知道这件事的重要性。许多餐饮人说自己这么忙，每天还要浪费时间在线上线下去和不太懂专业的消费者交流互动，这不是耽误时间吗？我认为，系统地和消费者互动交流，可以避免闭门造车、自以为是带来的方向性错误；靶向明确，不走错路，少走弯路，走消费者路线，永远离消费者更近一些，这是对时间和精力最大的节省。

其次，尊重消费者，就要听取消费者的意见，但更重要的是行动。如果听完了意见却没有行动，不仅消费者会失望，企业本身也很危险。

消费者是餐饮人最好的老师、教练。只有了解了消费者的痛点、爽点及其变化趋势，给消费者的体验才会明显上一个台阶。以往我们餐饮人喜欢的是专业精英们关起门来做，这种办法看起来快，实则慢，因为准确性不高。消费者路线则不同，看上去是笨办法，但是非常有效。不仅如此，听意见，有反馈，有改变，能让消费者产生很强的参与感。普通消费者一旦觉得自己的意见有作用，产生的感情绝非一般的品牌忠诚度可以比拟，而是一种对品牌的强烈归属感。

有了参与感，才会有更强的消费者推广效果。2023年5月，我参加了一位朋友的新品牌开业仪式。因为宣传投入到位，促销活动力度大，当天是人山人海。说实话，我体验之后感觉很是一般。果然，一个月后朋友来电话说，广告一减少，促销活动力度一减弱，消费者人数就骤减——竹篮打水一场空。

近年来，我看到不少餐饮品牌在线上线下花费了很大的推广代价，初期确实有声有色，但持续效果却不尽如人意，或者无法持久得到消费者的支持。说直白点，这就是"水军"和"自来水"的区别。

"自来水"是网络用语，是指那些发自内心的喜爱和欣赏之情，不由自主、满腔热情地义务帮助企业宣传的粉丝。我希望餐饮企业减少广告、促销活动的费用，直面每一个消费者，把有限的资源真正投向消费者，在消费者中产生极致口碑，使每一个消费者都变成口碑的传播"大使"（宣传员）。

今天，很多餐饮企业急着做包装、做推广，其实不妨静下心来想一想，不要那么着急做促销，能不能把消费者的体验打磨好，先服务好一批消费者，让他们成为"自来水"，接下来的营销长尾才是真正"水"到渠成。

如今，我发现越来越多没有投入过多广告、促销费用的企业开到哪儿火到哪儿。背后的原因是，"自来水"充足。我们在线上线下有许多与消费者沟通的工具，但也要看到，信息沟通的便利并不必然会带来情感的增进，也不一定会使"自来水"持续增加。我们永远要寻找最能触动消费者的方法，但更本质的是要和消费者的心无限接近，赢得消费者强烈的认可，产生消费者的极致口碑。在线上线下与消费者沟通不难，难的是十年如一日地坚持与消费者沟通，坚持用真诚打动消费者，和消费者真正打成一片。

你用正确的价值观看待消费者，用真心对待消费者，消费者也会回报以真心。在我们餐饮人的心目中，消费者不只是买单人那么简单，他们是与我们共同成长的伙伴，他们与我们分享共同的理想，认同相同的信念。

（4）价值观的靶向——信任才是唯一

任何餐饮企业都会说一切以消费者为中心，但为什么一到落地环节就不尽如人意？原因其实很简单。经营消费者的信任，让消费者记住，这是以消费者为中心的最终靶向。在与消费者的交流互动中，有两个关键点：

第一，我们能不能让消费者得到惊喜体验，让消费者愿意反复消费？

第二，消费者在我们店消费之后，是否愿意主动向朋友推荐我们店？

消费者为什么信任、记住我们？因为我们与时俱进。在消费者心目中，已经建立起高品质、高性价比的口碑。要让消费者相信，只要是我们的产品，品质、价格一定是最优的，一定是可以"闭着眼睛来消费"的。

消费者的口碑、信任、记住是餐饮品牌存续的基石。消费者"闭着眼睛来消费"是对餐饮品牌最大的肯定，也是品牌的终极追求。有了消费者的口碑、信任、记住，环境的顺逆、当下利润的多少都不重要，因为这是可以不断累积、拓展的"财富"。对品牌而言，能够赢得更多消费者；对消费者而言，可以显著降低选择成本，并且可以持续获得超出预期的惊喜体验。

3. 爆品

"爆品"是互联网企业的用语，用于餐饮行业就是指惊喜体验。在餐饮行业，产品带给消费者惊喜体验就是爆品，就是王道。

餐饮企业要一切以惊喜体验为出发点，打造爆品模式。许多餐饮人对爆品的着眼点仅在于"爆"，也就是某菜品卖得好，希望菜品大卖。这没错。但是"爆"是"品"的结果，爆品是打磨出来的，不是包装出来的。这就导致了市场上不时冒出一两款爆品，但鲜有持续出爆品的餐饮企业。出一两款爆品有时候靠的是运气，但持续出爆品靠的一定是完整的模式和体系。

（1）关于爆品的认知误区

卖得多的菜品就是爆品吗？其实不然，这是最常见的对爆品的错误认知之一。菜品热卖是由很多因素综合决定的。真正的爆品模式，体验感才是其中的核心，但是也有其他方法可以实现，比如通过包装制造的信息不对称。有的企业热衷于包装爆品——给消费者体验感并不过硬的产品，经包装后热卖。有的菜品在包装之后一段时间内热卖，但很快就暴露出品质、体验方面的问题，迅速归于沉寂。没有体验感的支撑，一段时间的热卖也无法持续，反而会让问题暴露得更彻底。

所以说，一段时间内热卖的菜品不一定是爆品。便宜、好看、好玩的也不一定是爆品。有的菜品卖得很多，是因为便宜且每家店都在卖，但这不是爆品，因为消费者不是因为这个菜品好或有口碑才选择它的。当然，如果这种菜品你能做到别人的 10 倍好，但价格依然便宜，这就拥有了使它成为爆品的可能。

性价比高的前提是好品质，没有好品质、好体验、好创新，就会陷入片面追求低价的低水平竞争，这是餐饮行业的低效内卷。

关于好看、好玩的话题更具迷惑性。对产品的体验的确有赖于出奇制胜的好看、好玩，但是对好看、好玩的追求与消费者的需求相匹配，才是产品成为爆品的关键。过于强调好看、好玩，往往会出现"中看不中吃"的结果。

有一点需要特别强调：爆品模式追求的一定不是某一产品的阶段性热卖，而是企业的永续发展。上面提到的几种误区有一个共同特征，那就是可以在短期内取得较好的销售业绩或引发热点话题，但无法形成良性循环，反而会有副作用。所以，一家餐饮企业只能做出一两款阶段性的爆款产品，显然是因为没有理解爆品，也没有建立起爆品模式的能力体系。

（2）爆品的定义

我认为，餐饮爆品（以菜品为例）是指菜品的品质、体验、价格与现有菜品有明显不同，大大超出消费者的期望，给消费者带来惊喜，并引发口碑火热传播和热销的现象级产品。简单地说，餐饮爆品就是拥有极致性价比，具有一流口碑，最终实现长期热卖和营销长尾的产品。也就是说，如果一道菜品具有极致性价比、极致口碑、热卖、长周期等四个特征，我们就可以说它是爆品。

小米公司的雷军先生曾说过："拿出最好的产品，定出最低的价格。产品性能不要打折扣，竭尽所能做到最好。定价的标准绝不是比别人更低，而是根本不考虑任何竞争对手，先预测自己能做到的销量，再核算成本。说到底就是不给自己留后路。"

营销专家金错刀老师在《爆品战略》中写道："在这种无尽黑暗中，只有爆品才能绽放一朵烟花，被更多的用户看到。几朵小烟火都不行，都会很快被黑暗吞噬。"

是的，在当今的互联网时代，要想成功，必须做出爆品，形成极致的口碑，有引爆市场的营销策略。水温哪怕达到 99℃ 也没用，唯有沸腾之后才会产生推动企业不断进步的力量。

所谓爆品模式，就是极致口碑营销的核心点，也是成为被记住的品牌的核心点。简单地说，就是找准消费者的需求点，集中资源，直接切入，做出足够好的餐饮产品及消费体验，并引爆消费口碑。

爆品模式要求我们餐饮人不要把注意力都放到营业额、毛利率、利润率等业绩数字上，要把精力投放到持续做出让消费者惊喜的体验（产品）上。只要消费者对我们的产品保持惊喜体验，所有的业绩数字都会自然达到——别想别的，先把消费者的体验做好吧，做出大家都想要的爆品！

我看到用爆品模式打造的新餐饮时代就在眼前！

（3）建立爆品模式

我在以往的培训和考察中，经常思考一个问题：什么样的经营模式可以让一家餐饮企业持续不断地产生爆品（惊喜体验）？总结下来，我认为需要做好四个方面：找准消费者的需求；超预期的产品（惊喜体验）；惊喜的定价；较高的效率。

任何餐饮产品都要满足消费者的需求，爆品（惊喜体验）在这方面的要求更高，要能直击消费者未被满足的需求，也就是痛点。对于痛点的洞察，难在不仅要研究消费者，还要想到消费者前面，想得比消费者多。这就需要餐饮人对更高层次的消费者痛点做出判断。痛点的层次越高，做出爆品的可能性就越大。

总之，爆品（惊喜体验）源于大众需求，必须找到消费者普遍的痛点，提炼出一级痛点，给予超预期的满足，再用极致性价比击穿行业惯性，这样才会给消费者带来惊喜体验，这样的餐饮企业才能形成巨大的势能，成为被记住的品牌。

什么是超预期的惊喜体验？价格便宜就是超预期吗？不一定。前面我们已经说过，性价比高的前提是餐饮产品足够好。单纯的低价不是超预期。餐饮产品好是超预期吗？也不一定。消费者花钱消费，好吃是基本诉求。老百姓常说"货比三家"，在决定消费时，他们已经对好吃不好吃有了大致的预期，所以好吃也不是超预期。

只是价格便宜和只是好吃都不是超预期，唯有聚焦核心痛点、品质出众、与众不同，也就是"全面优秀，外加至少一方面杰出"，才有机会做到超预期，从而形成口碑。

这种体验可以来自全新的餐饮创新品类（唯一），也可以来自远超所有同行的综合表现（第一）。注意，我提倡的唯一或第一不是我们自己吹出来的，而是以消费者的直观感受来衡量的。

超预期离惊喜体验（爆品）还差一个条件，就是要有令人惊喜的价格。极致性价比是击穿大众消费者的心理、创造惊喜体验的关键。

许多餐饮人都有一个错误的认识：招牌菜定价要高，要保证足够的毛利率，否则难以赚钱。其实，令人惊喜的定价与菜品的绝对定价基本无关，"有理由的低价"或"有理由的高价"都可以。但是，惊喜体验最终要实现的是某些菜品大卖，如果菜品足够好，但价格不合适，仍然难以实现大卖，难以享受在中国做餐饮的最大红利——人口红利（客流量红利）。更为重要的是，诸如小米、好事多、沃尔玛、胖东来、宜家、福特、亚马逊、萨莉亚、优衣库等著名企业，已向世人揭示了一个真理：好的企业都是把好东西越做越便宜。商业发展的方向是普惠，让更多人享受到高品质的生活，提升人类的整体幸福感。我们餐饮人要做惊喜体验（爆品）、极致性价比，这不仅是手段，也是目的。当然，追求品价比也是我们的目的。

要有远超同行的体验，就需要有巨大的投入及必要的成本管控，而惊喜体验（爆品）又要坚持极致性价比，看起来是很难赚钱的。这矛盾吗？不。中国有一条商业古训："利小量大利不小，利大量小利不大。"薄利多销在中国依然可以带来可观的利润。而惊喜体验模式的核心在于提高效率，在使用真材实料、进行精心制作的同时，加强内部浪费管控，以较低的毛利率定价还能拥有利润空间，这是企业保持长久竞争力的关键——尤其是在有着14亿多人口的中国。

要提高效率，就要合理控制菜品的数量并做到道道都好。店面销售额出色，凭借出色的消费者体验获得相对长的企业生命周期，进而有效分摊各种成本。此外，通过线上线下的口碑营销降低营销成本，通过营销长尾降低企业的综合成本。

惊喜体验一旦打造成功，在有效分摊各种成本时，由于自带流量，营销成本会不断降低。所以，惊喜体验模式可以在保证性价比的前提下，显著提高餐饮企业的经营效率。这要求餐饮企业对内"拧紧毛巾"，全方位提升能力，保证消费者的体验给企业带来正反馈和正循环，支持企业持续发展。相反，餐饮企业如果不能做到高效率，就无法用稳定的商业模式来支撑性价比的持续表现。这也是不少餐饮企业能够阶段性地做到高性价比，但不能长期坚持的原因。高性价比加上能持续，才是极致性价比——不是定价策略，而是餐饮企业的发展战略，需要有完整能力体系的支撑。

惊喜体验模式（爆品模式）有一种神奇的杠杆效应，能够帮助餐饮企业高效撬动供应链、团队能力、市场、消费者资源，快速积累势能，实现快速成长。近年来能逆势成长的餐饮品牌，都是得益于坚持惊喜体验模式，持续打造惊喜体验。

（4）打造爆品模式的四种关键能力

第一，洞察未来：惊喜体验要有"明天属性"。

打造惊喜体验时，我们要考量的第一要素是，惊喜体验是否具备"明天属性"。什么是"明天属性"？就是给消费者提供代表先进趋势、令他们向往的全部体验，而且这种体验是消费者一旦尝试过就不想放手的。比如，我第一次喝"外星人"的无糖饮料之后，这款饮料就成了我家冰箱里的常备品。

从这个意义上说，所有能带给消费者美好感受的消费体验，都有开发成惊喜体验的潜质。比如，我已在一些城市的餐饮店发现了一批无糖菜品，其中记忆最深的是无糖的糖醋里脊。当同是"糖友"的朋友点了无糖的糖醋里脊后，我从惊讶到惊喜，后来不断带其他"糖友"来品尝，进而带动了更多"反糖人士"进店消费。惊喜体验是自带流量的，原因就在于它的"明天属性"让人心生向往。

第二，洞察消费者：精准取舍。

这一条包括两层含义。首先，切中消费者未满足的需求，将消费者的体验打造到极致，甚至大大超出预期。其次，打造任何体验都是在做取舍。打造惊喜体验有一个重要原则，就是做减法，少即是多。只聚焦于解决消费者海量痛点里最迫切的痛点（一级痛点），把这个痛点彻底打透。

我近年来总结了一条取舍法则：满足80%的消费者的80%的体验需求。哪些体验要加强，哪些体验要舍弃，取决于对消费者需求的洞察（本书第三章会重点介绍这一点）。

第三，创新实现：重点技术和供应链。

产生惊喜体验的前提是超预期，这需要大量独特的创新，而这些创新需要通过对技术和供应链资源的重组来实现。技术和供应链资源的重组，会为行业、企业、消费者带来前所未有的体验高度。这需要餐饮企业拥有开阔的技术视野（融合各地餐饮前台技巧、后厨技术）、深厚的预研深度，以及对供应链资源的深刻理解和深度把握。

第四，精度触及：直达目标消费者。

找准了消费者的痛点，也打造了超过消费者预期的体验，最后给出的也是低于消费者预期的价格，这样的体验能不能爆呢？其实还差一点，就是要把这么好的体验更直接充分地展示、送达给目标消费者，这样才有机会真正成功。

这需要餐饮人有更高效的传播技术，在线上线下与目标消费者直接互动，将信息高效传递给消费者，引发更广泛的口碑传播。

此外，我在这里还要再次特别强调一种关键的基本心态，那就是餐饮人在日常工作中一定要秉持同理心和"小白模式"，千万不要一下子就进入自以为是的"专家模式"。一方面要能主动带入普通消费者的视野，从最广大消费者的角度去思考消费者的真实需求，体验设计——找到最好且实用的体验,体现的是对消费者进行洞察的素养和对消费者体验的深刻理解;另一方面是餐饮人在思考、决策、行动时,不要囿于行业或自己已有的模式、经验、路径,而是要回到体验实现需求的原点。

这也是著名的"第一性原理"的体现,即我们要还原消费者最本质的需求和商业底层逻辑,而不是不假思索地照搬已有的理论和经验。唯有如此,才能实现更精准的痛点洞察、更惊喜且易实现的体验,以及更令人惊讶的创新。

我强调的惊喜体验模式来源于近年来互联网公司提倡的爆品概念,然而网红产品常有,爆品不常有,持续产生爆品的机制则更罕见。餐饮企业打造惊喜体验模式必然会遇到"冰河期"。只有坚守打造惊喜体验的初心,提升团队的修养和能力,放下"利润迷恋",坚持"高质量成长",才有可能持续打造出惊喜体验(爆品)。

4. 效率——高效率是极致口碑营销的基石

我知道,我提倡的极致口碑营销真正被餐饮人认知、理解、接受将是一个漫长的过程,也许需要10年以上的时间。因为这套营销理论有很多反直觉、反习惯的地方,需要跟"便宜无好货""一分价钱一分货"等很多固有的理念做斗争。具有嘲讽意味的是,极致口碑营销的目标就是实现"便宜有好货""半分价钱一分货"。

(1) 好与便宜矛盾吗

我从2000年开始从事餐饮经营管理培训工作。20多年来,我一直有一个疑问:为什么中国餐饮市场这么大,餐饮企业却总是上演"各领风骚三五年"的闹剧?为什么这么多年来长青的餐饮品牌凤毛麟角?我认为真正的原因是,餐饮行业陷入了一个怪圈:便宜的质量很差,质量好的或是出了名的越来越贵。

近年来,我开始深入思考这些问题。有两件事对我启发很大。

第一件事,我是海底捞火锅的"铁粉",从2000年年初到现在,我几乎每个月都要在海底捞的门店就餐体验一次,因为海底捞多年来一直是我心中的第一。但是,令我不解的是,随着海底捞名气越来越大,成为上市公司,店面越来越多,粉丝也越来越多,为何人均消费从起初的几十元上涨到现在的150元左右。也许海底捞有自己的理由,但作为消费者,我认为海底捞越来越贵了,我是不是该考虑别的火锅品牌了?

第二件事,我因为经常要给学生上课,所以日常着装比较正式,经常要买衬衫、有领T恤和西裤。一段时间以来,我发现好一点的衬衫都很贵,一件成本几十元的衬衫在商场可能要卖到大几百或上千元。能不能便宜点呢?有一次我女儿把我带进了优衣库,我一下子找到了感觉。售价100~400元的衬衫、有领T恤、西裤质量非常好。那一次,我把衣、裤各买了5件,后来还向许多朋友推荐了优衣库。现在我是优衣库的"铁粉"。

这些现象背后有一个词叫"定倍率"。定倍率=售价÷成本。比如10元成本的菜卖50元,定倍率就是5,毛利率就是80%。通常而言,服装行业的定倍率是10~20,鞋子的定倍率是5~10,化妆品行业的定倍率是20~50。餐饮行业的定倍率是2~5,也就是毛利率是60%~80%。那么,这么高的定倍率是从哪里来的呢?它取决于商业世界的效率。一部分看企业主有多贪婪,给自己留多少利润空间;更多的则是商品从生产到到达消费者手中,大量的中间环节损耗了巨大的成本,定倍率就居高不下,而这些消耗的部分全部要在市场终端由消费者来买单。久而久之,老百姓就认定了那两句老话:"便宜没好货""一分价钱一分货"。

我觉得"一分价钱一分货"有其合理性,但它应该反过来,是"一分货一分价钱"。不应该把市场推广、促销的费用加到菜品的价格里,而应该算菜品在原料、人工、研发、加工上花了多少钱。大多数餐饮企业都在人工、食材成本上精打细算,极少向大量的交易成本(房租、广告促销费用、浪费)开刀,这是"便宜没好货"的根源。在消费者看来,好与便宜是一对矛盾体,因此充满了疑虑。

餐饮行业不缺工匠精神,不缺创新意识,更不是不能把菜品做好,核心问题是急功近利,以及整个餐饮行业的商业运作效率低下,在内部管控方面水平尤为低下,这就容易造成一种恶性循环:体验不好,价格高,大家中长期都赚不到钱。

我希望极致口碑营销的方法论能够为改变餐饮企业普遍存在的效率低下及寿命不长的现状,提供更好的效率革命方面的借鉴。因为只有提高效率,我们才能解决好和便宜这对矛盾,真正做到"惊喜人心,价格厚道"。

(2)合理的低毛利定价与企业盈利的矛盾

理论上要解决好和便宜这对矛盾也不算难,用性价比模式似乎就可以。我们把餐饮体验做好,再设定较低的售价(较低的毛利率),只赚一点点利润。但真的这么简单吗?不一定。

性价比模式或极致性价比模式不是简单的定价策略或权宜之计,而是一种系统性的能力,需要精细的制度(体系)设计。同时,企业要有合理的利润,还需要保持健康的成长。其实有些餐饮企业也尝试了性价比模式,但是大多失败了。所以,采用性价比模式的餐饮企业不多,这不仅仅是意愿问题,更多的是能力问题。目前,只有极少数优秀的餐饮企业能够驾驭它。

极致口碑营销的市场基础是一对矛盾统一体:"惊喜人心,价格厚道"。由此必须建立一个"不可能的三角"的结构:体验做到惊喜人心,打造出极致的体验;价格做到极其厚道;企业有不错的盈利。

极致口碑营销就是要从效率入手,解决一对矛盾,把"不可能的三角"变成可能。

(3)菜品定价里的效率密码

要解决"惊喜人心"和"价格厚道"的矛盾,我们首先来看一个最基础的问题:菜品是怎么定价的?

一般餐饮企业菜品的定价主要由五个部分组成:原料、能源和人工分摊成本,学习、研发分摊成本,房租分摊成本,广告、促销分摊成本,利润目标。

要注意,这里说的都是分摊成本(占比成本,即占营业额的百分比),而不是成本的绝对值。不少餐饮人混淆了成本和分摊成本的概念,由此产生了很多误解。最为典型的误解是:××餐馆的菜品定价这么低,肯定是因为用工成本很低。

事实上,分摊体现的是利用效率,抛开效率谈绝对投入毫无意义。比如说,两家都是200平方米的餐饮店,用工都是20个人,人员工资水平相当。但是一家店一天营业额为1.5万元,另一家店一天营业额为3万元,人工分摊成本(占比)的差距就大得多了。人工分摊成本是体现效率的重要指标。其实,学习、研发分摊成本,房租分摊成本,广告、促销分摊成本也是这个道理,即便是原料成本也是一样的。比如,营业额很高的店面,进货价、库存量、原料浪费都是较低的。所以说,营业额解千愁。

效率是第一位的,效率高才会有极致口碑营销持续的基础。对于立志于极致口碑营销落地的餐饮企业来说,不要被成本费用吓倒,只要能在关键领域进行高效创新,永远都会有后来居上的机会。

分摊这个概念有多重要?分摊是高效率的体现,是营销长尾的体现,只要营业额大,边际成本就可以分摊到极低,甚至可以近乎免费。大家或许听说过一些吸客能力超强的餐饮企业被商业地产公司许以零投入(免房租)、装修补贴开新店,背后的原因是什么?

极致口碑营销背后的支柱之一就是把分摊成本尽量摊薄,就是采用惊喜体验模式,带动消费者人数(客源量)的增加。这种人数的增加带有海量、长周期的特性,这也是商业地产商愿意许以高优惠开店的原因。这样,我们就能把投入、人工、房租、原料成本分摊到很低;同时我们可以使用高效率的互联网工具,以新自媒体营销(口碑营销为王),加上惊喜体验自带流量，市场推广及广告促销成本就会变得很低。据我调研，一些生意火爆的餐饮企业的广告促销费用还不到营业额的1%，这是典型的去中间环节的互联网商业模式。

这就是有的餐饮企业敢于以极致性价比打破传统餐饮市场的旧格局，开拓新餐饮经营模式，同时效率也保持在极高的水平的原因。

传统餐饮企业菜品价格的主要构成如图2-1所示。

图2-1 传统餐饮企业菜品价格的主要构成

极致口碑营销模式下菜品价格的主要构成如图2-2所示。

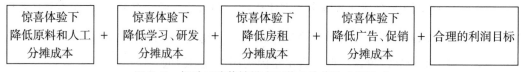

图2-2 极致口碑营销模式下菜品价格的主要构成

未来的餐饮行业不需要更多追求品牌溢价的企业，品牌溢价模式只会把东西卖得越来越贵，让餐饮企业背负更多的骂名。真正优秀的餐饮企业总是把体验做得越来越好，越来越便宜。一位餐饮老板说得好："有点名气后，千万不要有加价的冲动。冲动是魔鬼。"

（4）破除对毛利率的迷信

"如果没有足够高的毛利率，必死无疑。"这是很长时间以来我在餐饮行业听到最多的话。毛利率不高真的必死无疑吗？事实并非如此，因为毛利率与赚不赚钱没有必然的联系。单纯地谈菜品的毛利率，其实是一种偷换概念的诡辩，是一种片面的认知。这个认知长期以来误导了许多餐饮人，甚至让许多餐饮人在片面追求毛利率的路上不断摔倒。

赚不赚钱本身是一个关乎投资回报率的话题，菜品的毛利率只是其中的变量之一，听起来最为直观，也符合追求"当下的满足感"，而非"延迟满足感"的本能。关键是，没有高营业额（客流量）的毛利率，其实没有什么实际意义。

投资回报率可以通过下面的公式来计算：

投资回报率＝年利润÷年投资额

　　　　　＝利润率×年收入÷年投资额

　　　　　＝利润率×年投资周转次数

＝（毛利率－费用率）×年投资周转次数

所以，受毛利率误导带来的最大问题在于忽视了费用率和年投资周转次数这两个重要因素——因为营业额低，获客费用过高（房租高，促销费用大），以及内部浪费惊人，所以需要较高的毛利率。而极致口碑营销追求的高效率恰恰主要体现在这两个因素中。凭借惊喜体验（组合），只要能够提高营业额，提高综合运营效率，减少对选址和促销的依赖，加强内部管控，就可以把费用率降到足够低，把年投资周转次数增加到足够多。

前面我们讲了极致口碑营销的含义、落地"一四四"法则，最后我们来总结一下极致口碑营销的本质是什么。

极致口碑营销的本质就是用极致的效率实现极致的消费者体验，形成营销长尾，打造被消费者持久记住的餐饮品牌。

基于这一本质的极致口碑营销，有两个根本性的关键点：一是效率，二是体验。其中效率是方式和手段，体验是目的和结果，即为实现消费者的价值而运营，让消费者花的每一分钱都超值，同时让品牌通过高效率获得合理的回报。

由此，我们可以非常清晰地明确餐饮极致口碑营销的着力方向：以效率为标尺，以消费者的体验为导向。我们相信，极致口碑营销代表着未来餐饮行业高质量发展的方向。

接下来，我们将重点围绕"惊喜人心"的思路，来讲一讲极致口碑营销的落地：洞察痛点、惊喜体验、点爆口碑。

第三章
洞察痛点——拔出令消费者最痛的那根刺

营销先有"营"后有"销"。极致口碑营销的"营"指的是洞察痛点（找痛点，分析痛点）、惊喜体验（把痛点变成惊喜点）、点爆口碑（因惊喜形成口碑，直至成为被消费者记住的品牌）。至于"销"，则是"营"后水到渠成的营销长尾。所以，"营"才是本书的重点。前面我们用两章分别介绍了什么是被记住的品牌，以及极致口碑营销的概念、重要性、落地法则，下面我们从实战操作的角度分三章讲洞察痛点、惊喜体验和点爆口碑。本章讲洞察痛点。

一、什么是消费者痛点——痛点是冲突、需求

所谓消费者痛点，是指消费者在餐饮消费体验过程中更高、更挑剔的需求未被满足而形成的心理落差和不满。这种落差和不满会在消费者的认知中聚集成一个点，成为负面情绪爆发的原点，让消费者感觉到痛。

简单地说，痛点就是由理想（期待）和现实状况的差别所引发的一种不舒适的感觉。痛点也是消费者想要与得不到之间的冲突，而冲突就会产生消费者需求。了解并解决消费者痛点的过程实际上就是提升消费者体验的过程，也是极致口碑营销的关键内容。

因为消费者感到需要但又未被满足，所以痛点就是消费者十分渴望的一种需求。消费者在餐饮消费中遇到问题，希望问题得到解决，但很多餐饮企业觉得无利可图，或是受限于某些原因，导致消费者的问题一直解决不了。而越是解决不了的问题，消费者的需求就越是强烈。这时，一旦有企业解决了消费者的痛点，就会得到很好的市场机会。

痛点还有一个延伸概念叫痒点。相对于痛点来说，痒点是程度弱于痛点的一种消费者需求。消费者对解决痛点的需求十分迫切，不解决就会非常难受；而痒点则是消费者心生向往的一种需求，即便没有人来解决，消费者也不会产生太大的不适感。

痒点虽然不像痛点那样对消费者的刺激那么大，但如果利用好痒点，也能够在营销上取得不错的成绩。而且，如果在解决痒点的问题上做得好，痒点也完全可以转化为爽点。

比如说，大多数消费者在餐饮消费上的主要诉求是好吃不贵；好看、好玩是美食的附属性质，有或者没有对餐饮消费体验的影响并不是很大。可以说好看、好玩就是餐饮消费体验中的一个痒点。在好看、好玩方面做得出色，消费者会很喜欢；做得不是很出色，消费者也能接受。然而，随着一些餐饮企业对好看、好玩方面的开发，这方面做得越来越出色，尤其是赢得了许多年轻消费者的追捧，好看、好玩由此就从一个痒点变成了爽点。

消费者的痒点一般是一种潜在（隐性）的需求，餐饮企业能够满足消费者的痒点，在营销中就会具有优势。如果能够在一个痒点上深挖，痒点也可以变成爽点。因此，在痛点之外，痒点也是极致口碑营销中不容忽视的。（后文中把痒点、痛点统称为痛点。）

需要强调的是，在明显的痛点没有解决之前，仅挖掘痒点意义不大。比如，如果菜品不好吃，好看、好玩就是空中楼阁。

总之，痛点就是消费者最痛的需求点，也是一家餐饮企业满足消费者需求过程中最痛的那根刺。洞察痛点是餐饮企业生存和发展的基础，是一切创新的基础，也是一切成功的根本。洞察痛点是极致口碑营销落地的开始，只有拔出令消费者最痛的那根刺，口碑才能引爆。

二、消费者痛点的本质——机会来自洞察痛点

福尔摩斯和华生一起办案，经常风餐露宿。有一天，他们在一个山坡上搭帐篷住了下来。半夜，福尔摩斯问华生："看到头顶的星空，你有什么感触？"华生仰望天空，发出无限感慨："啊！此刻我觉得我们好渺小，你也有这种体会吧？"福尔摩斯说："体会个屁呀！你没发现吗？我们的帐篷被偷了。"

福尔摩斯之所以是大侦探家，在于他总能够透过表象抓住问题的本质。看待问题，华生还是欠缺火候，所以只能做副手。

做餐饮极致口碑营销也是这个道理，如果无法抓住消费者的核心诉求（痛点），就很

难取得成效。

（一）消费的本质——对比痛点

请看两个广告词：

甲：突破科技，启迪未来。——奥迪
乙：怕上火，喝王老吉。——王老吉

对比一下，哪一个广告词给消费者留下的印象更深刻？

显然是第二个！

奥迪的广告词只是在讲述企业理念，自说自话，跟消费者没有任何直接关联。企业产品理念（宣传要点）与消费者之间是一种弱关系，消费者自然懒得去理会。再看王老吉的广告词，表达的主题非常明确，产品能为消费者解决什么问题，消除什么麻烦，直击消费者的痛点，所以更具传播力度。

王老吉的广告词是针对消费者的痛点进行的痛点营销、痛点说明、痛点销售、痛点传播，传递的是实打实的干货，有料，不玩虚的。在这种情况下，王老吉和消费者之间就通过痛点架起了一座桥梁，形成了一种强关系，交易成功的可能性大大增加，王老吉被记住的概率也大大增加。

奥迪的广告词不论是在线上还是线下宣传，对应的还是自说自话式的传统营销思维。而王老吉的广告词则体现了真正的互联网思维中的痛点营销思维。

我认为消费有两个本质：一是对比，二是痛点。所谓对比和痛点，是站在消费者的角度而言的，消费者的消费行为本质上就是对比，谁解决了我的痛点，谁让我开心惊喜，我就选择谁。

任何营销的本质都是洞察需求，那么需求是从哪里发现的？需求就是从痛点中发现的。时代在变，人性不变。只要营销的对象还是活生生的人，只要人性不变，那么营销的本质就不会变。

营销的本质首先是研究需求，其实就是研究人。而人的本质是七情六欲，是真善美，也是贪嗔痴，是本能的映射，也是欲望的抑制，归根结底就是两个字："痛点"。

美国心理生物学家罗杰·斯佩里教授通过著名的割裂脑实验，证实了人类大脑具有不对称性的"左右脑分工理论"。他认为，左脑又称理性脑，主要处理文字和数据等抽象信息，具有理解、分析、判断等抽象思维功能，有理性和逻辑性的特点；右脑又称感性脑，主要处理声音和图像等具体信息，具有想象、创意、灵感和快速反应等功能，有感性和直观的特点。即左脑控制理性，右脑控制感性。

不可否认的是，左右脑所代表的理性和感性、经验力和想象力同时存在于我们的思想和行为中，这也会导致我们（消费者）在进行分析、判断时，往往会出现理性和感性不一致的情况，这就是痛点（冲突）的来源之一。

已故营销大师叶茂中先生在《冲突》一书中写道："左脑和右脑想要的不一样。……左脑追求价格，右脑追求价值；左脑追求健康，右脑追求爽；左脑追求实用，右脑追求艺术；左脑追求性价比，右脑追求浪漫；左脑的理性思维，往往会带来更多的限制和分析；右脑的感性思维，往往会带来更多的欲望和冲动。"左脑和右脑产生冲突，就产生了需求。

我认为冲突就是痛点。其实，餐饮消费者也是一样，在理性需求和感性需求之间、有限的需求和无限的欲望之间，往往就会产生痛点。极致口碑营销的本质就是解决消费者的痛点，而且要有成效，那么首先要洞察消费者的痛点。

痛点是永远不可避免的，这是人性，也是极致口碑营销之根。一旦出现痛点，就会产生需求，也就为极致口碑营销提供了可能性。

（二）洞察痛点——有一才有二

任何餐饮企业制定营销战略的第一步，都必须以消费者的痛点为主要考量因素。美国著名企业营销战略大师理查德·鲁梅尔特在其名著《好战略，坏战略》一书中写道："自上而下的战略是坏战略，自下而上的战略是好战略。"意思是，好的营销战略是通过分析研究消费者的痛点一步一步制定出来的，直到找到消费者认可的解决方案，而不是从企业自身的角度考量营销战略。

"先钉桩子后系驴，先撒窝子后钓鱼。"好的营销战略都是立足于明确的痛点之上的——极致口碑营销的第一步，也是最终的主要目的，就是解决消费者的痛点。

餐饮企业经营有三大成本：机会是第一成本，时间是第二成本，金钱是第三成本。不成功的餐饮企业往往弄错了顺序。

机会是什么？机会就是消费者的痛点。痛点越大，机会越大；痛点越大，需求越大；痛点越大，卖点越强。美国营销学大师菲利普·科特勒说："营销就是在满足顾客需要的同时创造利润。"那些生意火爆的餐饮企业，哪一个不是因为解决了巨大的痛点而杀出了一条血路的呢？

洞察痛点是极致口碑营销的第一步，尤其是洞察出市场上需求大的、尚未解决的痛点，进而为后续的惊喜体验打下坚实的基础，同时也为节约时间成本、金钱成本打下坚实的基础。

这里提醒各位：务必先洞察痛点，洞察痛点是一种稀缺且有价值的能力。谁能有效地洞察痛点，谁就有可能解决痛点。

（三）洞察痛点的本质——发现痛点与分析痛点

消费者的痛点是不断升级的。当一个痛点被解决之后，另一个痛点又会迅速出现，并成为当下的关键痛点。痛点无处不在，洞察痛点就是找到打开消费者需求大门的钥匙，而这只是开始。痛点不会是一次性的，发现痛点只是眼睛的胜利，制造并扩大痛点的价值才是洞察痛点所要达到的胜利。

1. 小心消费者陷阱

机械地理解"以消费者为中心——发现消费者的痛点"，会走进一个误区：看似找到了很多痛点，但很多都是伪痛点。因为消费者有时未必真的知道自己需要什么、想要什么。

乔布斯曾经说过：如果亨利·福特（福特汽车公司的创始人）在制造汽车之前去做市场调研，他得到的答案一定是消费者希望得到一辆更快的马车。更快的马车就是消费者陷阱。

如果只是顺应消费者表面的需求，不断提供更好、更舒适的马车给消费者，只会在他们布置的陷阱中越陷越深。只有跳出"马车"的陷阱，重新洞察消费者需求中的痛点，才能洞察消费者的真实需求：渴望更快到达目的地。更快才是消费者的本质需求，而马车只是达到快速的一种载体，更快的马车只是消费者陷阱。

乔布斯还说过，消费者没有义务去了解自己的真实需求。他们只想要更舒适、更安全、更健康、更美、更快乐、更成功、更富有、更有品位、更有魅力……而企业则必须洞察消费者的真实需求——它们就隐藏在消费者真实的痛点中。

我们身处大数据时代，海量的消费者信息可以信手拈来，但在这些数据、信息之中，必须甄别出真实的消费者需求。否则，你掌握的只是冰冷的数字，而绝非消费者的痛点。

也就是说，掌握大量数据、信息并不能决定成败。从统计学的角度出发，决定胜负的并非数据运算能力，而是运算观点。观点就是对痛点的分析、假设，然后进行判断，做下一步的预测，否则只是瞎使劲。可见，让大数据、信息有观点的，洞察到能够解决痛点的信息的，归根到底还是人。

2. 是洞察，不是观察

许多餐饮企业也在天天记录数据、查看各类信息，但是缺乏洞察的深度——深入挖掘需求的核心。

深入表象，一眼洞穿事物本质的能力，我们称之为洞察力。洞察力是发现痛点、进行极致口碑营销的先决条件。电影《教父》里有句经典台词："花半秒钟就看透事物本质的人，和花一辈子都看不清事物本质的人，注定会有截然不同的命运。"

观察和洞察最本质的区别就是对问题本质的穿透力。尤其是当餐饮行业进入智能时代：传统企业研究认知，而智能企业研究需求。认知是经验、共识、传统，人们学得来，模仿得来，观察得来。在传统营销模式下，人们通过仔细观察核心人群，研究他们的固有认知，甚至是通过模仿别人，就可以为自己的品牌（产品）构建出一条赛道。然而，进入智能时代，面对品牌拥挤、类似产品过剩、传播粉尘化的现状，餐饮人不能只停留在对消费者认知的观察层面，更需要深入洞察，真正找到需求的"洞眼"，这才是让消费者动心的根源。

消费者的需求分为两种，即生理需求和心理需求。需求的末端往往连接着人的欲望。对此进行研究不仅需要具备认知常识，更需要具备想象力、创造力和洞察力。这样才能洞察到那些接近本质的需求，甚至创造新的需求。

观察就像望远镜，能看清需求的方向，可以构建消费体验的大致模样；洞察就像显微镜，能看清需求的本质，可以构建消费体验的深度。餐饮企业甚至需要洞察到消费者的隐性需求，这样才能避免走上类似化的赛道。

餐饮企业的消费者观察与消费者洞察对比如下：

- 消费者观察是对消费者消费行为的一种记录。
- 消费者洞察是透过消费者的消费行为及痛点，分析其背后的心理需求。
- 普通观察：只能发现事物的表象，目的是获得共性的认知。
- 真正洞察：能够发现事物的规律，目的是看清本质。

所以说，观察只是记录了消费者所做的事情，比如记录了营业额、销量、差评数、好评数或者差评内容、好评内容；而通过洞察则能回答消费者为什么会那样做。只有真正做到了洞察，才能从根本上解读痛点，解读人性，从根本上了解消费者的动机。

洞察，包含了观察，同时还要结合分析和判断，看破表象，分析背后的内涵。洞察往往需要的是"捅破窗户纸"的意识，如：人们不只是来吃饭的，还是来社交，来张扬自己的个性的；人们不是要买电钻，而是要买墙上的洞眼；人们不是要买化妆品，而是要买美、自信、回头率。

一切生意和机会都从消费者的痛点（需求）中来，餐饮人要充分观察消费者，然后深入洞察消费者的痛点（需求），才能创造出让消费者心动的体验、产品、品牌。尤其是现在，餐饮行业进入了内卷化、精细化、智能化时代，在大多数表面上的痛点已经被解决时，我们更需要用心洞察，甚至发现那些模糊而隐性的潜在需求。

消费者是有血有肉、活生生的人，而不是数据、符号、概念。本书第二章中讲过同理心，在后面"惊喜体验"一章中还要讲同理心。洞察最重要的就是秉持同理心，有温度地感受消费者的生活、情感和向往。消费者的行为、痛点，不仅是大数据的支点，背后还有他们的人生和情感。对消费者的感受要有温度；倘若没有温度，往往说明你只是在观察，而非洞察。只有把消费者当成有血有肉、活生生的人看待，才有可能洞察到一个个鲜活、有热度、有欲望的痛点（需求）。

可以说，洞察就是连接品牌和消费者的桥梁，能够让消费者对品牌产生情感上的认同：它很理解我；那正是我的痛点、爽点；它知道我为什么需要它……就好像大家都知道的"春天的故事"：当乞讨者在木板上写上"我是盲人"时，没人同情他；而写上"现在是春天，但是我却看不见它"时，大家都十分同情他。这里的"春天"就是洞察力，是激发出共情的洞察力。品牌要与消费者产生关联，就需要找到像"春天的故事"这样犀利的洞察点。

"消费者王朝"的到来，要求餐饮人不仅要学会观察，更应学会洞察，因为消费者对餐饮的认知总是被新的需求、新的欲望、新的体验一波一波地推翻。如今，餐饮企业最大的竞争阻碍不再来自餐饮产品，而来自我们对未来的傲慢和对消费者体验的轻视。

所以，"你是谁"已不重要，重要的是消费者需要"你是谁"——这是一个"自以为重要敌不过消费者需要"的时代！

如果你无法洞察一个又一个消费者的痛点，哪怕你的品牌现在再有名，也必然和未来擦肩而过——只观察不洞察，就等同于赶脚的骑驴，只图眼前快活。

今天，消费者观察逐渐被数据化研究和分析取代。只进行观察，会令餐饮企业陷入消费者陷阱、记录陷阱、数字陷阱。如果不能清晰地洞察到消费者的核心痛点（需求），就可能会在错误的道路上越跑越远。只有洞察到消费者的核心痛点（需求），才能在数据黑洞中杀出一条血路来，找到新的机会。

例如，我在2023年上半年帮助西安一家著名餐饮企业做了一次关于开发儿童餐的痛点需求分析。请看表3-1中的数据，哪个是真正的痛点，哪个是消费者陷阱呢？

表3-1　消费儿童餐关注的因素表

（300份问卷的数据结果）

基础痛点	安全性：88%
	有营养：71%
	性价比高：52%
功能痛点	方便儿童食用：49%
	儿童喜欢食用——好吃、好看、好玩：26%

普通观察：88%的"安全性"及71%的"有营养"，是不是儿童餐的主要痛点需求呢？

真正洞察：我在提交调研报告时，放弃了88%的"安全性"痛点及71%的"有营养"痛点，是因为洞察到儿童餐的真正痛点是"儿童喜欢食用"。

儿童餐是否安全、有营养，取决于餐饮企业的责任心、宣传、口碑及消费者（父母）信不信，儿童其实无从知晓。性价比高也不重要，儿童能感受到的只是是否好吃、好看、好玩。

对于父母来说，在相信品牌的前提下，孩子喜欢吃才是关键。

当下，餐饮企业仅靠模仿是不够的。餐饮企业所面对的挑战是整个餐饮行业都要面对的，这就需要餐饮人练就一双洞察痛点的"火眼金睛"，这是极致口碑营销的第一步。

三、发现痛点的技术——找出一级痛点

前面我反复强调极致口碑营销的本质是以消费者为中心，关键是洞察消费者的需求。而消费者的需求是从消费者的痛点中发现的。要想在竞争的赛道上获胜，关键不是要比对

手做得更好，而是要比对手更早地发现痛点，并更好地解决痛点。

企业在面对强大的对手时，如果可以持续洞察到那些尚未被对手解决的消费者痛点，那么无疑是一个个巨大的机遇。面对相同的市场、消费者人群，与其跟在别人后面模仿，还不如转身洞察消费者的痛点，方能从根本上找到自己的立足点。

其实，许多餐饮企业都比较重视发现消费者的痛点，也形成了一些打法，比如做问卷调查、邀请第三方神秘消费者、做网评调查等。但为什么效果不明显？还是因为重视程度不足和技术运用不到位。还有一个重要的市场原因：在市场环境好时，市场对餐饮产品（体验感）的要求不那么极致，产品（体验）做到60分，选址、广告及促销做到90分，就能火爆。对消费者的痛点挖掘得不够深，甚至一部分餐饮企业根本不重视挖掘消费者的痛点，那么反映到经营管理上就是模仿+粗糙。但是，在如今的餐饮市场内卷时代，必须深入挖掘消费者的痛点，将消费者体验做到100分都不够，要做到120分的惊喜才能火爆。

正如一个餐饮企业的创始人所说："痛点在被解决之前是问题，意味着不舒服、痛苦、抱怨、隔阂、分歧、误解；痛点在被解决之后则是机遇，意味着舒适、机会、商机、达成一致、合作、财富。所以，一切从发现痛点开始。"我十分赞同这段话。痛点是餐饮营销的诱因，更是餐饮行业的根本策动点。发现消费者的痛点是极致口碑营销的基础工作，所要做的就是发现某个问题，然后分析问题，再解决问题，最后胸有成竹、自信满满地告诉消费者："我能帮您解决这个问题。如果您有这个问题，请选择我来帮您解决。"

对消费者的痛点把握不准的餐饮营销就是瞎忙活。从一定意义上讲，发现消费者的痛点比制定餐饮企业的营销战略更重要。发现痛点解决的是方向问题。方向错误，无论什么样的营销战略和营销执行方案，都难以达到企业的预期目的。

那么，怎样系统性地发现消费者的痛点呢？一是海找，通过制度安排全员海量收集痛点；二是通过刚需加高频，找出"又肥又大"的一级痛点。

（一）全员都是"首席吐槽官"——千金买骂

"吐槽"是个外来词，是对日本漫才（日本式相声）的汉语翻译，特指从对方的语言或行为中找到一个漏洞或关键词作为切入点，发出有调侃意味的感慨或疑问，类似中文里的"抬杠""掀老底""拆台""踢爆"等，也有抱怨、找碴、倒苦水、发泄的意思。我认为，吐槽就是消费者关于痛点的表达。

许多餐饮人都对消费者的吐槽避之不及，我却认为餐饮企业的一切机会都来自消费者的吐槽。

2015年，同程旅行的CEO吴志祥推出了一项招募"首席吐槽官"的活动，引起了社会的广泛关注。该活动的口号为"动动嘴皮子，找找吐槽点，提提小建议，出去旅旅游，就能轻松赚百万"。

这项"首席吐槽官"的海选工作为期4个月，每个月公司都会从当月20名"月度吐槽王"中筛选出一人来担任"见习首席吐槽官"。筛选的标准有两个：一个是吐槽数量多，另一个是吐槽质量高。

"见习首席吐槽官"的月薪为5万元，任期一个月。"首席吐槽官"将从他们中择优录取。获得正式任命的"首席吐槽官"年薪为100万元，聘用期限为一年，会签订正式的劳动合同。其公开的职责包括：

第一，广泛收集消费者的投诉、抱怨、找碴及各种问题反馈。

第二，基于消费者的反映，发现问题并提出切实可行的应对措施和解决方案。

第三，深入到每一条问题旅游线路，亲身体验旅行途中的优点和不足，包括风光好不好、导游贴不贴心、酒店好不好住、东西好不好吃、钱花得值不值等各类问题。

第四，带领被吐槽的团队认真接受消费者的反馈，查找槽点，并制定出切实有效的最终解决方案。

同程旅行"首席吐槽官"的设立是企业"消费者为王"思维的最佳体现，是基于对自身产品品质的高要求而设立的一个特殊职能岗位，是在"千金买骂"。设立这一岗位是希望通过那些使用过企业产品、服务的消费者的抱怨、找碴、吐苦水、鸡蛋里挑骨头，督促企业发现产品设计、性价比等方面的不足，创造性地发现消费者体验中的痛点，进而予以原创性的提升，给消费者带来更好的消费体验。

站在餐饮行业的角度，结合餐饮行业"100－1＝0"的特性，我认为在餐饮行业，每一个能接触到消费者的员工都应是"首席吐槽官"，应人人、时时聚焦于找出消费者的痛点。

（二）全员正确认识吐槽的重要性——六项精进

餐饮消费者的消费习惯正在发生改变。他们不再"逆来顺受"，不再"听话"，而是变得更加理性、成熟，充满个性，甚至咄咄逼人。他们对尊重自身权益的需求越来越强烈，且希望发出自己的声音，而不是对餐饮企业的一切所作所为都被动接受，无动于衷。他们甚至会伺机做出反击。

在信息网络日益发达的今天，餐饮消费者都变得"日渐挑剔"且"爱吐槽"。他们会专注于自己想要的消费产品，并且通过一切可能的方式变成行家里手，从而发现产品的优势与不足，并评头论足。无视这种趋势的餐饮企业和餐饮人将会受到惩罚。

消费者的吐槽（挑剔）只是表面现象，背后反映的本质有三点：

第一，维权意识的增强。消费者的维权意识越来越强，对于企业的任何有损其消费利益的行为，他们都不会听之任之，都会锱铢必较。

第二，需求的个性化。消费者对标准化产品，尤其是标准化服务越来越排斥。他们希望享受量身打造的产品，享受与众不同的生活和满足感。

第三，对完美的追求。消费者对产品的品质、细节、用心度和全程消费体验要求越来越高，越来越渴望惊喜、完美，容不得一丝瑕疵。

爱吐槽、挑剔的消费者的确给餐饮企业带来了挑战，但这同时也意味着商机。吐槽、挑剔的背后对应着痛点和需求，意味着潜在的机会。

对每天都要接触大量消费者的餐饮员工来说，消费者的抱怨和痛点可能是小事，可能是1%的事；但对每一位消费者来说却不是小事，而是100%的大事。

当无数个小事、小节、小抱怨、小痛点累积到一定程度时，就会发生由量变到质变的逆转。到那时，再意识到问题的严重性就为时已晚。

聪明的对策是发动全员，对消费者的所有抱怨、痛点、吐槽耐心倾听，海量收集，用心甄别，并进行持续性的修补与改善，使产品精进，提升消费者的体验。

2022年，我在指导一家餐饮企业学习稻盛和夫先生的《六项精进》一书时提出，要将书中提到的"六项精进"转化为餐饮人在收集消费者痛点方面的"六项精进"：

- 跟自己"死磕"——"死磕"于收集消费者的痛点，在这方面付出不亚于其他工作的努力。
- 不断突破自己对消费者吐槽的恐惧、胆怯，锐意进取，不断收集消费者的痛点。
- 永不松懈对消费者吐槽的追求。
- 感恩消费者的吐槽。
- 在消费者的吐槽中找出令消费者惊喜的机会点。

- 每日以同理心换位思考，研究消费者的不便、烦恼、痛点，设法去改进、精进——每日两耳不闻窗外事，一心只研究"吐槽声"。

以上述"六项精进"的心态去做餐饮，去抓极致口碑营销，去满足消费者日益挑剔的需求，又怎么可能会被颠覆？如图3-1所示：

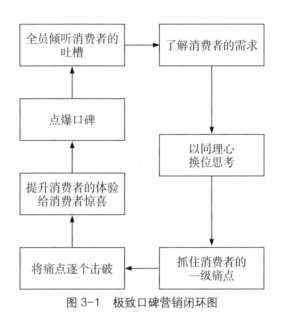

图3-1 极致口碑营销闭环图

（三）全员海量收集消费者的吐槽——系统性地收集痛点

餐饮企业仅让全员意识到消费者吐槽的重要性还不够，一定要先从制度设计上确保能系统性地收集消费者所有的痛点。

有餐饮管理人员曾对我说："消费者如果有不满就会投诉，我们只要记录下客诉，就能找到痛点。"客诉确实是痛点的重要来源。但是，我们也都知道，有相当多的消费者遇到不满不一定会立即投诉。所以，我们要发动员工积极观察，主动询问，了解消费者的痛点。以下是一家餐饮企业每日使用的痛点收集表及其管理规定（附1、2、3）。

1. 每日营业日志表——每日痛点（差评）记录表

以日为单位的单店营业日志表的参考格式如表3-2所示：

表 3-2　某店营业日志表

店面：_____　2021 年 5 月 10 日第二周　　节日：_____　天气：_____

上座情况	大厅：午市_____桌，晚市_____桌，合计_____桌
	包间：午市_____桌，晚市_____桌，合计_____桌
	营业额：午市_____元，晚市_____元，合计_____元

到岗情况	前厅：应到_____人，实到_____人，小时工_____人，店长休假_____
	后厨：应到_____人，实到_____人，小时工_____人，厨师长休假_____
	注：店长与厨师长不得同日休假。

菜品差评（不少于10条）	序号	时间	台(包间)号	值台服务员	问题（什么菜，怎么了，是如何处理的）	厨师长回复（原因、处理）
	1	12：40	A 区 8 台	李红英	葱烧豆腐，客人说豆腐发酸，已退菜	收到，天热，豆腐未保存好，已处罚当事人 20 元
	2	12：48	A 区 12 台	李红英	醋泡花生，客人说花生太酸，已退菜	收到，后厨按标准加工
	3	13：10	B 区 16 台	马青青	土豆烧牛肉，客人说温度低，已重新加热	收到，后厨按标准加工，在传菜部放的时间长
	4	18：10	A 区 2 台	牛春红	清炖鸡汤，汤里有一根头发，已退菜	收到，全员分担菜价
	5	18：18	6 号包间	张小江	椒麻鸡，味道太淡，已重新加味	收到，新到凉菜师傅未按标准加工，已提醒
	6	18：40	8 号包间	李刚刚	米饭，太硬，已换	收到，小吃房将午市剩余的米饭加热上桌，已批评
	7	19：30	B 区 17 台	马青青	泡椒木耳炒肉片，太咸，客人未让退换	收到，5 号师傅加工，已提醒
	8	19：32	A 区 1 台	牛春红	酸汤鱼，客人反映鱼片不入味，客人未让退换	收到，2 号师傅加工，已检查，按标准加工，后面注意
	9	19：48	2 号包间	方雪清	酸汤鱼，客人反映味道太淡，客人未让退换	收到，2 号师傅加工，按标准加工，后面总结（一天两次被客人投诉）
	10	20：21	A 区 8 台	李红英	炒鸡，客人反映味道偏甜，客人未让退换	收到，我加工，按标准加工

签字：　　　前厅值班管理人：刘军　　　厨师长：张小奇

续表

	序号	时间	台(包间)号	值台服务员	问题（什么事，是如何处理的）	店长回复（原因、处理）
服务及功能差评（不少于3条）	1	13：10	A区1台	牛春红	客人反映所在位置是空调死角，太热，已赠送两杯自制饮料	收到，设计问题，已向公司反映。明日安装一台空调扇
	2	19：32	2号包间	方雪清	公共卫生员面无表情，说话太冲，已提醒	收到，属实，该公共卫生员是新员工，今日午餐后已由刘经理对其进行了15分钟的培训
	3	19：46	B区17台	马青青	客人反映男洗手间有呕吐物，太脏	收到，一名公共卫生员休假，已提醒其他公共卫生员及时处理

签字： 前厅值班管理人：<u>刘军</u> 店长：<u>张斌</u>

	序号	时间	地点	责任人	问题	检查人
前厅管理人员发现问题（不少于5条）	1	11：20	A区1台	牛春红	窗台上有浮尘，批评一次	刘红丽
	2	11：26	1号包间	方雪清	分酒器、白酒杯未洗净，有酒味，已批评	刘军
	3	13：13	A区1台	牛春红	房间太热，已上报	刘红丽
	4	18：30	收银台	于洪	东西摆放不整齐，已批评	刘红丽
	5	20：45	监控室	刘军	房间太热，有三条电线发烫，已上报。今日公司安排检查	张斌

签字： 前厅值班管理人：<u>刘军</u> 店长：<u>张斌</u>

	序号	时间	台(包间)号	收集人	表扬点	店长或厨师长回复
客人表扬（不多于5条）	1	13：40	A区9台	李红英	清蒸带鱼特别好吃，会再来	收到
	2	18：49	5号包间	张小江	清蒸带鱼、炒鸡好吃	收到
	3	18：56	B区19台	马青青	土豆筋好吃	收到
	4					
	5					

签字： 前厅值班管理人：<u>刘军</u> 店长：_____
或厨师长：<u>张小奇</u>

店长当日点评：
1. A区一台空调扇明日到位，请刘军跟踪，明日日报汇报；
2. 监控室太热，电线太烫，请刘军务必于明日紧盯公司工程部，及时汇报；
3. 豆腐发酸是食品安全问题，请厨师长盯紧并处罚当事人。

店长：张斌　　　　时间：5月10日23：00

附 1

单店填写营业日志的规定

1. 营业日志由前厅值班管理人负责填写，必须在每日晚市下班前填写完毕，由店长或厨师长回复（厨师长于第二天中午 11 点前回复，店长于第二天中午 12 点前点评）。

（1）菜品差评，每日填写不少于 10 条，均为堂食现场征集的客人的意见或收集的客人的投诉。少填写、虚假填写、未按规定填写的，1 条罚前厅值班管理人 50 元。

填写规定为：什么时间，什么台（包间），谁收集的，出现了什么问题，现场是如何处理的。

（2）菜品差评由厨师长在第二天中午 11 点前负责填写回复（如果厨师长休假了，则由副厨师长回复）。少回复、不按格式回复、未按时回复的，1 条罚厨师长 50 元。

回复格式：收到，原因是……，处理方式是……

或：收到，经调查，按标准加工。

（3）服务及功能差评，每日填写不少于 3 条，均为堂食现场征集的客人的意见或收集的客人的投诉。少填写、虚假填写、未按规定填写的，1 条罚前厅值班管理人 50 元。

（4）服务及功能差评由店长负责填写回复（如果店长休假了，则由前厅经理回复）。少回复、不按格式回复、未按时回复的，1 条罚店长 50 元。

回复格式：收到，原因是……，处理方式是……

或：收到，经调查，无问题。

（5）店长在第二天中午 12 点前对前一日前厅、后厨整体客人反馈及内部改善做出综合点评。未按时点评的，一次罚店长 100 元。

2. 为了能让前厅与后厨更好地执行营业日志制度，特别规定：所有营业日志反映出的问题（差评），除了菜品变质、有异物，上错菜、顶撞客人，经管理人员巡查，一周内发现同一问题出现三次以上（含三次）等事项外，均不对当事责任人做出经济处罚。

3. 服务员、公共卫生员、传菜生、门迎、收银员收集的问题、差评，被采纳 1 条，月考评积分增加 0.5 分；收集的好评，被采纳 2 条，月考评积分增加 0.5 分。

另外，表扬（好评）允许空白，即可以不用填够 5 条。

4. 厨师长在参看营业日志或进行回复时应注意：

（1）端正态度，要明白顾客给出菜品差评不是故意挑后厨的毛病，而是为了帮助后厨不断进步。

（2）菜品差评是前厅员工收集的客人的个人意见，是参考意见，不是要立即按客人的个人意见改变加工标准。

（3）对客人的意见不认同或认为不正确也是正常的。

（4）一定要注意，客人不约而同或在一段时间内集中反映同一问题，厨师长要马上警觉起来，并与公司的行政总厨进行沟通。

（5）若要改动出品标准，必须征得公司行政总厨的同意，并提前告知店长。

（6）厨师长收到差评后，经过分析、判断，在每日例会上要向后厨员工通报，并从后厨自身查找问题，与相关责任人交流差评信息，确定整改对策。关键是要让后厨所有人知道并牢记一点：客人时时在监督大家。

5. 营业日志的填写、回复、点评必须字迹工整、清晰，负责人必须签字。

6. 所有人应注意，营业日志以日为单位，一个月一本，不得缺页、少日期。营业日志如有残缺，会在考评中重罚店长。

7. 营业日志每日放置于收银台1号抽屉内，便于公司督导部门随时检查。

8. 店长参加公司例会时，必须携带当月营业日志。

附2

营业日志信息分析、处理要求

1. 厨师长必须每天一上班就认真阅读菜品差评意见，并立即查证，分析可能的原因和可能的责任人，并确定对策和处理方案，监督处理意见的落实。

2. 厨师长尽可能于当日及时从前厅值班管理人处了解相关菜品的意见（差评），并及时查证。

注：厨师长及时就意见（差评）与当事员工进行交流十分必要。即便后厨加工没有问题，也要与后厨员工保持交流，这样可以培养后厨员工对客人的敬畏之心，并使其形成习惯。

3. 厨师长要特别重视收集客人关于菜品的好评，并进行归类总结，因为其中包含着客人说餐饮店好的直接原因。

4. 营业日志中记录的客人的好评与差评，是对后厨所有员工进行考评的重要依据，是进行人才盘点的重要依据，也是对员工进行培训的重要依据。

5. 店长及前厅各级员工必须明确，虽然菜品质量主要由后厨负责，但它却是关系到前厅、后厨所有人的头等大事，可以说是餐饮团队的命根子。当店长及前厅各级员工发现某些或某类菜品被客人多次反映有问题时，必须警觉起来，有重点地持续收集客人的反馈并及时上报，帮助后厨彻底解决问题。

所以，凡退换菜，前厅服务人员必须上报前厅值班管理人；凡剩菜超过一半，必须上报前厅值班管理人；凡菜品有变质、异物，也必须上报前厅值班管理人。前厅值班管理人要及时将情况告知厨师长。

6. 店长根据服务及功能差评问题和巡查情况，进行查证、分析、追责，立即进行培训、改善并持续追踪，同时向前厅员工宣讲主要问题。

7. 店长要重视客人对服务、功能、菜品的好评意见，对其进行归类、分析，以发扬光大。

8. 店长与厨师长带领各级管理人员，以周、月为单位，整理、汇总、分析营业日志中提到的问题，并确定对策。

（1）以周为单位，审视每日整改的效果。

（2）以周、月为单位，发现并分析差评、好评出现的规律，更好地总结团队深层次的问题与优点。

（3）不断理解主要客人群体的特点、需求，为客人进行精准画像。

附3

公司对单店营业日志的要求

1. 日常抽查单店营业日志制度的落地执行情况，如发现不按规定执行的，重罚店长。

2. 以月为单位，店长将本店月营业日志汇总分析表于次月3日前上报总经理。

3. 店长每次参加公司会议，必须携带营业日志。

2. 每周网评日志表——每周网评（痛点）记录表

在网评中找痛点是十分有效的。网评一方面是消费者借以参考的标准，另一方面是餐饮人寻找消费者痛点的一个天然数据库。网评中不论是好评、中评还是差评，都值得餐饮人用心去研究。

好评反映的往往是消费者的兴奋点，是最让消费者满意的地方。通过好评，可以看到自家的卖点所在，不断围绕消费者好评中的诉求点，去固定、优化；同时也可以看到竞争对手的优势所在，吸取其所长，也能有效规避与竞争对手在其核心优势上硬碰硬。

差评反映的往往是消费者的吐槽点和痛点，是他们最不满意的地方。差评一般不会是企业刷出来的，可信度更高，简直是用来发现、分析消费者痛点的一个神器。将消费者对本企业及本企业竞争对手的差评进行筛选、归类，进行轻重缓急程度的排序，一定能够找出消费者的痛点，进而对出品、服务、环境、功能等相关体验进行有针对性的完善。

给出中评说明消费者不痛也不痒，但中评过多也值得餐饮人注意。消费者之所以不痛不痒，是因为餐饮企业的产品既没有让他们失望，也没有带给他们惊喜，平平淡淡，没有亮点，也没有明显的不足。其实，这也是缺乏竞争力的一种表现。消费者一旦发现性价比更高的餐饮店，就会选择它们。

关于网评，本书第五章还会重点讲解，这里强调的是通过网评来收集消费者痛点的方法。

以周为单位的单店网评日志的参考格式，如表3-3所示：

表3-3 单店网评日志表

店面： 2021年5月10日第二周 节日： 天气：

网站	好评内容	中评内容	差评内容	分析
大众点评				
抖音				
小红书				

3. 竞争对手槽点记录表

痛点是基于心理感受对比的口碑营销的一个重要基础。痛点的本质就是基于对比。同样，生意竞争的本质也是基于对比。痛点是一个相对的概念，是基于同行业的竞争而做出对比后形成的判断。所以，洞察痛点也是基于对比的有针对性的营销。

不同餐饮品牌的产品、体验必然会存在较大差异。对比会给消费者带来心理上的落差和精神上的痛楚，强烈的对比会让人恨不得立马吐槽或立马表扬。所以，积极收集消费者对竞争企业的评价，尤其是吐槽点，并根据吐槽点来校正或加强自己进攻的方向，是一种十分有意义的营销手段。

一般而言，在线上收集消费者对竞争对手的吐槽点更为精准。竞争对手周吐槽点记录表如表3-4所示：

表3-4 竞争对手周吐槽点记录表

竞争对手：　　　　2023年7月14日—7月20日　　　　第三周

网站	吐槽点（差评）	好评	分析
大众点评			
抖音			
小红书			
本店进攻方向规划：			

（四）找出"又肥又大"的痛点——一级痛点

要发现消费者的痛点，光是海量收集消费者的吐槽点还不够，还要从海量的痛点中找出一级痛点。消费者的痛点就像一个金字塔，有一级、二级、三级、四级、五级等。一级痛点就是让消费者最痛的那个痛点，也是消费者做出消费行为的最重要原因。

一级痛点就是餐饮企业的重要机会点，只有一级痛点才有可能产生惊喜口碑。一级痛点的威力很大，但并不好找，隐藏得很深。我们总结几年来的心得，提供如下建议。

1. 找到核心消费者群（重点人、重点时段）

互联网经济"交互设计之父"阿兰·库伯先生在其《交互设计之路——让高科技产品回归人性》一书中提出了"用户角色模型"的概念。我从餐饮行业的角度解读这个概念，就是进行消费者画像，就是在海量的数据（包含痛点）分析的基础上进行具象化，得到一个有代表意义的虚拟消费者。在这里，我把消费者画像等同于消费者痛点画像。

所谓消费者痛点画像，具体是指根据主要目标消费者的痛点、痒点、爽点及消费行为数据等信息，抽象出有代表性的或标签化的消费者痛点模型。

进行消费者痛点画像的最大难处是找到核心消费者。找到核心消费者及其主要痛点非常重要，只有如此，才能高效地建立口碑，进行极致口碑营销，形成营销长尾。

将海量（大量碎片化）的消费者痛点集中到有代表性的消费者身上，再从中找出一级痛点，简化需求分析，这是找出一级痛点的关键。例如，小米公司选择的核心消费者是"发烧友"。在进行产品设计和消费者体验优化时，重点考虑对产品有深度研究的"发烧友"的需求，这样既能够给"发烧友"带来深度体验，同时也能满足普通"小白"消费者的基本需求。

随着互联网流量红利在餐饮行业的减退，之前普遍撒网式的粗放型消费者运营方式已经难以为继，越来越多的餐饮企业开始意识到，只靠烧钱圈消费者、养消费者成本太高，因为不是所有的消费者都需要重点投入。"金主"一定要好好维护，"潜力股"一定要加大投入、挖掘价值，而"羊毛党"永远都是要严防的对象。这就是所谓的精细化运营——资源要用在刀刃上，要聚焦在核心消费者身上。

电商领域有一个重要的原理是RFM，也适合餐饮行业用来确定核心消费者。RFM是根据消费者的交易数据衡量消费者的价值，对消费者进行细分。衡量消费者价值的三个维度就是R（Recency，消费间隔）、F（Frequency，消费频率）、M（Monetary，消费金额）。这三个维度分别对应着消费者的黏性、忠诚度和贡献。

R（消费间隔）：消费者最近一次消费距今的时间间隔。R越大，表示消费者越久没有发生消费行为。

F（消费频率）：消费者最近一段时间内的消费次数。F越大，表示消费者的消费越频繁。

M（消费金额）：消费者最近一段时间内的消费金额。M越大，表示消费者的价值越高。

RFM原理并不复杂。下面用某餐饮店的一个实际案例（节选）讲解如何应用RFM原理进行消费者分层。

首先，对消费者的消费明细（数据）进行统计，记录消费时间、消费金额、消费次数（以2023年7月1日—31日为例），如表3-5所示：

表3-5　2023年7月消费者RFM记录表

记录人：

消费者信息	消费时间	餐别	台号	人数	金额
刘先生	2023-07-01	晚餐	8包	10人	1200元
刘先生	2023-07-13	晚餐	10包	8人	1000元
刘先生	2023-07-26	晚餐	6包	9人	1500元
马先生	2023-07-08	午餐	18包	4人	300元
马先生	2023-07-20	晚餐	6包	10人	900元

其次，计算 R、F、M 的值。

R：某个消费者最近一次消费距今（2023 年 8 月 1 日）间隔的天数。

F：某个消费者（2023 年 7 月）的总消费次数。

M：某个消费者（2023 年 7 月）的总消费金额。

刘先生、马先生最近一次消费的时间分别为 2023 年 7 月 26 日、2023 年 7 月 20 日。

刘先生、马先生最近一次消费距今（2023 年 8 月 1 日）的时间间隔，也就是 R，如表 3-6 所示：

表 3-6 2023 年 7 月消费者 R 表

姓名	最近一次消费的时间	R
刘先生	2023 年 7 月 26 日	5
马先生	2023 年 7 月 20 日	11

刘先生、马先生的消费次数 F 即分别消费账单数，消费金额 M 即分别消费金额，再和 R 汇总到一起，如表 3-7 所示：

表 3-7 2023 年 7 月消费者 RFM 分析表

姓名	R	F	M
刘先生	5	3	3700
马先生	11	2	1200

最后，根据 RFM 对比，刘先生的 R 值小，说明刘先生最近才来过；F 值大，说明刘先生 7 月来的频率比马先生高；M 值大，说明刘先生 7 月来店消费金额高于马先生。据此，我们可以初步得出一个结论：刘先生是该店的主要客群或代表客群之一。

通过 RFM 划分客群是找到主要消费者的方法之一，此外还有更为简单的划分方法，即以餐别来划分——划分为午市主要消费群和晚市主要消费群。餐饮消费者的午市消费需求与晚市消费需求一般有明显的不同：午市消费需求多以快吃、吃饱为主，晚市消费需求多以社交、吃好为主。所以，午市和晚市消费者的痛点有明显的不同，应分别统计。另外，节假日、周末与非节假日、周内的消费者的痛点也有明显的不同，也应分别统计。除此以外，还可分包间客人、大厅客人等进行统计。

总之，要发现一级痛点一定要从划分消费者人群开始，即从重点人、重点时段中找痛点。

2. 找到刚需痛点

找到了核心消费者群，接下来是找出这部分消费者的刚需痛点。

如今消费者的选择余地太大了，各个餐饮企业也是各显神通，各种卖点层出不穷，任何一个消费者都可能在不断地进行选择。"乱花渐欲迷人眼"，消费者到底凭什么选中你？

谈到这个话题，不得不提到消费者的消费本性（刚需）。一家优秀的餐饮企业往往能满足符合消费者本性的需求。换言之，不符合消费者本性的需求（痛点）都是伪需求（伪痛点）。消费者最本质的需求是消费者对餐饮消费的本能欲望。发现痛点，需要对餐饮消费者的消费本性做透彻的分析，才能更好地找出消费者的一级痛点。

这里提出餐饮消费者的六大消费本性（刚需）。

第一，贪吃。

所谓贪吃，是指人们总是贪吃美食。美食是人类成长和人类文化的重要组成部分，也是人类最基本的需求之一。人们喜爱美食，不仅仅是因为美食可以消除人的饥饿感，更是因为美食可以带给人无限的享受和愉悦。另外，共享美食也是人际交往的重要方式。人们在与亲友或陌生人共享美食时，可以增进彼此之间的感情和友谊。

总之，贪吃在餐饮消费者的消费本性中占首位。好吃是餐饮消费者的最大需求，如果这个需求得不到满足，满足其他需求意义也不大。

第二，健康。

中国人自古以来就注重食疗养生、营养搭配。尤其是在当今，消费者的生活水平大幅提升，美食与健康的矛盾（痛点）日益显现。消费者更喜欢好吃且健康的美食，比如近些年消费者对鱼虾、牛肉、羊肉、鸡肉等美食的需求越来越大。

第三，贪婪。

所谓贪婪，从字面上理解是指渴望而不知满足，从中可以引申出餐饮人用以吸引消费者的一个关键点——消费者是"爱占便宜的上帝"。

餐饮人都熟悉消费者的一个特性：一旦发现性价比高的产品或产品进行打折促销（尤其是力度较大），就容易丧失理智和辨别能力，蜂拥而上，其中作祟的就是贪小便宜的心理。

许多餐饮店都有"打卡收藏送×××"的活动，这类活动虽然不能解决"贪吃、健康"这类的绝对刚需，但是可以提升消费者的活跃度。

第四，懒惰。

懒惰是一切心理活动和行为活动的阻碍。懒惰表现为心理上的一种厌倦情绪，它使人思想麻木，约束人的一切行为，使人变得只想做简单的事或者不想做事，只想休息和享受。

从餐饮行业的角度来说，懒惰是餐饮人应当重点关注的人性弱点之一。美团、饿了么外卖业务的发展以及预制菜的出现，就是为了让大家能更"懒"地吃饭——世界为"懒人"而创造，行业（技术）因"懒人"而进步。

帮助消费者解决麻烦，让他们能更便利地就餐，针对的就是消费者的这一天性。

第五，炫耀。

人类是一种以自我为中心的生物，自恋自爱，追求优越感，期望他人关注自己，希望自己拥有的比别人多。人类还容易妒忌别人，当别人拥有的比自己多且好时，就希望自己做得更好，超过别人。

比如，消费者喜欢在各类社交平台上晒自拍，秀美食，分享养眼的店面等信息，无不是在炫耀和宣扬自己的优越感。另一些人看了，有了妒忌心理，自然也会寻找机会去晒、去表现。

那么，你的店有哪些东西（好吃、好看、有趣、与众不同）值得消费者在社交平台上炫耀呢？

第六，发泄。

"冲冠一怒为红颜""冲动是魔鬼"说的是人性的另一个弱点：不高兴时易上头、暴怒。这一点在餐饮店里经常看到——消费者往往因为一点小事而大发雷霆，发泄怒火。一些餐饮企业设计的"不满意便退换菜""伴手礼"等制度，实际上就是顺应了人性的弱点。

市场上每年都会出现无数失败的餐厅，原因何在？我认为，餐饮企业最愚蠢之处就是看不到真正的消费者需求，或是看到的需求不符合人性，是彻头彻尾的伪需求、伪痛点。

商业的本质就是让人性得到释放，做餐饮同样如此，归根结底就是要研究如何满足消费者最本质的需求。这些最本质的需求有时是赤裸裸的，有时则被掩饰和包装起来，隐藏在消费者的行为当中。发现这些最本质的需求是一位出色的餐饮人需要不断修炼的能力。

许多餐饮人更关注广告、促销活动、选址、项目选择。这些的确十分重要，但是这些最终离不开痛点及因痛点而产生的产品。消费者更关心的是你的产品能否解决他们的痛点，改变他们的生活。

餐饮企业生产餐饮产品的目的是解决消费者的实际需求，但需求不止一种。有些需求对于消费者来说可有可无，如果花费不高，消费者会接受，但是没有它们，消费者也不会受到明显的影响，我们称之为非刚性需求（非刚需）。与之相反的是刚性需求（刚需）。比如，一个忙了一上午又未吃早餐的上班族，到了中午，他最大的需求是在不贵的情况下快速果腹。环境舒适、态度礼貌热情当然也是他的需求，但并不那么紧迫。从上班族的角度来看，上餐快、好吃、不贵、干净、能吃饱是刚需，舒适、热情是非刚需。

现在，餐饮市场上许多餐饮企业的产品针对的都是非刚需，因此对销售额的拉动作用极其有限。当然，这并不意味着刚需满足不到位就不会有好生意，但前提是必须拥有强大的促销手段（包括选址）。即便如此，刚需解决不好，再强的促销手段也只能解决一段时间的问题。如果促销经费有限，或选址上有先天不足，那最好的方法就是锁定消费者的刚需或一个刚需痛点，然后全力突破——抓住消费者的痛点，针对的一定是消费者的刚需痛点，而不是那种不痛不痒、可有可无的非刚需痛点。

有时候如果餐饮企业能满足消费者的刚需，解决消费者的刚需痛点，即使其他方面有些小缺点，消费者也有可能接受。我们认为，消费者对餐饮产品的基础刚需次序通常是好吃、健康、便利和便宜。当然，解决了好吃和健康的问题，在便利和便宜方面，消费者是会给予让步空间的。

餐饮人首先要想明白自己的产品对消费者来说是"可以有"的还是"必须有"的，自己的产品对准的是消费者的刚需还是非刚需。如果是可有可无的非刚需，那么在促销上就得下更大的功夫（未必有持续的效果）；如果是无可替代的刚需，也就是解决消费者的刚需痛点，成功的概率就会大增。刚需痛点对消费者而言好比"眼中钉、肉中刺"，如果我们能够为消费者将"钉"和"刺"拔出来，就能够创造出惊喜体验。

需要注意的是，不同档次的餐饮企业对应有不同需求的消费者，比如快餐、大众社交餐饮、商务宴请餐饮，刚需是有所不同的，需要甄别清楚。

在实战中，我还发现了一种比较简单实用的寻找菜品刚需的方法，就是每周、每月统计各档口菜品中销售份数、销售金额排在前面的菜品，这些菜品就是消费者会频繁用人民币购买的刚需。

餐饮企业只有在消费者最痛的点上有所突破，才能高效率地获得青睐。有了大量关注，才能从消费者的反馈中了解不足，不断提升消费者的体验，并持续取得成功。如果餐饮人脱离消费者，只是坐在办公室里一味追求关键地址、关键平台、关键广告语、关键活动等，无异于缘木求鱼。

总之，刚需痛点一定是和消费者有极强的联系，一定是真正让消费者感到痛的点。除此以外，我们还要关注消费者的高频痛点。

3. 找出高频痛点

高频痛点是指在餐饮消费过程（场景）中经常出现的痛点（体验问题、质量问题）。仅靠刚需痛点不足以支撑痛点的洞察及惊喜体验的出现。比如好吃是刚需痛点，但好吃具体指什么？消费者关于好吃与否经常性的判断标准是什么？消费者认为的好吃或不好吃经常指向的是什么？这里面谈到的"具体""经常"就是高频出现的痛点。高频是一级痛点的重要衡量标准之一。

我们在一些大众中餐店调研时，发现了一种常见现象：一些餐饮企业上上下下都从解决自己痛点的角度出发，格外重视所谓大菜（单价高的菜）的质量问题与销售，不太重视菜单上一些单价低的菜的质量问题与销售。但是从高频的角度来看，高频痛点在某种角度可以理解成销售量排在前面（刚需）的菜的质量问题，像酸辣土豆丝、麻婆豆腐、豆角茄子这类菜（以西安为例），往往是雄踞大众餐厅销售份数前几名的菜，而且这些菜也往往占据菜品投诉排行榜的前几名。我们认为这些菜的问题才是应格外关注的高频痛点。

所有的经营战略都要归结为从消费者的角度出发，找到消费者的一级痛点。我们需要提醒自己，好吃是消费者的刚需，消费者爱点的菜品是刚需，"土豆丝不好吃"是刚需与高频结合的一级痛点。餐饮人当然要重视单价高的菜，但是仅将希望寄托于消费者点击频率不高的菜品，这显然不符合人们正常的消费观，不符合消费者的需求，自然是伪需求。

当下的很多餐饮人，言必称互联网思维、惊爆眼球，殊不知他们仅学到了皮毛。为了制造所谓的体验和惊喜，他们会请美女、帅哥专门为消费者跳"科目三"，却忘记了思考消费者是否高频地需要"科目三"。显然，"科目三"不是一个高频的刚需，要知道，再好的眼球体验也永远没有好吃与否本身重要。

在这里，我们希望告诫看到本书的餐饮人：如果还没有解决消费者高频的刚需痛点，切勿幻想所谓的爆品。

4. 数据拷问

我们要学习亚马逊CEO贝索斯认定的一条理念："做生意要靠数据，不要靠感觉。"

前面讲过，餐饮人最容易犯的一个错误叫"知识的诅咒"。避免犯这类错误的唯一正确的思路，就是学会真正从消费者的角度考虑问题。具体落地方法就是用数据来寻找痛点——从数据出发，通过纵向比较和横向比较，分析数据背后的规律，倾听消费者的心声，找到消费者的痛点，尤其是一级痛点。

我们在给餐饮管理者讲通过数据分析寻找一级痛点时，经常会说这样一句话："如果你不能量化痛点，你就不能理解它，也就不能控制它，不能改变它，更不可能把痛点转变成惊喜体验，形成口碑传播。"其实可供分析利用的数据无处不在，每个餐饮人都面临如何有效地吸收、理解和利用数据的挑战。那些能够有效利用资源，从数据中提炼信息，发现消费者的痛点的餐饮人，最终往往会成为真正的强者。

结合在一线的试验，我们总结出一套用数据寻找一级痛点的落地方法，供大家参考。

第一步，明确目标。

明确的目标会让我们离答案更近一些。收集消费者的痛点，主要的目标是像表3-2所列的营业日志一样，围绕着菜品差评、服务及功能差评展开。

第二步，获取数据与洞察痛点。

获取数据与洞察痛点就是将单位时间内收集到的消费者痛点进行汇总、分类，并进行数据排列，罗列出消费者集中反馈的差评要点，并结合销售数据的变化加以确认。例如，某餐饮店一周内发现关于本店招牌菜秦岭炒鸡共有7条差评，其中营业日志中有6条，大众点评上有1条，在所有菜品中差评数量排在第一。再结合秦岭炒鸡的周销售份数统计，发现销售量比上一周少了80份，并从销售冠军菜品下降为销售第四名。通过两份数据及其相互印证，可以洞察出这道菜在一段时间内肯定在某个环节上出了问题，亟待改善。

关于消费者痛点数据的获取与痛点的洞察的落地工具（表格），我们的另一部著作《餐饮店长打造最强团队技术手册》的255页、257页和299页都有相关内容。

第三步，输出结果。

通过数据分析找到消费者的一级痛点，立即进行原因分析，并形成改善计划。

用数据寻找消费者的痛点是十分重要的。随着时间的推移，消费者的痛点与需求也会发生一定的变化，这种变化一定会表现在消费者行为数据的变化上，所以我们要天天收集消费者体验动态数据（差评等）和销售量动态数据。餐饮企业的行动方向需要和这些动态数据保持一致。

事实上，基于消费者痛点数据的创造，本质上就是消费者用自己的创造力打造的独一无二的餐饮产品，做到了真正的供需合一，供给即需求，需求即供给。所以今天的餐饮企业需要思考的是能否从消费者数据中挖掘出真正的消费者需求，并让自己的产品与消费者的体验协同一致，真正做到通过消费者的体验驱动企业的行为，打造出令消费者惊喜的体验。

四、痛点分析技术——用科学的方法来分析并改善

发现痛点之后,要立即对痛点进行分析,为给消费者提供惊喜体验以及点爆消费者的口碑打下坚实的基础。

痛点分析就是用逻辑分析、数据分析、经验分析相结合的方法来解决消费者的痛点问题。其具体作用可以从五个方面来概括:

- 量化展示消费者的痛点问题;
- 量化判断痛点问题;
- 从逻辑、数据、经验等角度寻找问题产生的原因,尤其是主要原因;
- 预测痛点,改善趋势;
- 利用数据综合判断改善效果。

上面五句话看起来比较晦涩,通俗地讲,可以概括为下面五个有逻辑关系的短语:

- 是多少——某种痛点有多少;
- 是什么——判断痛点的严重性;
- 为什么——分析痛点的成因;
- 会怎样——设计改善方案,预测改善方案能带来的效果;
- 又如何——用数据证明改善的实际效果。

痛点分析就是在错综复杂的营业现场,不断循环、回顾上面五个问题,把不清晰的痛点问题清晰化,找出真正的"痛根儿",再选择有效的方法推动结果的实现。通过量化分析、判断、预测、总结,提高决策效率与精细化程度,从而实现经营效益的提升。

打个形象的比方:痛点分析就是一种"给大炮配雷达,给导弹配卫星"的工作。虽然用大炮、导弹只要大概瞄准方向就有可能击中敌人,但是太过费时、费力,效率不高。通过精确定位能提高打击效能,达到事半功倍的效果。

令人遗憾的是,许多餐饮人觉得只要和"分析"二字沾边,就和自己关系不大,他们只重视实干,依然停留在"凭经验、拍脑袋做决策,凭决心、拍胸脯做保证"的状态。这样的话,科学的分析工具的作用并没有发挥出来,在数字化时代的竞争压力下,餐饮企业势必会日渐衰落。

我们在前面关于找痛点的内容中,已讲解了"是多少""是什么"等问题,接下来重

点讲一下痛点分析的"为什么""会怎样""又如何"。

（一）为什么——找出真正的原因

1. 重复五次"为什么"

找出引发痛点的真正原因的秘诀在于不断重复"为什么"。

不找出真正的原因，痛点问题就会再次出现。所谓真正的原因，就是引发问题的真正要因。痛点问题越大，对其进行调查分析时就会发现其中有很多原因。比如针对营业高峰期上菜慢这一问题，可以提出几十个原因。但是就算解决了你认为的某些原因，如果其中不包括真正的原因，那么也只是解决了眼前的原因，同样的问题还会再次出现。

假设导致营业高峰期上菜慢这一问题的真正原因是前厅点菜过于集中于小炒类，但你却错误地认为原因在于后厨加工速度太慢，那么就算解决了这个原因，也只能取得暂时的效果。

所以，关键在于找出引发问题的真正原因，从根本上解决问题。

世界汽车业巨头丰田公司有一个"重复五次为什么"的企业文化。丰田公司会通过重复"为什么"来寻找要因。我认为，餐饮行业完全可以采用"拿来主义"，直接借鉴丰田公司的"重复五次为什么"的方法来寻找痛点要因。

比如，关于营业高峰期上菜慢这一问题，在思考为什么会出现这一问题的时候，要想到以下原因：

［问题］营业高峰期上菜慢。

［为什么①］为什么上菜慢？因为后厨加工不出来。

［为什么②］为什么后厨加工不出来？因为炒菜区加工不出来。

［为什么③］为什么炒菜区加工不出来？因为营业高峰期炒菜数量太多，且菜单上炒菜品种多。

到这里，或许很多人会认为炒菜数量太多且菜单上炒菜品种多就是真正的原因，并且做出减少菜单上炒菜品种的对策。但是即便减少了菜单上炒菜的品种，上菜慢的问题依然没有解决，还会引发消费者新的不满。

也就是说，营业高峰期炒菜数量太多且菜单上炒菜品种多并不是真正的原因。那么提出第四次、第五次"为什么"又将如何呢？

［为什么④］为什么营业高峰期炒菜数量太多？因为前台服务员不能很好地引导消费

者点用其他烹调方法做的菜品。

［为什么⑤］为什么前台服务员不能很好地引导点菜？因为前台服务员对后厨的加工特点及菜单结构不了解——专业知识储备不足。

如果前台服务员在后厨、菜单方面专业知识不足是真正的原因，那么采取学习专业知识的对策就可以提高前台服务员的引导能力，使上菜慢的问题得到有效解决。

分析到这一步，才终于发现专业知识不足这个真正的原因。

当然，并不是任何情况都可以通过"重复五次为什么"找出真正的原因，也有2~3次就能找出来的，也有十几次才能找出来的，关键在于能不能做出正确的判断，准确找出引发痛点问题的真正原因。

2. 用痛点要因分析图寻找真正的原因

寻找真正的原因时，利用痛点要因分析图进行思考分析尤为重要。痛点要因分析图因为结构像鱼骨或树枝，所以又被称为鱼骨图、树枝图。

有一次我在一家餐饮企业总结月一级的痛点时，发现了一个"又肥又大"的一级痛点。上个月数量遥遥领先的痛点是"米饭不好吃"，我带领管理人员以"米饭不好吃"为主要问题，运用痛点要因分析图进行分析。

首先是找出直接的要因。这时为了思考要因，需要结合经验找到切入点，然后以此为基础进行思考。根据专业经验，我们认为"米饭不好吃"的要因可能有原料、锅、烹调方法等等，这相当于大骨部分。

接下来是依次细分，找出中骨和鱼刺部分，这时候需要用到的方法就是重复"为什么"。让我们先以原料这个切入点为例。为什么做不出好吃的米饭？我们能列举出很多要因，其中之一是米和水的比例不对，这就是中骨部分。

接下来思考为什么米和水的比例不对，由此发现了蒸米饭加水的时候是目测的这个要因，这就是鱼刺部分。

同样的步骤，也要用在锅和烹饪方法这两个切入点上。最终得到的结果如图3-2所示。

将因果关系整理成鱼骨（树枝）形状的分析图之后就一目了然了。在列举要因阶段，应该根据大家的经验（讨论）找出针对哪个要因采取对策可以防止问题再次出现。这样找出的要因称为推测要因。图3-2中"放米的时候是目测的""加水的时候是目测的"以及"不了解锅的使用注意事项"就是推测要因。

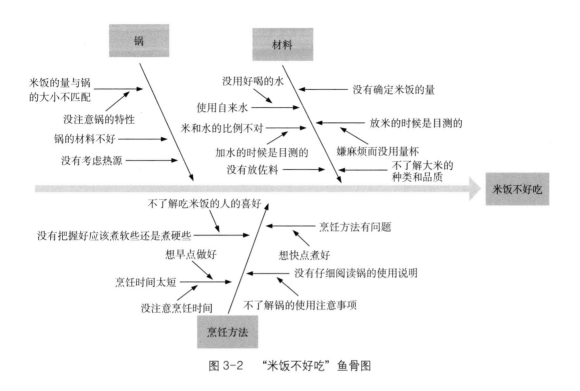

图 3-2 "米饭不好吃"鱼骨图

3. 思考切入点

使用痛点要因分析图寻找要因时,首先要注意的是找出思考要因的切入点(大骨)。在"米饭不好吃"这个例子中,设定原料、锅、烹饪方法为切入点,以此来全面地找出要因。在思考切入点时,集中大家的智慧、经验是十分必要的。根据我们总结的经验,寻找痛点的切入点应集中在以下方面:人的原因、设备的原因、原料的原因、方法的原因。

痛点要因分析图的形状没有固定的标准,最终找出什么要因,形成什么样的逻辑因果关系,完全取决于制作者的经验和直觉。另外,要尽可能地集思广益,从更多的角度列举要因,这样更容易找出真正的原因。

4. 确认是否是真正原因的三个要点

确认是否是真正原因的关键在于因果关系反过来是否成立。通过痛点要因分析图找出要因后,需要挑出那些可能是真正原因的要因(推测要因)。如果列举的要因太多,或许会难以判断哪些才是推测要因。我们的经验是:引导团队成员进行头脑风暴,最后将大家认为最有可能是真正原因的要因画出来,用方框框起来,对候补要因做出记号,并通过三个方面来确定它们是否属于推测要因。

第一个方面是"解决了这个要因,是否就解决了痛点问题"。比如还以"米饭不好吃"

为例,从"加水的时候是目测的"这个要因入手,确定它与做出好吃的米饭之间的因果关系。

第二个方面是"重复问为什么,问题会不会发展"。面对痛点问题,我们的逻辑分析过程就是通过重复问为什么,找到从大骨到中骨到鱼刺的部分,不断刨根问底,直至找到能立即采取措施解决问题的真正要因。

第三个方面是检查"因果关系反过来是否成立"。将寻找真正原因的时候所问的"为什么"反过来倒推,检查因果关系是否依然成立。这里仍然以"米饭不好吃"为例,如图3-3所示:

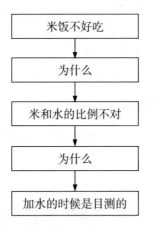

图3-3 "米饭不好吃"因果关系图

将这个关系反过来,检查其是否仍然成立,如图3-4所示:

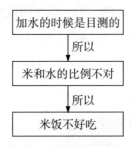

图3-4 "米饭不好吃"因果关系反向图

再举一个简单的例子。

下面的情况,因果关系反过来也仍然成立:

出现客诉→为什么→上菜慢

上菜慢→所以→出现客诉

下面这个例子又如何呢?

出现客诉多→为什么→顾客太挑剔

顾客太挑剔→所以→出现客诉多

并不是所有挑剔的顾客都会投诉;况且,就算这是要因之一,从餐饮企业的角度来说,也不能拒绝挑剔的顾客。所以,这并不是推测要因。

5. 寻找真正的原因

选出的推测要因要用事实和数据进行查证,最终找出真正的原因。

就像建立痛点要因分析图的因果关系时要思考"为什么"一样,从真正原因的候补原因(推测要因)中找真正原因的时候,重复五次"为什么"也是必不可少的。将通过痛点要因分析图找出的推测要因,基于"三现主义"与事实进行验证,找出真正的原因。

(注:"三现主义"是丰田公司的企业文化之一,即"现场、现物、现实"的思考问题的方式,也就是在营业现场观察事情的发展,看到现实的结果,因为只有在现场才能看到事实。)

在这个阶段,思考"为什么"是非常有效的方法。比如针对"米饭不好吃"这一问题进行要因分析时,发现了"放米的时候是目测的""加水的时候是目测的""不了解锅的使用注意事项"这三个推测要因。这些推测要因都应该在现场与事实对照着进行查证。

这里仍以"米饭不好吃"为例。根据"三现主义"在现场进行验证,发现前厅负责蒸煮米饭的员工的确没有使用量杯放米,完全是凭感觉放米。基于这一事实,反复思考"为什么",如图3-5所示:

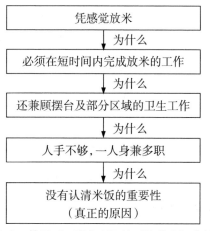

图3-5 基于"三现主义"的"为什么"分析图

在这个例子中，真正的原因就是"没有认清米饭的重要性"。也就是说，如果认清了米饭的重要性（比摆台、卫生工作更重要），并对员工强化教育、培训、检查，米饭的品质就可以提高。

当然，在这个例子中并没有重复五次"为什么"，但这无关紧要。有时只要重复三次"为什么"就能找到真正的原因，有时却要重复十几次"为什么"才能找到真正的原因。

找出真正的原因之后，或许仍然有人会怀疑这究竟是不是真正的原因。在这种情况下，可以用前面介绍的"三现主义"的方法来反复确认。

我们根据在一线的经验，特别强调：寻找真正的原因一定会伴随着麻烦与困难，所以人们往往不愿意认真面对，更容易选择那些看起来比较简单的办法。但是，推测要因很可能并不是真正的原因。明确连接痛点问题和真正原因的思考过程，可以让团队成员都清楚"只要采取这个对策，就能够解决问题"。

6. 归因于内

要在自己的责任范围内寻找能够解决痛点问题的真正原因。转嫁责任不仅无法解决问题，而且是在浪费时间与机会。餐饮人在确定痛点问题的真正原因时，有两点要特别注意：

第一，要在自己的责任范围内寻找能够解决痛点问题的真正原因。不要将责任转嫁给他人或外部要因。比如，"客诉比较多"这个问题，如果归因于"客人太挑剔"，从个人层面来说就会束手无策。再如"员工流失严重"的问题，如果归因于"人事政策有问题"，从自己的角度来看，也是无能为力的。

我们认为，在抱怨"客人太挑剔""人事政策有问题"这些原因之前，应该先寻找自己能解决的要因。有时真正的原因可能涉及上级和其他部门，在这种情况下，成熟的餐饮人也应该尽可能把解决问题的具体行动落实到自己的职责范围内——在寻找真正的原因时，必须从依靠自己的力量解决问题的角度开始——这是你真正成长的好机会。

第二，不要凭感觉寻找要因。在寻找真正的原因时，要反复思考"为什么"，否则很容易出现将凭感觉找到的要因当成真正原因的情况。

例如，我们在一家生意不错的餐饮企业落地执行通过营业日志找菜品方面的痛点时，发现要求单店每天至少收集10条菜品差评，而实际上每天只记录了不到5条差评。我们用"为什么"来分析这个问题，如图3-6所示：

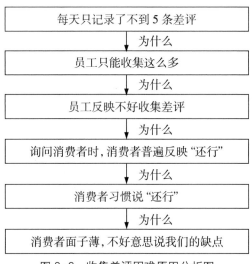

图3-6 收集差评困难原因分析图

虽然最终发现"消费者面子薄"这个可能的要因,但不可能马上采取措施解决这个问题,所以按照这个逻辑,无法解决每天只记录不到5条差评的问题。实际上,从第四个"为什么"开始都是凭感觉分析的要因。"消费者面子薄"只不过是个人的推测罢了。如果员工在征询消费者的意见时,采用询问"这道菜剩了这么多,是不是口味不合适""这道汤对温度是有要求的,入口要有烫的感觉,不知道您体验如何""这道菜的特色是外酥脆,里软嫩,不知道您体验如何"等问题的方式,相信问题就会迎刃而解。

如果思考"为什么"不以事实为依据,那么分析的方向就会出现偏差。

(二)会怎样,又如何——建立对策并且实行

确定真正的原因之后,就需要建立对策并且实行。检查对策实行的效果也是非常重要的。

1. 提出尽可能多的对策

提出尽可能多的对策,然后找出最有效的一个,同时还要考虑落地实现的可能性和风险(成本)再做出决定。

确定真正的原因之后,要仔细思考怎么做才能解决问题。首先是针对真正的原因提出尽可能多的对策。需要强调的是,真正的原因不止一个,如果发现有多个真正的原因,那么需要针对每个真正的原因建立对策。

我们的建议是,在提出对策时,从四个纵向视点和四个横向视点进行综合思考,这样

很容易就能找到对策。下面以"米饭不好吃"之"放米的时候是目测的"为改善靶向，分别从纵向和横向视点进行思考，如表3-8所示：

表3-8 纵向视点思考表

序号	视点	描述	举例
1	排除	如果不这样做会怎样	如果不是目测，而是提前将每锅要放的米用小袋包装，就能确保达到量化标准
2	正反	如果反过来会怎样	如果使用量杯，就能确保达到米的量化标准
3	扩大与缩小	如果扩大范围或缩小范围会怎样	如果给每个员工都培训放米的量化标准，就会降低失误率；如果安排专门的员工按量化标准加工米饭，就会降低失误率
4	顺序与替换	改变工作流程，尝试新的流程	每日根据预估的接待量调整加工米饭的时间及工作人员

尽可能多地想出对策之后，需要对每个对策进行横向评价，排出优先顺序。这时需要用到四个横向视点。

- 效果：能否解决问题，能否达成目标。
- 实现的可能性：能否实际执行，实现的困难有多大，是否会将其他部门牵涉进来。
- 成本：需要多少时间、人力和费用。
- 风险：实际执行时是否存在安全风险或隐患。

通过以上视点进行综合评价，选出最佳对策，这时切实思考采取对策之后会发生什么尤为重要。

原则上，找对策与找原因是一样的，必须在自己的职责范围内进行思考。思考对策的时候，尽可能选择在自己的职责范围内或者在自己部门内部能够解决的方法。如果需要麻烦消费者，或者推给其他部门，那么这件事就变成了别人的事，难以激发自己的工作热情、创新动力。

如果最终确定的对策需要推给别人，那说明这个问题本身就可能不对，应该从设定问题内容开始重新来过：我还能做什么？

2. 决定对策的优先顺序

在存在多个真正原因的情况下，必须解决所有的真正原因，才算是从真正的意义上解决了问题。但是在绝大多数情况下，很难同时解决所有问题。从现实的角度来说，应该先决定对策的优先顺序。

比如，客用餐具卫生投诉较多这一问题，假设存在三个真正的原因，那么我们应该针对不同的原因选出最佳对策，然后进行相应的评价，决定优先顺序。如图3-7所示：

图 3-7 决定"减少客用餐具卫生投诉"对策图

在排列对策的优先顺序时，可以设置"安全""质量""成本""难易度""效果"等标准，通过"√"（完全没有问题，通常有效）、"○"（几乎没有问题，有效）、"△"（基本没有问题）、"×"（有问题，完全没有效果）四个维度进行评价，如表3-9所示：

表 3-9 决定对策的优先顺序表

推测要因	①有时管理人员检查的时间不足	②没有确定必查项目	③没有培训检查方法
"三现"调查结果	有时检查，有时不检查或漏检	检查全凭个人感觉	只是口头提醒
真正原因	没有设定基准检查时间	没有检查工作手册	没有培训手册

续表

对策	设定管理人员基准检查时间——每隔一小时检查一次	制定专项检查工作手册，以及检查流程与标准	制作检查方法培训手册
安全	√	√	√
质量	√	√	○
成本	√	√	○
难易度	√	○	△
效果	√	○	○
排列顺序	1	2	3

像这样通过各个角度进行综合分析是最全面、最传统的方法，但其中最关键的一点在于某个对策实行起来究竟如何。如果实行起来成本过大，或者难度较大，那么这样的对策就算效果再好，也是需要时间准备的。所以，最好寻找那些在自己的职责范围内能立刻实行的对策。

3."百行不如一果"

有效管理的目的是提高效率。做好对策计划后，应该立刻施行并随时检查进展状况。限于篇幅，我们在这里不展开介绍执行（施行）方面的相关内容。

施行对策计划，关键在于要取得成果，就算失败也算是一种成果。俗话说："百闻不如一见，百见不如一思，百思不如一行，百行不如一果。"也就是说，最终如果没有取得成果，痛点就没有解决。所以，一定要考虑取得成果。为了成果而不断努力，这是非常关键的。

比如，前面所讲的某餐饮店的经理针对上菜慢采取了前台服务员搭配点菜的对策，施行了两周都未取得明显成效。在这种情况下，经理及其他管理人员出现了犹豫，认为上菜慢这个问题的解决对策或原因寻找得不对，把责任又轻易地推给了后厨。像这样被动地工作，虽然表面上看不会失败，却很难真正提升自己。

并不是只有成功才是成果，失败也是一种成果。

我们了解到这一情况后，又召集前厅管理人员开会，告诉大家：失败是存在问题的证据；主动采取行动，就会撒下解决问题的种子。

我们带领大家重新从思考"为什么"开始，一步一步探寻，后来制订了给员工培训具体推荐菜品的搭配组合及相应话术的计划，很快就取得了明显的成效。

4. 确认效果要严守期限

施行对策计划后,要确认效果(结果)。在确认效果的同时,对策仍然要继续进行,不能拖延时间。

施行对策后,如果痛点问题依然频频发生,那只能证明还没有找到真正的原因,要立即重新寻找。如果对策计划施行后,确实有效果,那就证明对策是正确的,比如"关于米饭的投诉明显减少了,一周只有一次""上菜明显快了,本月只有两次相关投诉",在这种情况下,要坚持施行对策,不能拖延时间。在施行对策时,应该在一定期限内(设定方案时要制定)分段确认效果。如果有效果,要坚定地继续落实;如果效果不好,要立即检讨,甚至从头再来。

5. 可持续的结果

施行对策的结果非常重要,但一次性的结果没有意义,任何人都可以多次重现的结果才是最重要的。

就算取得了不错的成果,但所采取的对策只能针对这一次的问题或者施行的过程无法复制,那也是不行的。

我们认为,餐饮企业对于没有必然性和持续性的结果不应予以认可。也就是说,如果别的店、别的员工遇到同样的问题,采取了同样的方法,但是没有取得同样的效果或者痛点依然频发,那这个过程就是有问题的。

而且,最大的可能性是施行过程的某个或某些标准存在问题。餐饮行业的复杂性(100-1=0)决定了餐饮人只应认可能带来必然且持续的结果的对策。所以必须确认施行的过程,确定所有人采用这种方法(流程、标准)能取得同样的结果。

(三)固定成果——形成闭环

将任何时候、任何人采用都能取得同样结果的对策作为标准在企业中固定下来,洞察痛点的整个过程就结束了。

1. 进行标准化和管理的统一

在成熟的餐饮企业,成功的过程(结果)不是一次性的,将成功的过程作为流程固定下来已成为一种习惯。这种行为被称为标准化——简单地说,就是任何时候、任何人采用都能够取得同样结果的流程。

今后的餐饮企业一定要重视 SOP(标准化作业手册),让新员工也能快速地像老员工一样工作，有效降低以往痛点发生的频率。像这样有标准的管理方法，并且保持严守标准的状态，被称为管理的统一。

标准化和管理的统一，就是固定成果。解决一个痛点问题不是终点，将成果固定下来才算是彻底完成，然后才能着手面对新的痛点问题。也就是说，改善痛点是一个持续的过程。

我们在餐饮一线指导企业解决痛点的过程中，总结了一套进行标准化和管理统一的程序：

· 将某个（部门）临时的、有效果的工作方法总结出来，作为正式的标准试行。

· 为其制作标准书——将其完善成制式的 SOP（文字版、图片版、视频版）及培训表（手册）。

· 扩大试行面，培训员工贯彻新的（正确的）标准——管理的统一。

· 利用"三现主义"确认方法是能够持续的。

前两项属于固定成果阶段，第三项属于将成果扩大到更多人（部门），最后一项是考查其可持续性。当成果被固定下来并扩大到更多人（部门）中，且取得了持续的成果时，企业的整体形象、效益也会随之改变。

2. 共享洞察痛点的全过程

洞察痛点的全过程（发现、分析并解决痛点），不仅能够给团队成员提供经验、SOP，还是重要的学习培训并提高全员素质的过程。纵观本章内容，从发现痛点到分析、解决痛点，其实就是明确餐饮人基础工作的过程——为消费者排忧解难。餐饮管理者应经常带领员工讨论痛点从发现到解决的过程，让大家共享经验、教训。这种方法可以成功地提升团队的整体实力。

与团队成员一起分享洞察痛点的过程，可以学习他人的知识和经验，使之成为自己的财富。这样也会带来团队财富的累积。毫无疑问，共享洞察痛点的整个过程，可以培养人才，发现人才，提升团队的实力与凝聚力。

我们前面讲过的发现痛点与分析、解决痛点的步骤是有逻辑性的。这些步骤是基于数据、事实和因果关系，将发现、分析、解决痛点的方法明确地表示出来的过程，所以在说服教育员工时，可以将其作为非常有利的材料——通过明确过程来进行说明，更容易得到对方的理解；发现、分析、解决痛点的思考过程是进行说服教育时最强有力的工具。

3. 解决痛点没有尽头

解决完一个痛点之后，就要马上开始解决下一个痛点。通过不断提高标准的水平，来提高企业的整体实力——一个改善的成功是新的改善的开始。

一个痛点的成功改善，不等于所有痛点都得到了成功的改善。所谓改善，就是不断提高新的"应有状态"的成果的级别。按照我们的建议，餐饮企业要制度化，持续通过营业日志、网评来收集新的痛点，再利用科学的方法进行分析，用标准化、管理的统一进行复制，进行新的"应有状态"的改善，提高标准的级别，形成闭环，可以有效地提高日常工作质量和工作能力。

解决痛点没有尽头。况且，我们还要为消费者打造惊喜体验。

第四章
惊喜体验——帮助消费者走向神奇的体验世界

我们撰写这一章的意图，是想触及餐饮市场上最大的一块需求领域：给餐饮消费者带来惊喜体验。长期以来，我们一直在验证惊喜体验的落地模式，我们相信它在消费者满意度提升、企业可持续发展以及新消费者增长方面能够起到关键作用。

这一章的内容不仅能够让你了解如何将消费者的痛点（需求）转化为消费者的惊喜体验，也能够让你科学系统地提高消费者的体验层次。这是为餐饮企业定制的可持续发展的路径，使企业成为被记住的品牌。它不仅会提高企业输出体验的质量，而且能将忠诚的消费者及员工转变成企业的品牌推广大使。我们热切地期望成为你在这条道路上的向导。

我们在前文中也提到了"大使"这个词，它是本书的关键词。"大使"一词源自中世纪的拉丁语，原义是"执行任务"。这里的"任务"就是指创造一种使人由内到外都会重视和分享的体验。简单地说，我们正在帮助消费者走向神奇的体验世界，并且还要帮助消费者走出来，让他们和更多的人分享自己的体验。正如我们需要外交大使履行国家的外交使命一样，餐饮企业也需要"大使"来发声。也就是说，要培养这些"大使"。消费者通常会分享一定程度上的不良体验，而你要使你的消费者和"大使"们分享一定程度上的惊喜体验。

"大使"们身份各异，其中有很多都是消费者，他们喜欢分享在你的企业消费的经历；有些"大使"则是企业员工，他们自豪地扛起企业的大旗，并对企业取得的成功深感荣幸。

"大使"们身上有一个共同点：他们一定会让更多人知道你的企业的成就。

近5年来，因为众所周知的原因，餐饮企业都感受到了残酷的竞争压力。但是我们依然在全国范围内发现了一批蒸蒸日上的餐饮企业。是什么让他们做到逆势而上的？答案非常简单：他们打造了各种各样的惊喜体验，深受消费者喜爱，成为被众多消费者记住的品牌。

其实，众多餐饮人都认同给消费者带来惊喜体验的道理。但是，实践才是关键。第一步，树立打造某个程度的体验的决心。第二步，按照专业的方法去实施，也就是通过实际体验传递出来吸引消费者的方法（本章介绍），以及让消费者向更多的人分享自己的惊喜体验。

一、惊喜体验的基本含义——五大原则打造惊喜体验

（一）打造惊喜体验的五大原则——印象、联系、态度、回应、"特种兵"

打造惊喜体验有五大原则，分别是印象、联系、态度、回应、"特种兵"。前四项原则针对的是消费者体验层面的问题，第五项原则是关于你为企业内部的员工创造的体验的。每项原则都有次层级原则做支撑。这些原则是"非协商原则"——必须落地，它们会引发思考，并会详细涉及惊喜体验的具体实施。

印象：给予消费者持久而深刻的印象，会让餐饮企业成功度过第一个持续的关联性拐点，也是建立双方关系的催化剂。

联系：餐饮企业与消费者的接触和联系是轴心点，将消费者变成"大使"，靠的就是创造让理智、情感和个人合而为一的联系。

态度：一切你所想、所说、所做的过滤器。态度是人们看待大千世界的透镜，也是人们内在感受的外在表达。

回应：消费者的体验与员工的责任感息息相关。它更强调员工的积极回应，而非自然反应（应付）。所以惊喜体验的根本特点就是回应。

"特种兵"：打造惊喜体验的秘诀在于餐饮企业员工的专业知识和执行力。所以，各级员工必须做好准备，成为为消费者提供惊喜体验的"特种兵"。

在这里我要强调一下，"特种兵"是企业的"王牌"，更是可以成为"大使"的人。企业最重要的"顾客"应该是那些直接为消费者服务的一线员工。如果我们没有照顾好自己的一线员工，那么他们就不太愿意向消费者提供比自身所受待遇更优的体验，毕竟他们受

到了怎样的对待，就会在企业不注意的时候怎样对待消费者。所以，我们必须把员工打造成"特种兵"——"特种兵"才能为消费者带来惊喜体验，才能给企业带来极致口碑，才能真正帮助企业成为被记住的品牌。

（二）五级体验——追求第一或唯一的体验

实话实说，如今餐饮消费者的体验是比较差的。我们的消费者体验调查显示，消费者在餐饮体验方面的沮丧情绪与日俱增，因为他们觉得"似乎没人在意"他们的消费体验。真正令人忧虑的是，餐饮企业没有花很大的精力使自己的员工在消费现场表现得热情、友好、平易近人，更多时候只是敷衍了事，而把精力更多地投放到促销与节约上。原来那种对消费者真切的关心去哪里了？企业坚持不懈地打造惊喜体验的决心又在哪里？

2023年以来，我们连续去许昌的胖东来体验了三次，每次都受到震撼。每个人都想受到重视，每个消费者也都有权选择消费的地方。胖东来提供了比线上平台以及其他若干超市实体店更好的体验，所以天天人满为患。消费者想要也理应受到重视和欢迎，正如他们所在意的那样。如今的科技与社交媒体赋予了他们更多的选择权，他们可以给你的品牌带来积极或消极的影响，因此你给消费者带来的体验会对你的品牌产生巨大影响。

近年来，我们的调研显示，如今消费者在餐饮消费体验上不只是失望或不满意，还有愤怒。尽管有80％的餐饮企业认为他们带来的是好的消费者体验，但仅有20％的消费者觉得自己确实从这些企业获得了好的体验。这其实给那些善于采集消费者的痛点，期望获得真正竞争优势的企业带来了巨大的商机。我们发现，90％的消费者明确表示愿意多花钱来确保自己获得一流的消费体验，而且聪明的消费者经常会对比哪一家餐饮店带给自己的体验好，进而进行复购与转介绍。

一些餐饮企业正在成批地失去客源。他们也许仍未意识到，他们的症结就在于无法打造一种积极有效的惊喜体验。

2023年以来，我们针对50余家餐饮企业所做的研究显示，超过60％的消费者消费体验一般或很差（即不良体验），另外40％的消费者消费体验良好或有惊喜。毋庸置疑，这些都必然会反映到企业的收入上。消费者不想再为平庸的体验买单，而那些在意消费者体验的企业只需通过些许努力，就可以轻而易举地提升消费者的体验层次。

每个餐饮企业的负责人、员工都要清楚地了解自家企业提供的是哪一级的体验及其原因。一旦确定了层级和原因，下一步就是制订改善计划，将消费者的体验提升一级。

表 4-1 所示是我们 20 年来通过对 500 余家餐饮企业进行研究得出的五级体验占比。

表 4-1　五级体验占比表

五级体验		结果占比
第五级	惊喜体验	3%
第四级	优质体验	15%
第三级	良好体验	22%
第二级	一般体验	40%
第一级	不良体验	20%

第一级：不良体验，占 20%。

表现：出品差，环境差，服务态度冷淡，管理者与员工随意且散漫，致使消费者很不愉快。

我们定义不良体验的原则就是餐饮企业提供的产品或服务确实经常性地冒犯消费者，并使消费者深感沮丧。简单地说，不良体验指的是前厅、后厨员工消极的工作状态，包括带有冷漠、拒绝和明显的漠不关心等意思的各种回应和互动交流。这是最差一级的消费体验。为消费者提供这一层级体验的餐饮企业面临着倒闭的风险。

第二级：一般体验，占 40%。

表现：管理者与员工敷衍了事，满足于现状，不思进取，把主要精力投放到促销和过度节约上，所提供的产品体验平淡乏味，令人没什么兴趣。

尽管不像不良体验那样消极，一般体验也难以让消费者接受。这些餐饮企业把注意力主要集中在获取新的消费者（流量为王）上，满足于为消费者提供一般的体验——不好也不坏，乏味无聊，让消费者感到平淡。

第三级：良好体验，占 22%。

表现：管理者与员工尊重消费者，产品质量让消费者基本满意，大多数消费者拥有积极的体验。

在我们看来，每个餐饮企业及其各级员工至少要从良好体验这一级做起。不良体验和一般体验都意味着被淘汰，良好体验为餐饮企业打造极致口碑奠定了基础。关于良好体验的一切都有助于餐饮企业确定自己从哪里起步，让他们意识到低于良好体验等级的任何体验都会令现在的消费者无法忍受——再好的促销手段也无益于可持续发展。

第四级：优质体验，占15%。

表现：带给消费者的体验明显高于大多数餐饮企业。各级员工都非常重视消费者的体验，会竭尽全力为每一位消费者打造优质体验。

优质体验适用于那些愿意竭尽全力以消费者为中心的企业和个人，他们为员工创造了一个很棒的氛围，而且做一切事情都力求第一。

第五级：惊喜体验，占3%。

表现：管理者与员工都专注于为每一位消费者打造独特的体验，不单追求第一，更追求唯一，这会让他们远远优于竞争对手。

惊喜体验作为最高一级的消费体验，适用于那些追求极致口碑的企业——它们想把消费者的体验提升到一个全新的层次。它们不仅打造出令消费者难忘且感到独特的消费体验，而且通过这种做法培养了很多"大使"——这些"大使"一有机会就会将这种体验传递给更多人。

总之，餐饮企业要做到名不虚传，而且企业的盈利情况直接取决于企业拥有的新老消费者的数量。考虑到行业特性、企业发展和成本效益，餐饮企业必须专注于三点：留住现有的消费者；打造回头生意；以良好的口碑赢得新的消费者。

要想实现上述三点，最有效的方式就是培养忠诚的消费者，把他们转变成"大使"，然后让这些"大使"在线上线下与别人分享他们的体验。

我们在进行调研的过程中发现，那些常与给消费者带来优质体验和惊喜体验的企业打交道的人，才会愿意在自己的社交圈分享自己的积极体验。在进一步的研究中，我们还发现，惊喜体验级别中愿意分享自己的故事的"大使"人数几乎是优质体验级别中的两倍。而那些常与给消费者带来不良体验和一般体验的企业打交道的人中，有超过60%的人会在自己的社交圈分享自己的消极体验。

未来的竞争只会更激烈，这导致餐饮企业在消费者体验上的承诺没有商量的余地。企业必须提供一种富有竞争力的、专注于惊喜的体验（也就是高质量发展），否则到最后会陷入麻烦。企业的最终目标一定要锁定在优质体验或惊喜体验级别上，从而将消费者转变为自家的"品牌大使"。

接下来，我们以优质体验和惊喜体验为靶向，以五大原则为参照，通过详细分析五大原则及其细分原则，再配以落地策略，帮助企业提升体验层级。

二、第一大原则：印象——衡量惊喜体验的尺子

印象就是消费者对体验的记忆。印象非常重要，因为它是决定餐饮企业与消费者关系变化走势的首要因素，也是消费者记住餐饮品牌的核心点。消费者每次与餐饮企业在任何方面有所接触，都会形成自己的看法，这通常会影响他们的复购和转介绍。

消费者的印象通常取决于餐饮企业的价值观：我们追求什么？我们反对什么？我们重视什么？我们有多重视？消费者的印象就是考量餐饮企业及其各级员工真正重视消费者体验程度的一把尺子，衡量的是餐饮企业及其员工坚持不懈地为消费者打造惊喜体验的决心有多大。

惊喜印象来自事先设计和反复练习。我们认为，餐饮企业一定要把消费者所能见到（感受到）的一切事物加以精心编排并呈现，这是餐饮人的主要职责，也是餐饮企业持续发展不可或缺的一部分。

消费者的惊喜印象来自优秀餐饮企业在设计之初就是成功的。如果只依靠员工个人的发挥或某个偶然的机会，或者没有经过系统充分的准备，那么餐饮企业迟早会陷入麻烦。这是由餐饮行业员工的特性和行业的复杂性决定的。

我们想一想，一部优秀舞台剧的演出团队是如何做到日复一日、年复一年地保持着同样绝佳的表演水平的呢？答案是通过挑选、培养合适的演员，设定演出标准，不断练习表演技能，以及每次演出都会期望达到一贯的卓越标准。为企业打造出积极正面的消费者体验印象，与完成一场精彩的舞台剧演出是一样的。

我的一个学生是一家餐饮店的店长，她的店提供的服务深受当地消费者的赞许。她告诉我，一年365天里她至少有300天每天用30分钟演练"亮点剧本"。演练的重点就是根据她自己设计的服务亮点剧本，用角色扮演法，把员工培养成能重复展现服务技能的"专业演员"。这意味着给消费者的印象兼具先天性特点和重复性特点，而后者是我们不断培训员工并希望他们能够一直展现的。

（注：关于"亮点剧本"及角色扮演法的具体应用技术，详见我们的另一本书《餐饮店长打造最强团队技术手册》。）

惊喜印象还来自做别人不愿做的事。优秀的企业之所以会如此与众不同、如此优秀，是因为它们做了难而正确的事，并据此让自己与竞争者区别开来。各类餐饮企业都是"卖

饭的"，本质上没有什么区别。其真正的差别只存在于体验和员工两方面，它们体现为环境差别、菜品结构差别、菜品质量差别、招牌菜差别、服务态度差别、性价比差别、舒心程度差别以及以个性化服务创造惊喜的体验差别。

无论什么类型的餐饮企业，提供具有极致性价比的餐饮产品的承诺，都决定着这家企业能否存活且发展得好。我在一家餐饮企业的总部参加其内部高管会时，看到墙上唯一的一条标语："利润是小费，来自超出客人预期的打赏。所有员工都必须靶向清晰：追求客人的开心，给客人留下好印象，而不是我们的利润。"这就是所谓难而正确的事，也是企业与企业之间的根本区别。

印象，以及我们创造印象的能力是餐饮人应掌握的最强有力的工具之一。我们每天不是在创造营业额和利润，而是在不断地创造印象——既有关于员工个人的印象，也有关于餐饮企业的印象。那些印象会让企业在消费者的脑海中形成好的或坏的记忆。印象会使消费者形成一种根深蒂固的看法。

根据我们的研究，要想给消费者留下惊喜印象，必须坚守六个细分原则：第一印象、承诺、感知、好感、整洁、稳定。

（一）第一印象——吸引的催化剂

在心理学中有两个概念，叫作首因效应与近因效应，这两个概念又称系列位置效应，是由德国心理学家赫尔曼·艾宾浩斯提出来的。艾宾浩斯在研究中发现了一个规律：如果让人们记忆一份较长的名单，比起中间部分，他们更容易记住结尾部分（近因效应）和开头部分（首因效应）的内容。

我们在亲密关系中也会发现这个概念的存在。比如，回想一下你曾经有过的一段男女朋友的关系，在系列位置效应的作用下，你最有可能记得的是这段关系是如何开始的——第一次约会时的紧张不安，陷入爱河时的激动和难耐，等等，以及这段关系是如何结束的——分手、吵架、心碎，等等。因为在这些时刻，我们的情绪波动达到了最高值，非常强烈，所以我们才会对这段关系的开始和结尾记忆犹新。

这个效应同样存在于餐饮企业与消费者的关系中，所以也能为提高餐饮企业与消费者关系的质量提供一些帮助。假如餐饮企业一开始没有把握好与消费者的关系，没有给他们留下什么好印象，那么消费者可能从此对餐饮企业就只有这个印象——第一印象（首因效应），而这个印象一旦形成，就很难改变。

第一印象是所有关系建立的命脉。对新消费者或潜在消费者来说，第一印象既是吸引的催化剂，也是最重要的关系拐点。餐饮企业都想给消费者留下深刻的第一印象，但这并不容易。因为第一印象不仅体现在消费者与员工的互动上，还包括消费者对店面宣传、店面环境、店面设备设施、店面主要客群的特点等的印象。俗话说"你不会有第二次机会去制造第一印象"，确实如此。当我们真正认识到第一印象的重要性时，就要学会正确对待第一印象，把它当成绝无仅有的体验，为我们想要打造的美好的消费者体验定下基调，并且确信，如果执行得当，就能开启那扇预想的"体验的大门"；如果执行失当，消费者的体验就会大打折扣，而且几乎没有补救的机会。

1. 让每一位消费者眼前一亮

每一位消费者（潜在消费者）首先接触到的就是餐饮企业的店门口——这是企业给消费者带来第一印象之处。店门口带给人第一印象的主要是门头、店面落地窗、门口的摆设和门口的人。

门头主要吸引的是远端消费者（距店 20～100 米）。要求做到醒目、重点突出、与众不同。醒目是指通过门头的大小、内容、颜色、灯光、字体等的简练且与众不同的设计，让消费者一眼就能看到、看清——路过的人的目光也许只有 1～2 秒的时间停留在门头上。门头内容突出重点是指当消费者看到你的门头时，一下就能明白你是"卖什么饭的"。有的餐饮企业过于重视在门头上突出自己的店名，这种心情可以理解，但是站在消费者的角度来看，你的店名不重要，重要的是"你是卖什么的"。重点突出、与众不同，是指企业突出的重点最好是与众不同的特色美食或特色风味。例如，兰湘子近几年的门头就做得很好——简练且醒目、重点突出、与众不同："兰湘子，湘菜小炒，上菜快，吃得爽"。

店面落地窗有两个好处：一是能让已进店的消费者在享用美食的同时欣赏窗外的风景；二是能吸引潜在的消费者进店消费。路过的人透过店面落地窗看到餐饮店里人比较多，环境也不错，就会产生一种从众心理，也比较容易产生良好的第一印象。店面落地窗要求大气、干净整洁。

门口的摆设主要指店门口的咨客台、水牌、绿植等。这些物品要按高标准设计与摆放。所谓高标准，就是指能让消费者感觉到眼前一亮或与众不同。

门口的人就是指工作区域在门口的员工。这也是使路过的消费者眼前一亮的重要因素。店门口员工的精神状态、衣着打扮、形体动作、礼貌用语、微笑等都能体现出企业的特点，是给消费者留下良好第一印象的关键。

这里还有一点要特别强调一下。餐饮企业不但要重视品牌、口碑、痛点、惊喜体验等，还应在此基础上特别重视线上线下广告宣传的作用。广告宣传是品牌、口碑、惊喜体验的放大器。好的广告宣传、广告语能起到让人眼前一亮的作用。我们认为好的广告语的特征是简练，并与人们的大需求（大痛点）直接关联，让看到广告语的人能立即产生联想。比如，派出所门口电子屏上的一个广告语是："不要打架！打输住院！打赢坐牢！"

2. 让每一位消费者都感到受欢迎

餐饮企业最重要的行动之一是用语言、表情、动作向消费者致意，让他们感到自己是受欢迎的。这是你的重要机会，你必须表现得与众不同且有真情实意，让消费者觉得自己理应得到更好的待遇，让消费者产生不一样的好的感觉。这个道理也许很浅显，但许多餐饮人常常记不住。我们的目的是打造一种值得与人分享的惊喜体验，它会促使消费者告诉别人，你的企业是如何让他们感到受尊重和欢迎的。

让每一位消费者真切地感到受欢迎，是餐饮企业每个人肩负的最重要的责任之一。所以，在海底捞店门口四周，我们经常会看到神采奕奕的服务员，他们的主要工作就是欢迎消费者的到来，并给他们指引方向。此外，他们还要提供信息，比如需要等待多长时间；还要尽全力服务于排队的消费者；还提供美甲等服务。尽管这些看起来都是小事，但他们的工作就是给消费者创造一个对海底捞的良好的第一印象，并为消费者的惊喜体验定下基调。

打造惊喜体验的第一关就是制造良好的第一印象，也就是任何员工第一次看到消费者走进店面或工作区域时，要向他们致意。员工们第一次问候消费者的方式往往决定了消费者对员工和品牌的印象。我在本书中多次提到的感知、感受、感觉是一个意思，指的就是消费者的感知，就是希望餐饮人能够持续站在消费者的角度理解工作。对于消费者而言，员工的工作质量由消费者的感知来决定，员工的态度、对工作（消费者感知）的认同感、专业水准、对消费者的关心程度等都是消费者感知的内容。

美国沟通学专家艾罗杰在《你就是信息》一书中指出，形成第一印象往往只需7秒钟。也就是说，在最初的几秒钟里，消费者对餐饮企业的印象就形成了。是正面印象还是负面印象，取决于员工问候消费者的方式。

让我感到惊讶的是，许多餐饮企业的员工面对消费者时竟然很冷淡，许多管理人员对此也不重视。这是管理者的失职。这些员工肯定没有意识到，其实消费者一眼就能看出员工无精打采的状态和对消费者漠不关心的态度。必须让员工明白，真正给他们支付工资的是消费者，而且消费者在任何时候都能解雇他们。消费者不再来消费，并向周围的人广而告之就是他们"解雇"餐饮企业的方式。

打造惊喜体验不是深奥的科学,而是一门关于如何待人接物并给人留下好印象的学问——80%的成功来源于好的表现。

3. 第一印象怎样落地

(1) 落地思考与策略

·在努力给消费者留下积极的第一印象的时候,我们的表现能力有多强?策略有多高深?

·站在消费者的角度,我们的第一职责就是要给每一位消费者开启和制造一个积极甚至惊喜的第一印象。

(2) 每天审视店门口

每天在店门口及马路对面审视自己店门口的综合形象:门头灯是否亮着?门口的橱窗是否整洁?门口的水牌等是否摆放有序?门口的员工是否已准备好了?等等。总之,店门口必须是亮眼的。

(3) 员工形象——微笑

员工开始每天的工作之前,要花点时间照镜子,看一看自己的形象,给自己一个大大的微笑——以防忘记该怎么做。然后试试这些表情:皱眉、冷漠、愤怒。每一位员工都要熟悉上述表情,这非常重要,因为这就是消费者每天看到的表情。

微笑是你美好的外在形象。当你微笑时,其实就是在告诉别人,你很友好,你很高兴见到他们。所有员工首次与消费者互动时,都要仪容仪表得体、彬彬有礼、亲和友好,尤其是与消费者互动时要由衷地微笑,与消费者进行眼神交流,亲切地向客人问好,这是目前许多餐饮企业都欠缺的。

(4) 眼神交流

微笑是展示友好和热情的关键要素,同时眼神交流也能够传递真诚。如果一个人与你说话时没有看着你的眼睛,你会相信他吗?面对消费者的时候,要凝视对方(一般不超过3秒)。你的态度越真诚,它就会越多地体现在你的眼中,最后形成由衷的微笑。带着微笑的凝视能够展现你的自信——这是让对方信任你的主要原因。最简单的方法就是先和同伴们一起反复练习。

(5) 3米规则

当你离消费者只有3米时,要主动和消费者打招呼,如"您好"。见到消费者时,保持3米以上的距离,看着他的眼睛,向他微笑致意,最好加以问好或赞美之词。3米规则同样适用于你和同伴之间。遇到同伴时向他打招呼,就是在传递友善之意。

(6)热情地问候

餐饮人的工作就是营造一个有吸引力、令人感到愉悦的环境,让消费者开心地消费,并证明他们的决定是明智的。要热情地问候消费者,对他们说"中午好/晚上好""谢谢您的光临""有什么需要我帮忙的"。这种方法十分有效,能够让消费者马上感知到有人在真正关心他们。

请记住,你问候消费者的方式,会在当时给他们留下对你及你所在的企业的第一印象。所以,留给他们一个美好的第一印象吧。

(7)店门口的菜单

在店门口显眼的地方放置菜单或简易菜单是十分重要的。消费者经常会在一家家店门口出现选择困难:看着都不错,该选择哪家呢?这个时候店门口的菜单(印刷精美、特色突出的菜单)就容易给消费者留下深刻的印象,并使他们做出消费选择。

(二)承诺——有意为之

在为消费者提供服务的背后,餐饮企业必须有意识地设计带有目的性和个性的计划。优秀的企业必会设定其提供的服务(产品)品质的期望值,以使自己与众不同,让消费者感到惊喜,然后通过文字、图片、视频让消费者了解其意图。这就是体验承诺。其实,好的广告语就是承诺。

有一次,我参加青岛某酒店为客人组织的海钓活动,到达指定集合点后,发现自己居然忘带了一个重要的海钓用具。我赶忙给酒店打电话,酒店员工告诉我,他们马上派人给我送过来。很快一名酒店保安拿着我的用具和一杯符合我的口味的苦咖啡来到我面前。我对他说:"你们的服务真是全国最棒的。"他笑着回答道:"李先生,这是我们的承诺,这是我们有意为之的。"

1. 践行承诺

承诺必须付诸实践,同样重要的还有消费者早该知道他们可以期待极好的体验。2023年"五一"期间,我们专门体验了河南许昌的胖东来。刚进超市就看到了墙壁上醒目的一段话:"优秀的商业不只是规模,而是传递、传承幸福和品质。"在购物过程中,我们不断看到提示牌上写着:"不好吃请告诉我们,我们上门为您办理退换货。"每一份生鲜食品的标签上都写着"保质期一天（或两天）"。胖东来的厉害之处就在于，他们在消费者一进门时就给予提示：他们有积极的态度和关于消费者体验的承诺。在整个消费过程中（后），他们都在践行承诺，不断给我们带来惊喜。

许多餐饮企业也很重视宣传自己的特色、志向，但是如果没有做到言行一致，那么消费者的体验就一定会一落千丈。所以我们要坚信，有多少承诺，就会有多少期待，我们就应付出多少努力。

在胖东来，消费者的期待值非常高，他们要享受舒心的体验，而且一旦与之前的印象有偏差，他们就会大失所望。所幸那些偏差并不常见。据我了解，胖东来的管理者和员工都非常重视对消费者痛点的收集工作，并鼓励向消费者反馈这些信息，一旦发现，立即解决。正如许昌的一位出租车司机对我说的："在胖东来购物，我们十分放心。你回到家，万一有不满意的地方，只需一个电话或一条微信，他们就会马上上门来处理，而且处理得很到位。"

2. 有意为之

要想使承诺成功落地，餐饮人应该培养一种格局：我们想走多远，以及如何到达那里。消费者惊喜体验的出现，就是从餐饮企业的承诺开始的。许多餐饮企业承诺持续给消费者提供性价比极高的体验，可是我们调研发现，仅有20%的餐饮企业的管理者真正愿意在消费者体验项目上投资，80%的餐饮企业的管理者更关注自己企业的短期利润。餐饮企业的精力、资金和时间必须主要用于提升消费者的体验，否则餐饮企业的承诺最多停留在一般水平，让消费者惊喜、信任、记住不过是空谈。所以，每一个员工都要参与其中，而且每一个管理者都必须提出明确的最终结果——给消费者的承诺，并简单明了地告诉每个员工，这些承诺必须做到。

有些好的消费体验的产生是因为竞争者少或纯属偶然，但大多数持续好的印象（体验）都是并且也应该是企业有意为之的。一种能持续给消费者留下深刻印象并让其愿意分享的体验，从根本上是不可能靠运气产生的，而必定是企业持续关注自己的承诺和有意识主动去落地的结果。

3. 承诺如何落地

（1）落地思考与策略

·为承诺落地所做的努力是否完全传递给了消费者？员工们是否都能为承诺落地而主动工作？

·餐饮企业的责任就是营造一个积极友好的环境,让每一位消费者都了解企业的承诺,都感到受欢迎、受重视以及自己是最重要的。

(2)明确告知

在店面里,在文宣材料上,庄重且醒目地写出餐饮企业的承诺,让消费者及员工知道"我们是谁,想去哪里,以及我们将如何去"。

(3)对承诺的反映

有组织地详细了解消费者的体验状况,尤其是消费者对企业承诺落地情况的体验。把这些信息记录下来,并定期进行整理、分析、优化、改善。

(4)顶层设计

专注于顶层设计,把令消费者开心、惊喜的爽点设计成亮点剧本,把令消费者痛的点改编成令消费者爽的亮点剧本,建立系统的培训机制,让员工一起反复练习并应用于实战中,试着让消费者感受到他们就是餐饮企业最在乎的人,让消费者感受到餐饮企业是有诺必践的。别让任何事物干扰承诺的落地,尤其是急功近利的想法。

(5)承诺少一点,行动多一点

不要许诺或暗示你在什么情况下能做到什么程度,除非你真的能做到。如果你说我们会在28分钟内上齐菜,但实际上拖到了40分钟也没上齐,消费者就会对你不满和失望。但如果你说我们会在33分钟内上齐菜,而实际上不到30分钟就上齐了,你就超出了消费者的预期。消费者往往会根据你所说的话来判断你的服务品质。当他们觉得你说的话不可靠时,他们会认为你不够诚实,你也就失去了他们的尊重和信任。所以,应努力把承诺的做到位,做得更多,从而超出消费者的预期;而不是承诺了很多,却做不到位。

(三)感知——"五官组合拳"

消费者的体验来自五种感官的知觉,分别为视觉、嗅觉、听觉、触觉、味觉。从餐饮实战的角度,我们把这五种感官的知觉定义为视觉锤、嗅觉锥、听觉雷、触觉针、味觉剑。

你还记得过去美好的感觉吗?也许已经过去了很多年,但每当你闻到记忆中的气味,尝到久违的味道,听到同一首歌或再一次看到那个地方,那些美好的记忆、情感就会涌上心头。这些感官和你大脑里触发的神经一起创造了那些极其强烈又令人回味无穷的情绪和记忆。

1. 视觉带来最持久的第一印象

心理学家已证明,人首先会受到视觉刺激的影响。人们见到的一些事物能够带来最持久的第一印象。有的餐饮人对视觉的重要性的认知是不清晰的,他们认为好吃才是第一位的,好看并不重要。可是实战经验证明,成功的餐饮人会率先迎合消费者的视觉感应。比如,过去肯德基的儿童乐园就是孩子们眼中最亮的地方。

一位烹饪大师说:"我的经验是人们对色彩斑斓的食物是非常有食欲的。当然,我知道口味的重要性,但我想我们首先是用眼睛'吃'的,所以菜品一定要看上去非常棒,它的出场一定要养眼,最好能给食客一种惊喜的感觉。"

的确如此。我们认为消费者对一道美食的体验首先来自视觉——看上去就很不错,其次来自听觉——有滋滋的声音,再次来自嗅觉——闻着很香,最后由触觉、味觉来完成美食体验。

2. 嗅觉是更准确的记忆

自古就有"知味停车,闻香下马"的说法。在人类的全部感官中,嗅觉是最敏感的,也最容易形成准确记忆和情感联系。科学证明,每个人的鼻子可以记忆一万种气味,而嗅觉记忆的准确度比视觉高一倍。我们每天都生活在气味当中,体会着气味对情感、记忆、情绪、行为所产生的重大影响。

嗅觉是一种远感,它是通过较长距离感受到化学刺激的感知。相比之下,味觉是一种近感。嗅觉通过气味来传递记忆和情感,从而让消费者产生一种情景式的联想和记忆。宜人的香气通常会带来快乐、惊喜的记忆,难闻的气味则会带来相反的效果,并会赶走消费者,比如鱼腥味、羊膻味、厕所味、垃圾味等令人恶心的味道,会使消费者拒之千里。

我对成都火锅的喜爱来自10多年前的一次经历。玉林路有一家叫老码头的火锅店,生意很火,要品尝就得耐心排队。当时我在店外犹豫是否要排队。我透过玻璃看到店内人头攒动,玻璃上端装了一排排换气扇,让店内的火锅香气飘了出来,我在店外闻着火锅的香气。正是这种香气,令我下决心一定要品尝;也正是这种香气,令我开始对成都火锅情有独钟。

3. 听觉是让消费者听而不是听到

人们经常会问自己:他们听到我说的话了吗?其背后真正的问题是:有人在听吗?二者的差异在于选择。听到是消费者非自愿的过程,简单地说,就是餐饮企业想对消费者说的内容,消费者未必想听、爱听,于是容易形成"自嗨";但这时候,听发生了。

听是消费者的一种自愿行为,是消费者试图从餐饮企业发出的声音中获取对自己有用的信息的过程。听与听到是不同的，因为前者是人们主动的行为。

消费者听的步骤是：

听到：餐饮企业的声音从消费者的鼓膜进入，直入大脑。

参与：大脑接收到信息，辨别出其中的主要信息。

理解：挑出对自己有用的部分。

记住：将有用的信息存储起来，以备后用。

这些对餐饮企业的意义何在？有两点十分重要。一是消费者只会从听到的信息中获取一部分对自己有用的信息，其他的是无效信息；二是餐饮企业的目的是让消费者参与其中——消费者听餐饮企业的意图、对消费者的尊重、餐饮企业强调的注意事项，不仅仅是听到而已。

中国古代餐饮就采用通过叫卖来招揽顾客的方式，最后形成了颇具特色的叫卖文化和响堂服务。直到今天，待客话术、推荐菜品话术、品尝话术对餐饮营销的力量依旧不容小觑。

我十分喜爱出自四川自贡的盐帮名菜活渡鱼。第一次吃到现在已经过去10多年了，但我依然记得当年服务员的话术："活渡鱼是一道自贡传统名菜，做法是现点现杀，鱼肉不经过油的煎炸，直接下锅用炒制好的调味汁水煮，最大限度地保证了鱼肉的鲜美。最妙的吃法是，用勺子舀一块鱼肉及一些汤汁，一起入口品尝，鱼肉鲜嫩，浓郁的香味充满口腔……"

4. 触觉是直观的用餐体验

有一个词叫"触电的感觉"，我们都知道，这当然不是指真的被电流击到了，而是在形容心动的感觉——触觉实在是太直观、太真实了。

色即是空，眼见不为实，耳听又为虚，那这世上还有真实的东西吗？有，就是触觉（嗅觉、味觉也是）。触觉能让消费者真实地感受到体验——触觉的本质是零距离的体验。比如，消费者对餐饮店的环境、功能的感受是十分重要的，如果店内的温度太高或太低，就会让消费者不满。

对食物的触觉，也就是入口的感觉，是检验美食质量的要素中极为重要的一点。"弹牙""软糯""入口即化"都是口腔触觉带给消费者的最为直观的体验反应。食物触觉因人而异，没有绝对的好坏之分。当然，"咬不动""太硬"这样的触觉是绝不能出现的。

5. 味觉让消费者魂牵梦萦

味觉即味道，味道是餐饮企业的基础，是对餐饮企业最根本、最高的评判标准，是一剑封喉的体验评判标准。味道不好,其他都是白搭。味道一定要消费者自己品尝才行。而消费者又是百人百味,所以依靠味道吸引消费者难度很大,因此机会也最多、最大。

实话实说,让一家餐饮企业做到全部菜品的味道都吸引消费者是不现实的。以味道吸引消费者的突破口是招牌菜。一道或几道招牌菜的味道,就能形成一家餐饮店的特色。

6. 展示出来才有意义

感知又称感觉营销,也称展示营销,就是科学合理地利用消费者的五官的感觉来给消费者带来惊喜体验,令消费者产生兴趣、心动、消费,并增强消费者的记忆。

视觉、嗅觉、听觉、味觉、触觉并非各自为政。因为消费者所处的场景和他们的注意点总是碎片化的,他们接触到的信息、形成的体验也是碎片化的,所以想要让消费者体验到惊喜,就必须使用"五官组合拳"。很多成功的餐饮企业与众不同之处就在于,他们能把五种感官、感知整合到一起,并体现在菜品、服务、环境上。

以"色"悦人、以"声"动人、以"味"诱人、以"情"感人的体验式感知营销,要求餐饮人懂得消费者的心理、情绪、状态和痛点、爽点,站在消费者的角度思考这些问题,并且以消费者乐于接受的方式展示出来,这样餐饮人才能真正做到和消费者的情感共振,才有可能让消费者有惊喜的体验。

餐饮企业员工的日常工作就是展示出令消费者感知(体验)好的企业的优点与亮点。展示的关键是筹划和准备,因为成功不是偶然的,也不可能是一蹴而就的。餐饮企业必须仔细认真,讲求方法,并根据消费者感知的痛与爽进行规划。尽管常言道"熟能生巧",但我认为在餐饮行业"熟"并不一定能生"巧",它只能在日复一日的基础上养成一种习惯,甚至可能会养成坏习惯。要成为拥有极致口碑,被消费者记住的品牌,就必须坚持做好自己的工作,不断展示亮点,从而实现卓越。

消费者的眼睛是雪亮的,他们会通过自己的感知来判断餐饮企业的员工是否用心了。拥有极致口碑的餐饮品牌与众不同的表现背后,是企业管理者特别重视对每个员工进行关于给消费者好感知的反复培训、演练。只有事先反复演练,才能由所有员工共同进行优秀的"表演"。

7. 感知如何落地

(1)落地思考与策略

·在适当的前提下,五种感官在打造消费者的惊喜体验中能起到多大作用?对此,是否要不断进行准备、编排、尝试?

· 每一种感官用得越有效，餐饮企业在打造令消费者难忘的记忆时就越成功。同时一定要善于打"五官组合拳"，要让每一个员工的展示都反映出他们对形成优质的消费者感知（体验）所做的准备和贡献。

（2）视觉锤的锤法

①店内外的品牌店招。品牌名＋品牌标志＋广告语形成餐饮企业主营风味的展示组合，能否让消费者马上识别门店的主营类别、招牌菜并在短时间内记住品牌名，是店招好坏与否的评判标准。需要特别强调的是，主营类别、招牌菜一定要在店招中凸显出来，因为消费者最关心的是他们在这家店能品尝到什么，而不是这家店的品牌是什么，除非这家店已经是家喻户晓了。

②店面的灯光与色彩。有心理学家指出，店面（产品）瞬间进入消费者的视野并留下印象的时间是 0.67 秒，灯光与色彩的作用达到 67%。灯光与色彩也会影响消费者对餐饮店类型的判断——是时尚的还是传统的。选用合适的灯光及正确的品牌代表色可以加深消费者对品牌属性的记忆。

③装修元素。选用符合品牌属性（特色）的装修元素，可以让菜品与环境更具一致性，提升消费者用餐的体验，增加他们用餐的乐趣。

④宣传物料。电子化营销已成为绝对趋势，动态宣传物料（如小视频）具备传统印刷物料无法企及的优势。例如，店内外的电子屏上可以播放招牌菜的制作过程、特色原料的特色之处、品牌故事等，还可以通过定时轮播、联屏、分屏等形式，生动地展示品牌，让消费者从众多品牌中一眼就被俘获。

⑤招牌菜的亮点造型。鲁菜传统名菜糖醋鲤鱼，用牡丹刀法及极为讲究的油炸技术，形象地展示出鲤鱼跃龙门的形态，鲤鱼昂首翘尾，色如琥珀，形象生动，美观大气，富有寓意。这道菜一上桌，便会吸引大家的目光，无人下筷，大家纷纷拿起手机拍照分享。

⑥招牌菜的现场加工。招牌菜是餐饮企业的灵魂所在，要有效利用视觉锤的锤法"一击命中"。其中，现场加工无疑是最为直接有效的锤法。有一次，我和几个朋友就餐，席间一位服务员告诉我们，他们店的厨师长要为我们现场加工招牌菜酒香雪花牛肉。只见形象、气质俱佳的厨师长推着移动铁板台走进包间，铁板台上放着一块带有大理石花纹的雪花牛肉，令人眼前一亮的是铁板台上还有一瓶飞天茅台酒和两个小酒杯。最后一道加工工艺是，倒出两杯茅台酒，浇在已有五分熟的牛肉上，在铁板的高温作用下，火光四射，酒香四溢，满堂瞩目——这道菜一锤就击中了我们。

⑦员工的仪容仪表。

·服务人员进入工作岗位必须穿工作服。工作服应平整、洁净、完好。皮鞋擦亮，布鞋刷净，袜子的颜色应与鞋协调。按规定佩戴好工号牌或其他装饰物。

·头发常梳洗，保持清洁、蓬松，没有头皮屑，不染颜色鲜艳的发色。男性前发不遮额，鬓发不过耳，后发不压衣领；女性不留披肩发，将头发盘起置于脑后，用发夹固定，避免使用色泽鲜艳的发饰。

·面部保持干净、容光焕发。男性不留胡须，鼻毛应剪短；女性应化淡妆。口腔保持干净，无异味，并注意用牙签剔除齿缝间的残渣。进入工作岗位前，避免食用葱、蒜、韭菜等，以免产生异味。

·双手应干净、润滑，不留长指甲，不涂有色指甲油。佩戴首饰以少为佳。一般不允许服务人员佩戴手镯、手链，戒指最多戴一枚，项链只允许戴细链，耳朵上只允许佩戴小巧的耳钉。

·不在消费者面前修剪指甲、挖鼻孔、剔牙、掏耳朵、抠眼屎、打哈欠、挠痒痒、脱鞋等。

（3）听觉雷的雷法

①候餐叫号话术。太二酸菜鱼的叫号话术为："××号，太二请您吃鱼了。"让路人迅速了解到太二是一家主要做鱼的店铺，以及店铺人气爆棚，以至于需要排队。

②介绍招牌菜的话术。有些菜品能成为桌桌必点的招牌菜是有原因的。餐饮店应将招牌菜的成因、特色向消费者介绍清楚，让消费者愿意点、会品尝、能记住、易传播。主要注意三点。一是介绍话术，就是将招牌菜的特点一一罗列出来，如原料特点、加工特点、味道特点、养生特点等。二是将招牌菜的品鉴方法介绍给消费者，其实这才是最重要的。让消费者更好地体验到招牌菜的特色之处，比推荐招牌菜更为重要。广大消费者对怎么吃并不专业，这就需要服务人员（或在宣传牌上）用简练的语言告诉消费者品尝的关键点，比如吃火锅烫毛肚最好是"七上八下"。三是介绍菜品时尽量少用专业术语，多用消费者能听懂的语言。

③广告语传播。优秀的广告语更容易令消费者形成品牌记忆。比如，一家以口味著称的餐饮店，在店内外不断播出的广告语是"饭菜无语，味道说话"。

④就餐背景音乐。餐饮消费越来越有明显的社交属性。适当的背景音乐对于凸显餐饮店的特色和提升消费者的综合体验的作用越来越重要。

⑤礼貌话术。服务人员的仪容仪表、礼貌话术是给消费者带来好感的前提条件。礼貌话术的基本要求是每位员工都要熟练使用十二字礼貌用语——"请、对不起、好的、再见、谢谢、您好"。这对于培养消费者的感知至关重要。

（4）嗅觉锥的锥法

①洗手间的香气。当餐饮店洗手间的异味较大，不小心飘散出来后，你所营造的体验感就会大打折扣。"天下大事必作于细"，作为餐饮企业，不能只重视大厅、包间的环境，对洗手间也要格外重视。

洗手间是消费者体验中非常重要的一环。因为洗手间是每一位消费者都有可能去的地方，而且是消费者极为在意的体验点。所以，洗手间除了要保证整洁之外，还要想尽办法去除异味，并为消费者营造一种令人感到舒适、自然而清新的气味。杭州的一个餐饮品牌在这方面就做得很好，经验有两点：一是及时打扫洗手间是去除异味的根源；二是在洗手间内摆放几盆百合花和一部能发出百合花香味的香水机。当人们走进洗手间时，扑面而来的是百合花的香味。你想一想，连关于洗手间的体验都这么好，消费者能不惊喜吗？

②菜香更吸引人。大家都喜欢在带有菜品香气的环境中用餐。比如，近两年很火的烧烤品类，带有肉类的油脂香、酱香、孜然香的烧烤香气很能激发消费者的食欲，让人垂涎欲滴。迪士尼乐园的香味营销十分成功。在小小的爆米花摊前，也会出现排长队的现象，大部分消费者是被爆米花的香味吸引过去的。然而，大家闻到的所谓的爆米花的香味，却不全是爆米花传出来的，有一部分是香味发生器散发出来的仿真爆米花的香味，这主要是为了刺激消费者的嗅觉，激发他们的体验感和消费欲。

（5）触觉针的针法

①美食触觉。"Q弹""软糯""外脆里嫩""爆浆"都是口腔触觉带给消费者的最直观的感知反应。令人意外的口腔触觉，往往能给人惊喜。比如，提起红薯、茄子，人们自然会想到"软糯"的感知，但是脆皮红薯、脆皮茄子则会给消费者带来"外脆里软"的意外感知，令人惊喜。

②餐具触觉。你去一家餐饮店用餐，坐定之后，发现服务员给你端上来的客用骨碟、茶杯都是热的，你会有什么样的感知？

③皮肤触觉。有一家夏季生意也很火的火锅店的老板告诉我，他的秘诀是加强空调的配置，让消费者一进门有一种"这么冷"的感觉。

(6）味觉剑的剑法

这一点主要体现在招牌菜的招牌味道上。

为什么我们在成渝两地吃一顿老火锅，麻辣上头很好吃，回到本地后发觉很多火锅店的火锅味道不正宗？为什么我们在湖南吃了几次湘菜，香辣上瘾，回到本地后发现本地湘菜的口味总是差一些？原因就是味道具有锚点效应。味道的锚点效应受心理和物理两方面的影响。在成渝吃火锅，从心理上认定是正宗的，这是心理作用；成渝火锅重麻、重辣、重油、重香，敢下料，吃了上头，感觉好吃，这是物理作用。消费者在锚定成渝火锅的体验标准之后，就会以这个标准去评定其他火锅是否正宗。其实，这与人们总是念念不忘妈妈做的菜的味道是一样的。

招牌菜是餐饮品牌的代言物，消费者往往是对招牌菜形成了关键记忆和消费依赖，才对品牌产生了忠诚度。招牌菜的招牌味道就是让消费者以餐饮店的招牌味道为锚点，感觉招牌菜的口味最正宗、最好吃、有新意。餐饮企业具体要从三个方面去努力。一是味道要到位、极致。辣就要辣得出头、刺激，麻就要麻得嘴唇跳动，臭就要臭得到位，这样才能让消费者形成味觉锚点，形成独特的记忆。二是味道要出新。招牌菜的味道要么极致，成为第一，要么出新、出奇，成为唯一。比如长沙北二楼大排档的咖喱、柠檬、芥末、咸蛋黄四种口味的罗氏虾，令人记忆深刻。三是从影响消费者的心理上强调口味的正宗性。利用菜品文化、地域文化、菜品故事等，多维度地证明口味的正宗，让消费者从感觉上认定招牌菜的口味最正宗。

（四）好感——讨人喜欢

古希腊哲学家柏拉图曾说过："人类行为有三个源头，分别是欲望、情感和知识。"有人称情感为第六感，它能够影响人的态度体验。情感可以唤起人的记忆，而记忆影响人的行为，会使人们经常重复过去。情感分为好感和恶感，好感可以培养出忠诚度，并让人们对一些特定的品牌喜爱有加。

1. 制造好感

我们在本书中提倡的餐饮营销的核心是洞察消费者的痛点和爽点，为消费者打造惊喜体验，令消费者记住并传播品牌。这与传统的4P营销是有区别的。我们认为，餐饮营销的本质首先是研究消费者的需求，其实就是研究人性，研究消费者的喜怒哀乐，然后据此制造好感，令消费者复购、转介绍。

消费者到餐饮店消费，总是出于物质和精神（情感）两大需求。从物质层面来看，消费者看重的是餐饮店的特色是什么，是否靠谱，需要的是餐饮店理性的承诺，比如好吃不贵。但是在竞争激烈的市场中，同类型的餐饮店有很多。消费者需要的就不再仅仅是好吃不贵了，同时也需要在情感方面得到满足。

餐饮营销的目标是说服与沟通。当好吃不贵说服不了消费者的时候，或与竞争对手相比，我们的说服力没有那么强大的时候，我们一方面要苦练内功，做好产品，另一方面需要与消费者进行情感交流——制造好感。比如，肯德基的"永远微笑的大叔"，麦当劳的"小丑叔叔"，迪士尼的"白雪公主""白马王子""米老鼠""唐老鸭"等，制造了多少奇妙的好感，影响了多少消费者的记忆？

我的一次战友聚会的经历，充分说明了制造好感的营销方式的威力。

当负责组织聚会的战友给我打电话时，我十分兴奋。战友还专门告诉我，他选的餐饮店在聚会服务方面十分了得，一定会让大家开心、热闹，还会有惊喜。当我到这家店门口时，店招上有一句话令我心跳加速："欢聚吧，朋友！"

我进入聚餐的包间，看到先到的战友们都围拢在墙边，墙上挂满了30年前我们在军营中的各种照片。我和战友一张一张看着，抹着激动的眼泪，指指点点，开怀大笑。尤其是在一张新兵下连前大家手握钢枪的合影前，我们一起唱起了《咱当兵的人》这首歌。

同学、战友聚会，通常必做的一件事就是合影。这家店的聚会服务的确十分了得。战友到齐，凉菜上齐之后，正当我们准备举杯时，该店店长对我们说："各位，今天需要专业摄影师免费为大家拍一张举杯同庆的照片吗？"当然需要！这个时候，几位穿着马甲的"专业人员"拿着反光伞、专业照相设备走进来，前后不到5分钟就搞定了，又快又专业。尤其专业的是，摄影师在按快门前大声说："老班长们注意了，我说一二，大家一起说'班长好'！"一句"班长好"就是对我们当过兵的人最好的尊重、认可。

我抽空专门问店长："这些'专业人员'是你们从外边请来的吗？"店长笑着对我说："他们都是我们店的员工。我们企业的每家店都有3~5名员工受过专业的摄影、拍照技术培训，考试合格后，每个人给发一件马甲，看上去特别专业。"

我们能体会到这家企业对消费者的体验十分重视，让消费者感觉到自己是十分重要的人。一张合影背后饱含着企业对消费者的尊重、赞赏，给消费者带来的是感动、惊喜。当时我和战友们对这家店已经有了强烈的肯定和归属感。合影之后，店长又出了个"狠招"，他大声说道："各位老班长，大家方便的话加一下我的微信，我会把处理好的照片转发给大家。另外,大家今天聚会一定十分开心,我代表我们企业给每位老班长送一个杯子,杯子上面既有刚才的合影,还有'一杯子,一辈子'这句话,很有纪念价值。"接下来就是我们的热烈鼓掌和感谢,以及店长和服务员们的鼓掌和充满爱意的笑容。

我们太喜爱这位店长及这家店了!对这样的企业,我和战友们都说:"太棒了!一定要把它分享出去。"

这家店不仅给我们留下了菜品好、环境好、服务好的印象,还深深地激发了我们的情感(好感)。事实证明,能让消费者记住的餐饮品牌都已学会为消费者打造惊喜体验,这种惊喜体验才应该是餐饮营销的重中之重。餐饮品牌要通过极致口碑营销打造被消费者记住的品牌,就要从战略高度来设计并落地、提升消费者的惊喜体验,并将给消费者带去惊喜体验融入企业的价值观。

2. 我喜欢你

一位以服务技术见长的餐饮前辈曾对我说:"我反复训练,让我能够将自己个性中讨人喜欢的部分展现出来,这是我最重要的服务心得。"

我们通过多年的餐饮研究发现,在消费者所想、所需和期待的清单中排名靠前的是如下两大因素:一是餐饮企业的员工友好吗?二是他们让我感受到受欢迎和重要了吗?

如果餐饮人能够很好地把握住这两个因素,那么,他们提供的体验层级就必然会有显著提升。然而,能够坚持把这两个因素中的一个做好的餐饮企业都不多。一切的关键就在于讨人喜欢。

就像磁铁一样,讨人喜欢的员工和"大使"会把别人吸引过来。消费者喜欢这样的员工,同伴们也享受和他们一起工作的时间。尽管这可能听起来很简单,但获得好感的技巧可远远不止微笑、良好的仪容仪表、礼貌用语,还包括称赞、肯定、鼓励对方和向对方表示友好、尊重。

从事餐饮工作,尤其是从事餐饮服务工作的员工,不能有不喜欢与消费者打交道的想法,尤其是不能讨厌助人为乐的要求,因为这样的员工会吓跑消费者和同伴。如发现有这种倾向的员工,要抓紧对他进行培训,最好是请其离开。

人际交往有一个黄金法则,其主要意思是"己所不欲,勿施于人"。就是说,你想被别人如何对待,就要如何对待别人;你不想被别人如何对待,就不要这样对待别人。我们认为这样还不够,其他人不一定想以你希望被对待的方式得到对待,因为你的好恶也许和他们差别极大。

所以，我们把上述黄金法则升级为白金法则：发现消费者喜欢和想要的东西，以及他们不喜欢的东西，然后以他们喜欢、想要的方式对待他们。运用到餐饮营销中，就是以消费者最想被对待的方式来对待他们，而不是以企业喜欢、理解的方式。这就意味着餐饮人要持续尊重、友好地对待每一位消费者。

有一次，我在我辅导的一家餐饮店搞调研，发现大众点评上有一个0.5星的差评。消费者的评论大意是："我们两个人去吃饭，被管理人员安排到二楼的两人台。因为旁边有人抽烟，我们提出坐到一楼——我们上楼时发现一楼有两个4~6人台空着。这位管理人员一开始说有一个台已有预订，我们说还有一个，他说两个人就坐二楼的两人台吧。作为经常来的回头客，我们这次的经历很糟心。"

我立即找到相关管理人员（一位经理）了解情况。原来这位经理认为两位客人坐4~6人台划不来，所以才安排他们坐到二楼。后来我以此为专题召开了管理人员的专门会议。在会上，我强调，大家工作的目标只能有一个，即获得消费者的好感，尽最大可能甚至牺牲我们当下的利益让消费者顺心、开心，而不是为了我们的利益给消费者添堵；要发自内心地感激每一位进店的消费者，不论他们消费金额的高低，因为我们的目标是让他们下一次还来，能记住我们，传颂我们的好。

我们的研究显示，68%的消费者流失的直接主因是受到了不良待遇。好感通常是消费者寻求的第一要素。尤其是餐饮行业竞争激烈的今天，在大家的产品都有较大提升的时候，讨消费者喜欢十分重要且并不高深复杂，却是你如何对待消费者、你对消费者的在乎程度以及你与消费者如何和谐相处的一门科学。所有持续生意好的餐饮店都必须表现出友好、礼貌与体贴，让消费者感到受欢迎，进而让消费者开心、快乐，这就是餐饮接待工作的底线要求。

3. 好感如何落地

（1）落地思考与策略

· 你是否意识到好感是未来餐饮营销的关键？你是否有使消费者建立好感印象的计划？员工们应该怎样展现代表友好的品质：表示感兴趣、有礼貌、关怀和帮助他人，以及讨人喜欢？

· 把制造好感（情感）列为餐饮企业的主攻方向——惊喜就是好感（情感）。制造惊喜的关键在于员工们懂得如何被消费者喜爱，包括向消费者表示友好、热心、礼貌与关怀。

（2）对消费者喜点、爽点的分析

·像前文介绍的对消费者痛点的分析一样，持续、系统地专注于消费者的喜点、爽点、期望的收集与分析，建立以日、周、月为单位进行收集分析的机制。只有不断关注消费者的兴趣、兴奋点和期望，我们才有可能不断找出令消费者惊喜的机会。

·不断带领员工进行"头脑风暴"，集合员工的力量，找到吸引消费者的方法，让他们在第一次光顾时就在情感上难以割舍，并且使消费者产生对惊喜瞬间的期待。

（3）次次读懂消费者

每位员工每次见到消费者的时候，都要读懂消费者的面部和肢体语言。员工要学会修饰自己的语言，提高表达技巧，使语言符合消费者当时的心情。这会让员工养成随时观察消费者、与消费者建立联系的好习惯。

（4）"FACE"原则

"FACE"原则是指通过友好、态度、连接、卓越来实现给消费者留下好印象的目标。

F（Friendliness）——友好：热心、有气质、体贴、乐于助人以及对他人给予关怀。

A（Attitude）——态度：永远保持一种积极的心态和远见——我们希望给消费者留下好印象，让他们下次还来，希望消费者能记住我们。

C（Connection）——连接：寻求建立融合互动联系的方式。

E（Excellence）——卓越：永远关注细节，力争在每件事情上都表现卓越。

（5）隔离消费者的错误

消费者也是普通人，难免会出错。与其盯着、放大消费者的错误，不如专注于消费者的基本诉求，关注消费者的错误背后的需求、痛点，把消费者的需求、痛点找出来，调整好自己的心态，坚决拿下那个扭转印象的时刻（机会），变坏事为好事。这些努力合在一起，就成了惊喜体验的决胜之处。

（6）退换菜后的伴手礼

有一次，我和三位朋友在一家餐饮店就餐，有一道菜大家都感觉偏咸，告诉服务员后，服务员表示这道菜可退、可换。我们退了这道菜之后继续就餐。在离店时，这家店的店长专门给我们每人准备了一份伴手礼——他们店特色的小瓶牛肉酱，令我们十分惊喜。

（7）排队体验改善

很多时候，消费者不愿意等候或排队，这会让他们感到恼怒和沮丧。有的餐饮企业生意很火，以至于消费者要等待很长时间。即便这样，许多生意火的餐饮企业仍不愿多花时间来调查等待或排队对消费者体验的影响。这样的餐饮企业太自以为是了。它们主要考虑的是自身的运行流程，这使得消费者排队的体验被忽视，而这正是消费者在体验中备感失望的地方。这往往会使消费者一边等待，一边上涨着对企业的不良情绪——我们发现，许多需要排队就餐的餐饮店在大众点评上的差评都来自消费者糟心的排队体验。

在排队过程中，消费者对排队本身是有预判的。排队本身并不重要，重要的是人们在排队过程中的感受。我们收集到一些优秀餐饮品牌的排队管理技巧：

·打造超级门迎。要想消费者越来越多，首先得重视门迎岗位，选择形象气质佳、热情大方、善于沟通的员工担当门迎重任，甚至可以直接安排合适的管理人员担任此岗，让消费者走过、路过，绝不错过。可以说，"得门迎者得天下"。

·消费者坐满前，尽量多安排几名员工担当门迎揽客。

·热情地与每一位抽号排队的消费者打招呼，并详细解释排队流程和当前排队的情况，也可以通过水牌、广播进行解释。

·尽量让消费者在店内排队，或是在店外搭好雨棚、防晒伞，配备取暖炉、冷气扇等。

·做好等位预点菜工作，帮助消费者提前点好他们喜欢的菜品。

·为排队的消费者提供免费的饮料、水果、零食，或给予排队时间较长的消费者一定的折扣优惠。

·随时告诉消费者以及耐心地告知询问的消费者目前店内翻台的进度，比如"现在有5张台的消费者已买单或正在买单"。

·热情地欢送就餐完毕的消费者，让等候的消费者觉得来对了地方。

·调试好消费者排队区域的Wi-Fi，或提供棋牌等娱乐用品，让消费者消磨时间。

这些技巧之所以有用，是因为和消费者热情打招呼、给予耐心的解释沟通、改善排队条件等，会让消费者觉得自己被重视，从而减少对排队的焦虑；给消费者分发菜单，提前点菜、发放水果、饮料等，会让消费者觉得消费体验已经开始了；不断为消费者更新预估的等待时间，会让他们的等待过程看起来比较具体和确定。

所以，这些技巧都是为了让消费者有好感，并让消费者体验非常有"黏性"。这些技巧不一定百分之百管用，但大多数时候都能起到稳定排队的消费者的情绪的作用。

（五）整洁——专业的象征

我问过许多酒店餐饮行业的资深人士，他们觉得最为专业的服务群体是哪类人，大家都说是空姐。这就是印象。

餐饮企业员工的专业程度，给消费者留下印象了吗？这说起来容易，但实现起来非常难。你只有很短的时间能给消费者制造一个有关自己的积极印象，然后才是你的服务、你们店的出品或者你背后的餐饮品牌。餐饮人要记住：对消费者来说，你就是消费者肯定会关注的工作人员，消费者对品牌的看法很可能取决于对你的看法；如果对你的看法是消极的，那他们就会带着对品牌较差的印象离开。

事实上，每个餐饮品牌都想给消费者留下积极的印象。我们认为，给消费者留下积极印象的关键，除了热情、礼貌之外，关键是员工和企业的整洁度。只有做到整洁，才能像空姐一样向消费者传递一个重要的信息：放心吧，我们是专业人员，而且为了您，我们对自己的专业身份做了充足的准备。

这里讲的整洁，是指员工讲究个人卫生、仪容仪表，行为动作得体，环境卫生、用具设备干净整齐。现在有许多消费者对餐饮企业低级的整洁标准和维护厌恶不已又无可奈何。我们认为，能让消费者记住的品牌至少要做到：环境整洁，用具设备整洁，员工穿着得体、讲究个人卫生、心情愉悦，令消费者有安全感。

1. 整洁不是清洁

当今餐饮消费者对餐饮企业的卫生管理水平的要求越来越高，这一点甚至是能否让他们留下好印象的关键因素。清洁只是打扫干净的意思；而整洁既有干净的意思，又包含整齐的意思，是指餐饮企业通过系统化的管理，让环境、个人、物品既干净又井然有序，给消费者一种综合卫生管理时刻有序的印象。所以对整洁的要求远不止清洁那么简单。消费者不仅要求干净，还需要卓越的干净。只有卓越的干净，才能让消费者意识到这是卫生管理水平高的餐饮企业，才会给消费者留下深刻的印象。

2. 持续干净就是卓越

我曾经重点考察过一个平常日翻台不少于八次的大众中餐店，连续在该店消费了三次。第一次感觉这家店的菜品好吃不贵；第二次发现这家店的菜单设计十分巧妙，搭配合理，能够确保毛利率水平及上菜速度快；第三次被这家店的整洁管理水平震撼。

首先，我三次就餐，居然都没有在地面上发现小垃圾；即便偶尔有小垃圾，也很快有员工打扫干净。要知道，这可是一家日翻台不少于八次的店，每天有大量的消费者进店就餐，卫生能做到这样简直不可思议。仔细观察后才发现，这家店的服务人员每个人左手都戴着一次性手套，无论什么时候，只要看到垃圾就捡起来或用工具清扫掉。我故意将一张用过的餐巾纸揉成纸团扔到脚边来测试员工的反应,刚好一个佩戴着见习员工工牌的新员工匆匆从我身边走过,没有发现纸团。这时候一位管理者迅速从后边跟上来,捡起了纸团,并叫住新员工,轻声地问:"你怎么没有捡起纸团?"新员工说:"我没看见。"管理者说:"你要看到别人看不到或没注意到的地方,这是你的任务。"听到这话,我顿时愣住了。事实上,几乎没有多少员工会享受持续保持干净的过程,毕竟谁会真的喜欢打扫卫生呢?但在这家店,我发现管理者的要求是每个员工要时刻维持店面的干净,这是每个员工的职责。

随后,我又去了洗手间。整个洗手间环境干净,地面无水渍,物品摆放有序,空气中散发着淡淡的百合香水的味道,洗手台上的花瓶中还插着一枝鲜花。

看到了吧,整洁可不只是确保消费者所见之处是干净的而已。整洁不只是干净,而是在它之上。整洁是餐饮品牌追求卓越的尝试,这是给消费者带来惊喜体验和一般体验的区别因素之一。

3. 着装得体

我们为什么会认为空姐的服务是专业的,是大家学习的榜样?除了形象、气质及专业的服务话术,得体的着装及精致的胸牌(工牌)也是重要因素。

胸牌是向消费者确认身份的最佳方式之一,是服务人员体现专业身份的标志,是与消费者产生互动的媒介之一,也是消费者认可或不认可员工服务的要点之一。我曾经在外地发现一家餐饮品牌的员工胸牌设计得很有意思:最上面的小字是品牌名;中间的大字是员工姓名及工号;最下面的是中号字,写的是员工的籍贯,这绝对是"神来之笔",因为这样可以和陌生的消费者立刻建立关系,并开启对话,很容易让消费者开启惊喜的体验——老乡见老乡。我们不要忘记给消费者提供惊喜体验的目标,那就是建立关系以及使随之诞生的"大使"与他人分享惊喜体验。

我当时坐在餐桌旁等朋友时,发现了一位来自陕西的服务员,马上叫住她,问她是陕西哪里人。她说:"我是西安市莲湖区的。"我顿时十分开心,因为我就是西安市莲湖区的。我马上找到店长,希望安排这位员工为我们服务。整个就餐过程中,我和这位员工不时用西安话进行交流,最后还合影发了抖音。毫无疑问,这顿饭我吃得十分开心。

希望给消费者留下好印象的餐饮企业要格外重视员工的着装,此举是为了给消费者留下企业是专业、整洁、靠谱的这一印象。如果不讲究着装标准,餐饮品牌及企业员工就会被消费者混淆,或给消费者留下不靠谱的印象,消费者也感受不到品牌背后的价值观。

我曾在一家高端餐饮店里见到男公共卫生员身穿一身白色的衣服,脚穿黑色皮鞋,白色衣服一尘不染,皮鞋铮亮。你在大厅里远远地就能看到他们。虽然这听起来有些死板,但他们向我传递了一条信息:我们很讲究,我们是专业人士,代表着卓越一致、与众不同。单凭这一条就使我对这家高端餐饮店产生了信任感和安全感。它会和品牌及其特性相匹配——这是无法用价格衡量的。

4. 整洁怎样落地

(1) 落地思考与策略

·全员是否意识到专业、靠谱、安全是从留给消费者整洁的印象开始的?是否意识到整洁是带给客人惊喜体验的必备条件?

·用持续卓越的干净来证明整洁。是否具备整洁这一特点通常会给消费者和员工留下对品牌的积极或消极的印象。

(2) 用制度保障整洁

餐饮企业如果经常存在整洁问题,就必须制定各类详尽的 SOP 手册及相应的奖罚制度。要让全体员工都有主人翁意识、责任意识,对整洁工作有敬畏心理。要习惯性地确保整洁——如果缺少整洁,会对一切都造成糟糕的影响,尤其是有损餐饮企业的口碑。

制定并严格遵守胸牌及着装标准,其中的严格遵守更为重要,这能体现品牌想要展示的整洁、专业价值观的程度。确保整洁标准符合现代餐饮消费者的观念和愿望,确保体现员工和团队的自豪感,以此反映餐饮品牌的与众不同,给消费者留下深刻的印象。比如,丽思·卡尔顿的创始人凯撒·里兹经常教导员工:"我们是为绅士和淑女服务的绅士和淑女。"

(3) 重点关注消费者关注的整洁点

根据我们的调研,消费者在就餐过程中最为关注的整洁点包括员工的个人卫生及仪容仪表、餐用具卫生、桌椅卫生、地面卫生、洗手间卫生、公共区域卫生等。在这些重点方面,餐饮企业要重点从制度上确保给消费者留下深刻印象。

(4) 领导以身作则及系统的检查机制

身为餐饮企业的各级领导,每天必须带头做的一件事就是在店内外巡检,让一切有损企业整洁形象的人、事立即改正,并记录下来,做日检查、周检查,反复查、查反复。一定要建立周密的时时、人人、事事检查机制——领导检查是保持整洁的关键抓手。

(六) 稳定——创造出忠诚

餐饮品牌面临的最大的挑战是稳定性，让消费者形成好的印象的最后一个要点就是要形成稳定性。真正的餐饮高手和一般业内人士的主要区别之一就是，高手令自己的店面形成了高度的稳定性——质量零缺陷。真正的高手不仅擅长于日常的经营管理，还能够将这种擅长一直维持下去且不断改善。当你能够将卓越与稳定性结合在一起的时候，你就是高手，你就能不断带给消费者惊喜，不断让消费者记起你。

1. 让员工知道要期待什么

持续培养员工正确的期待，就会消除大部分不确定性和模糊性。如果员工不了解企业对他们的期待，或者因管理者更换而没有持久的价值观与制度，就会接连发生混乱，而且会导致员工自由散漫。

稳定性，尤其是正面的稳定性，能够带来强大而正面的声誉。当员工来上班，知道要期待什么的时候，他们就会把期待的事向外界传播。一些持久的著名餐饮品牌都有一个有趣的特征：员工内心会逐渐产生自豪感，而且他们想要告诉别人自己工作的地方及其值得宣扬的光辉点。例如，我在一家著名餐饮企业调研时发现，这家企业的员工每个月至少要喊 60 次口号："衣食父母的开心是我们的工作标准，被衣食父母记住就是我们的工作目标。"在这家企业，每天的早晚例会、周会、月会的第一件事就是喊这个口号。这家企业的老板告诉我这样做是为了让所有员工明确企业期待什么，大家应期待什么。这是保证稳定的品质的关键所在。

2. 让消费者知道要期待什么

每个人都知道要期待什么，即"所见即所得"。我经常去的一家餐饮店，一进门有一个大大的广告牌，蓝色的底板，金色的字：在本店消费，任何菜品不满意可随时退换。通过了解自己能获得的待遇，消费者就会产生自信和舒适的习惯性感觉。餐饮企业在互联网时代，不能仅重视拓新客，更要重视留住忠诚的回头客。对餐饮行业来说，忠诚的消费者的价值要比他们最初消费的价值高出 10 倍。忠诚就是通过稳定创造出来的，这一点绝不能忽视。

3. 体验可复制

在餐饮企业中，消费者能体验到的东西——企业实际提供的出品、服务、环境、安全、价格等简称"餐饮产品"，都是极其重要的。这是餐饮品牌的价值观（价值主张）有机会表现的地方——专心致力于把餐饮产品与消费者的体验连接在一起。这也是将餐饮企业的消费者转变为口碑"大使"的最简单的媒介。他们会乐于向他人分享自己的惊喜体验，这也就是我们所推崇的极致口碑营销。

为了让消费者之间互相推荐的程度达到最高，消费者体验的东西必须具备稳定性和重复性。如果只能打造偶然的惊喜，或只能为部分消费者打造惊喜，这对餐饮企业没有什么好处，也不可能让餐饮企业成为被记住的品牌。餐饮企业必须能够不断复制这种惊喜，给消费者留下持久的印象，让这种印象融入消费者或"大使"们的意识当中，这应是餐饮人追求的实实在在的目标。

然而，许多餐饮企业给消费者的体验却是不稳定的。

不久之前，我妻子遇到了一件事。她发现自己的一家餐饮店的电子储值卡（会员卡）在消费完之后被冻结了，她回想自己什么都没做错，但不得不给这家餐饮店的前台打了很多次电话之后，这个问题才得以解决。

当她发现这个问题后，第二天一大早打电话给这家餐饮店，接电话的人自称是保安，不知道这种事该怎么办，告诉她上午10点以后再打。当我妻子10点10分再打电话过去时，一位女员工告诉她，自己是门迎，也不知道这件事该怎么办，收银员要11点才上班，让她11点再打。这时我妻子已经有些不高兴了。11点10分，我妻子第三次拨通了电话，收银员终于接电话了。我妻子向收银员陈述了问题，并走完了所有的安全流程后，收银员向她保证问题已经解决了，等一下重新登录就好了。我妻子再次尝试登录自己的电子储值卡账户，但是问题依然存在。她又打电话（第四次）过去，这次接电话的是另一位收银员。这位收银员又让她走了一遍与之前一样的安全流程，并为由此造成的不便向她道歉，然后告诉她这个问题解决了。挂断电话后，她又一次重新登录，可是问题仍然存在。这一次我妻子真的生气了，她打电话给我，让我去解决这个问题。我刚好认识这家店的店长，于是打电话给店长，询问他这是怎么回事。店长说："我也不太清楚电子储值卡的操作，不过我马上处理此事。"很快，一位主管打电话给我妻子（第六次），问清情况后，马上找到了问题的症结：当天处理买单程序时，粗心的收银员操作失误了。这位主管再次就这个问题造成的不便道了歉，并告诉我妻子这次是真的解决了。

哎，终于解决了！

几天后我来到这家店，与店长等相关人员一起复盘这次糟糕的体验。我提出了几个问题：

- 对于会员来说，这是一次好的消费体验吗？对于你们来说，这是一次好的服务吗？
- 出现这样的问题，对消费者的体验有怎样的影响？
- 为什么主管能马上解决问题，而之前的服务人员却解决不了？（对于消费者来说，店里的员工都应是问题解决者。）
- 与这件事相关的所有员工与消费者的交流方式符合消费者的预期吗？
- 这些员工所接受的训练是不是太不专业了？
- 作为店长，你是怎么认识这件事的？

从我妻子的遭遇中可以很明显地发现，服务人员的能力和专业知识水平是不同的。我个人的行业经验也告诉我，这样的情况并不少见。要解决这个问题，一个有效的方法就是找出优秀员工的优秀方法，并将这些方法流程化（SOP），同时迅速培训其他员工，并张贴于工作岗位上，之后反复检查。

4. 稳定怎样落地

（1）落地思考与策略

- 餐饮企业能否将印象的前五个要素（第一印象、承诺、感知、好感、整洁）及其落地方法一直贯穿于消费者的体验之中？它们是否可以扩展和重复？如何确保质量零缺陷？
- 餐饮企业所谓的通过努力取得的进步，都必须是一贯追求卓越的结果。为此的付出会在日后持续的竞争中获得回报。

（2）一把手工程

稳定是餐饮企业实现可持续发展的命门，没有一把手的顶层设计及持续追踪是不可能稳定的。餐饮行业是"100-1=0"的行业，同时又是用工密集型行业，所以不稳定是餐饮行业的痼疾，非得一把手下定决心、身体力行，才能有获得稳定的可能。一把手必须投入最大的精力，保持对质量、体验的稳定的监控，而不是把精力都投入到"开门红"上。

（3）公开承诺

稳定与否最好的试金石是消费者的体验。餐饮企业要敢于向消费者承诺在消费者体验的每个阶段都会保持稳定，要敢于让广大消费者根据企业的承诺来监督企业的日常工作。要相信群众的眼睛是雪亮的。比如，现在越来越多的餐饮企业敢于公开承诺菜品不满意可退可换。

（4）价值观宣言

为企业准备一个价值观宣言（企业文化宣言）。对消费者而言，整个体验就是每部分体验的总和。惊喜体验之所以能够实现或复制，离不开每一个员工对消费者体验的认知与承诺。所以，明确价值观宣言及对价值观宣言进行持续宣传，对于全员提高对价值观宣言的认知程度（思想、目标统一）十分重要。这是稳定管理的关键——由此才有了稳定的基础。

（5）惊喜SOP手册

创造一个惊喜印象模式，并制作一套关于惊喜体验点的可以随时复制和展示的实用标准作业手册（文字、图片、视频）。天天训练手册上提到的那些技能，使宣言、手册能够持续落地。

（6）检查与复盘机制

稳定的天敌是惰性。稳定必来自针对惰性的日、周、月检查机制和复盘检讨机制。一把手工程、公开承诺、价值观宣言、惊喜SOP手册最终都要靠扎实有效的检查、复盘来检验、改善，这样可以进一步完善和重复执行这些策略，使稳定成为企业文化的一部分。这里要特别强调：员工不一定会做你期望他做的，但一定会做你经常检查的。

（7）分享激励机制

前文提到，可以将优秀员工的优秀方法提炼成SOP并广为培训。不过，这也面临着一个挑战：餐饮企业中很多优秀员工会"隐藏"自己的秘诀，这样他们才能使自己的地位和重要性得以保持。很明显，前面提到的我妻子的遭遇，说明那位主管没有把自己掌握的方法传授给其他员工，这是人性的一部分，也是很失败的一部分。

当餐饮企业想要改善消费者的体验时，让优秀员工将自己的优秀方法公开，并在同事之间分享，这是企业遇到的最大挑战之一。怎样做才能让优秀员工愿意分享经验呢？这里有一些被证明很有效的方法：

· 发现企业里有专长的优秀员工；

· 通过表扬、表彰的方式认可他们——大家都喜欢得到别人的认可；

· 给他们一些额外的头衔，不妨称他们为"专家"或以他们的名字命名某项专业技术，比如××点菜法；

· 邀请他们分享经验，或将他们的技术拍成视频；

· 邀请他们成为团队中某专项工作的咨询员；

· 请他们辅导和培训他人；

· 不断给予他们认可，同时一定要给他们一些额外的奖金。

（8）把不满留在店内

餐饮行业提倡质量零缺陷，并不是说员工不能出错，而是要求员工及时发现消费者的不满或可能的不满，并及时处理或上报，让消费者离开店面时开开心心，以确保消费者体验（质量）零缺陷。

三、第二大原则：联系——建立互利共赢的关系

前面我们讲解了提供惊喜体验的第一个原则，下面我们讲一下比第一个原则更难的第二个原则——联系。

（一）联系的内涵——主动关注别人

1. 联系的含义

不断吸引新老消费者是餐饮经营活动中最困难的环节之一。现在的消费者面对的选择太多了，想吸引他们更是难上加难。很多餐饮企业习惯于用传统意义上的线上线下广告和促销活动来吸引消费者的关注，这种方式是直接"对消费者喊话"。然而，这种方式的效用在大幅下降，企业为此付出的成本却在不断上升。

很少有餐饮企业通过自身带给消费者的体验就可以将和消费者产生关系的营销技术运用自如。这里说的关系是指餐饮企业与消费者通过不断联系，建立的一种相互吸引、互利共赢的关系。在许多餐饮企业持续投入高额费用，在线上线下、社交媒体上"口若悬河、滔滔不绝"希望获得更多关注的时候，许多消费者却转向了另一些餐饮品牌。这些餐饮品牌的运营模式是：秉持长期主义、用户主义；发现消费者的痛点和爽点；依靠高超的推理能力，切实打造令消费者舒心甚至惊喜的消费体验，而且是在"100-1=0"（难以取悦大众）的餐饮线上线下消费场景中实现。

互利共赢的关系是推动餐饮业发展的动力。这个概念对大家来说并不陌生，因为这回到了做生意最基本的方法：你可以通过与周围的人建立联系，创建更好的关系来发展自己的事业。早在1936年，戴尔·卡耐基就在其《人性的弱点：如何赢得朋友并影响他人》一书中阐述了这个概念。他说："如果你费尽心思让别人关注你，在两年内你能交到一些朋友；但如果你主动关注他们，在两个月内你就能交到更多的朋友。"卡耐基从人际关系的角度告诉我们，除了信任和尊重以外，最佳、最牢固的人际关系都是建立在主动关注别

人和被别人关注这两种基础之上的。我们从餐饮营销的角度来理解，在信息爆炸的今天，让别人关注你是很困难的，而你主动关注别人却很容易做到——这个主动关注就是主动联系。

有联系就会产生关系，有极致的关系才会被关注、被记住。与消费者的联系是所有长期、有意义的餐饮产品的核心作用，是与消费者关系拐点的开启或者一种新关系建立过程的催化剂。餐饮企业与消费者之间的联系，对消费者惊喜体验的打造至关重要。

每位消费者都希望感受到自己的重要性，希望得到优质的出品，遇到友善的员工，自己能从中感受到受重视、受欢迎。如果餐饮企业没有时时把这个列为头等大事，那就意味着忽略了服务行业的基本原则。

经常让我感到气愤的是，有的餐饮员工置身事外，尤其是我经常看到收银员在结账时专注于电脑，不和消费者打招呼，不看消费者一眼，与消费者没有多余的交流，他们只会告诉消费者应付多少钱。消费者结过账后也很少听到他们说"谢谢"或者"欢迎再次光临"之类的话，他们直接就转向下一个消费者，重复之前的过程。我相信许多消费者与我一样，早已厌倦了这种机械的服务。

还有一次，让我很生气的是一家著名餐饮企业的员工在接电话时，态度冰冷且机械地问："（这里是）××餐厅，你是哪里？"什么时候这位员工及这家企业才能恍然大悟，意识到消费者痛恨被忽视、被拒于千里之外？为什么不尝试下面两种问候方式，让消费者感觉舒服一点：

"您好，我是××餐厅的小刘，很高兴接到您的来电，请问您是？"

"谢谢您的来电，我是××餐厅的小刘，请问有什么可以帮到您？"

真诚地向消费者表达你对他们的关心，即使是电话中这短短几秒钟的时间，也有助于你用友好的态度，而不是充满冷漠地与消费者建立联系。如果每一个员工都能真正关心消费者，努力与消费者建立联系、创建关系，消费者就会更容易与你合作。

联系是接触与关系的轴心点。将消费者发展成"大使"，靠的是餐饮品牌的员工们在理智、情感及创造联系方面的能力。"大使"们认为餐饮品牌的员工、产品非常有价值，所以才愿意成为品牌的"行走的自动播放的广告"。对于餐饮品牌来说，"大使"们就像金矿，他们不需要企业付出任何成本，反而会给企业带来巨大的收益。如果没有他们，企业的损失是巨大的。

2. 关系的含义

联系的目的是建立关系。消费者和餐饮企业之间有多种关系：可能只是纯粹的交易关系，消费者知道他们来品尝什么，品尝之后就买单走了；也有可能会发展成忠诚的关系，消费者会成为餐饮企业的"大使"。

在口碑营销时代，想要妥善管理并加深与消费者的关系，你必须清楚你们之间是什么关系，这段关系发生过怎样的变化、有什么规律，消费者想跟你发展什么关系，你又想和他们发展什么关系。只有弄清楚这些问题，你才能真正着手做点什么。

设想一下，如果用"恋爱过程分类法"来对餐饮企业和消费者的关系进行分类，结果会是怎样的？这会不会帮助我们更好地了解这种关系？你现在和消费者属于哪种关系？如何才能让这段关系更好地发展下去？

让我们看看这种分类法怎么样，如表4-2所示：

表4-2 与消费者的"恋爱"关系表

关系阶段	关系描述
约会期	消费者通过某种渠道知道了你，也会来一两次。他们想要多种选择，而不是将你看作唯一。也可以说他们知道自己想要什么，但还没有找到他们喜欢的唯一一个品牌。他们就是来试一试，可能会回购，但别抱太大希望
一夜情	你做了一次一锤子买卖，消费者体验一次之后不想再来了。消费者可能是因为煽情的广告或惊人的促销活动力度而来，但他们回购的可能性几乎为零
热恋期	你和消费者通过联系相互了解，相互爱慕，越来越熟悉对方。你们双方都很忠诚，是彼此的唯一。你们都从这种关系中获益，热切地希望能相知相惜
订婚期	你和消费者已经深深爱上了对方，所以你们给出了承诺，并规划了共同的未来。你们想要订立终身合同，开启一段新的关系
新婚期	你们有了紧密的联系，消费者得到了专卖价、会员特惠、储值优惠、VIP服务……应有尽有。你们领了证，搞了结婚庆典。事实上，这段关系还有可能带来更多的消费，但你不能以为这就万事大吉了；万一哪天对方毁约，局面就糟了
伴侣期	经历了新婚期的兴奋，你们小心翼翼，相敬如宾，相互之间更加信任、忠诚，已经成为人生中不可分离的伴侣。尽管不容易，但这是你们最想要的关系

有一点餐饮企业要弄清楚：在不同的消费阶段，消费者与企业的关系是不同的。这就要求对不同的关系进行评估分类，才能更好地进行联系管理。不过在进行关系评估的过程中，餐饮企业要忠于事实——作为一个餐饮企业，你必须搞清楚消费者对你有多大兴趣，哪些联系点有助于你们之间关系的持续与加深。

根据我们的调研,许多消费者最痛恨的感觉是"被忽视"。因为"被忽视"意味着消费者没有被当成人看,只是被视为一件物品。这里有一个有趣的问题:爱的对立面是什么?有人说是恨。其实爱和恨并不是对立的,从某种程度上而言,它们是两种互不相交的情感。爱的对立面不是恨,而是漠不关心。恨是由漠不关心而产生并加剧的。

与消费者建立联系,能够帮助餐饮企业(餐饮人)了解消费者的想法。员工的一言一行都在向消费者传递信息。想了解消费者的想法时,你可以留意各种蛛丝马迹:消费者看起来很放松还是有些焦躁?他们仅仅是随意看看还是在寻求帮助?高明的沟通技巧取决于你能否与消费者建立他们所希望的那种联系,不仅要听消费者在说什么,也要注意他们的语音语调:他们的语气是友好的吗?他们说话时是怒气冲冲的吗?与消费者建立联系有助于和消费者产生共鸣,建立持久的关系。

3. 重中之重的是价值

与消费者通过联系建立持续信任、忠诚的关系,进而把消费者变成"大使",这背后有一个问题,就是消费者会问:"我凭什么与你有关系?我凭什么成为你的'大使'?"答案是:价值——餐饮企业给了消费者什么价值。这就和人们刚刚建立联系或开始一段关系一样,除非这段关系始于"一见钟情",否则大多数关系的支点都源自"凭什么"——双方都会从对方那里获取价值。如果缺乏更深或更紧密的意义,即便是"一见钟情"也只是昙花一现。

餐饮企业要给消费者带去的价值已不再单纯是好吃、实惠。每个餐饮人都要时刻铭记一点:现在及未来的消费者不仅仅需要性价比,他们需要的是极致性价比,甚至是品价比。他们不仅要好吃、实惠,还要惊喜、信任。他们愿意为更好的体验多付一点钱。这种体验(联系)必须从一些非凡的事物开始——不只是普通、实惠。能让消费者记住的关系、品牌与消费者的收益(得到的价值)是对等的。餐饮企业希望消费者记住自己,长期不断地来消费,那么给予消费者的体验价值必须是综合且卓越的——你向消费者要得越多,你就应该付出越多。

餐饮企业给消费者的体验价值具有真实性(有帮助的)、相关性(有效的)和及时性(有用的)等特点。简单地说是适合的,并且在每次和消费者的互动中,也应该充满表现力——让消费者能切实地感受到。好的价值一定是和惊喜体验一起出现的。千万不要觉得给消费者提供惊喜体验太难了,这其实就是能长期被消费者记住的餐饮品牌与众不同的真正原因——它们长期在做难而正确的事。它们的表现力不是虚假的,它们呈现的水准与一般企业不同，而且是持续的。

只有不到20%的人会相信餐饮企业在广告中说的话，人们更相信熟人的判断和自己的亲身体验。一家餐饮企业如果能将员工工作表现的评判标准设立为是否积极主动地与消费者建立联系、积极主动地维护与消费者的关系（信任），那么它的发展必然有新的动力。

根据我们的研究，要做好主动与消费者联系，与消费者建立关系，必须坚守五个细分原则：沟通、小心翼翼、私人定制、信任、售后。

（二）沟通——要有谦卑之心

沟通是建立联系的基础，一切消费者体验和建立所有关系的基础就是沟通。餐饮企业所做的一切事情都在某种程度上践行着沟通，这是不可避免的。餐饮企业所说和所做的一切都在向消费者和他人传递大量的信息，这些信息就代表着企业和品牌。

美国心理学家艾伯特·梅拉比安将人与人之间的沟通分为三大要素：

第一，7%的文字。尽管文字十分重要，但是仅依靠文字内容获取真实的信息是很困难的。影响沟通效果的第一个因素就是听者的感知力，因为沟通时的文字通常有多重含义；此外，缺少音调和肢体语言这两个要素，文字内容也很容易被误解。

第二，38%的音调。音调体现的是沟通时的声调变化、语速、音高、个性、清晰度和活力。文字配以抑扬顿挫的声调变化，就能清楚地表达意思。

第三，55%的肢体语言。这是决定性的要素，它包括姿势、动作、面部表情、眼神和话语。如果你对语言文字的意思或一致性有疑问，那么可以通过肢体语言理解对方的真实用意。

1. 消费者的感知才是一切

沟通的关键在于一致性。你的文字、语言的声调以及肢体语言（包括菜品的品质、价格）是一致的吗？如果不是，那你就失掉了可信度。比如，我们经常在餐饮店发现有员工向我们问好时声音很小，又拒绝跟我们进行眼神交流，这样的问好是无意义的。

要记住：消费者体验的很大一部分是感知，消费者的感知才是沟通的一切。与消费者打交道的时候，不要从自己的观点出发，不要从你认为的现实出发，而要以消费者所相信的事实为出发点。消费者的观点可能与你的观点截然不同，但你要站在他们的立场上考虑问题——收集、分析消费者的痛点和爽点，为消费者打造惊喜体验。

消费者一次又一次感知员工是否友好、菜品如何、价位如何、卫生如何、企业规定是否合理等，这些才是餐饮品牌能否被喜欢、被记住的决定性力量。所以，我认为要把消费者的感知放在极致口碑营销的核心位置。餐饮企业要把消费者线上线下的意见信息和第三方神秘顾客的意见信息当作无价之宝，这会对餐饮企业目前和以后的发展大有益处。

如果餐饮企业和每个员工都能明白消费者感知的重要性，大家意见统一并朝着相同的目标前进，那么良好的沟通就会实现。与消费者的良好沟通总是餐饮人有意为之的。经过反复训练的餐饮人，在与消费者沟通时，无论是看起来还是听起来都很专业，这会让消费者觉得自己受到了重视、尊重。这里要特别强调，要让消费者通过沟通信赖自己，就要做好三点：一是沟通要做对；二是要做对的沟通；三是要主动沟通。其中，第三点最为关键。因为把沟通做好还远远不够，还应积极主动地向消费者展示和证明你是值得信赖的。

2. 关键互动沟通点

回想一下，每次消费者进行消费时，在与餐饮企业的各种互动联系中，他们会遇到多少不同的沟通点？掌握联系的秘诀之一就是掌握关键互动沟通点。

经过多年对餐饮消费者的调研，我们发现，他们最关注八个互动沟通点：我进门受到重视了吗？我坐在哪里？我品尝什么？菜品上齐了吗？菜品的性价比高吗？结账准确吗？我在就餐过程中受到尊重了吗？餐后维护（网上互动）如何？

餐饮人要把精力聚焦在改善这八个互动沟通点的质量上。如果餐饮企业能不断改进这八个互动沟通点，就能在很大程度上改变企业的状况，以及消费者对企业的认知。

要让每个员工都知道，这八个互动沟通点都意味着展现企业"亲民"形象的极好机会。他们要为自己在试图为每一位消费者提供惊喜体验上的表现深感自豪。

无论是什么岗位的员工，都要成为"沟通点专家"。没有人能在第一天就成为专家，但大多数员工都应在 2～3 个月内对此基本掌握。一次面对面的互动沟通，会为消费者如何看待员工和企业设定基调——消费者会在极短的时间内对员工及企业进行评估，如果你没有尽力而为，那么你就失去了一个非常重要的机会。

如今日益重要的是，你不得不在大众点评、抖音等社交媒体上"抛头露面"，或者回应消费者的评价。这也是极为重要的互动沟通点，你必须小心应对。

再次强调，餐饮人不要幻想通过一次很好的广告、很轰动的活动或者"一招制敌"的套路来持续吸引消费者；一定要聚焦于每日的关键互动沟通点（联系点），让这些互动给消费者带来惊喜，产生积极的作用，确保每一天的每一点都是双方共同追求的惊喜体验中的一部分。

3. 肯定是最优质的沟通

与消费者建立关系最行之有效的方式之一就是不断肯定他们，着重强调他们的优秀品质、见解和积极向上的一面。一位餐饮前辈曾经说："认可消费者，是我们能提供的最积极的服务，同时也是我们重视消费者的最佳体现。"

对作为陌生人的消费者表示肯定，这听起来可能有些怪异，但其中隐含着一个秘密：消费者对你来说根本不是陌生人，他们是享受你提供的体验的客人，是你的衣食父母。如果你能让他们产生惊喜的感觉，那你就是在逐步将他们培养成为你的"大使"。

成都大蓉和的创始人刘长明在他的著作《开餐馆的滋味》中讲到他多年从事餐饮经营的心得：好吃，不贵，有面子。有面子是中国人特别讲究的，即不能侮辱或冒犯消费者，即便你认为他们是错的。我会说我需要说的，做我需要做的，而这一切都会让消费者觉得很有面子，这就是东方人情商高的一面。那么我们要如何肯定消费者，让他们觉得很有面子，让他们在同事、朋友和家人面前看起来很有面子呢？我始终认为，服务业从业人员的专业性主要体现为沟通的专业性，而沟通的关键是肯定他人的能力。想象一下，如果能将肯定这一策略发挥到极致的话，餐饮人会在消费者的体验中创造哪些不同呢？那餐饮人建立与消费者的联系，或被消费者记住的方式就更加丰富了。

有一个有趣的问题：你能带给一个人的最恶劣的侮辱是什么？答案是：忽视他们或冷漠地对待他们。其实，餐饮行业有许多人每天都在做这件事，这也是很多消费者忘记我们的根本原因。如果我对你很冷漠，那就意味着你对我毫无意义。"冷漠""忽视"还有很多同义词，比如"冷淡""矛盾""自满"，它们同样攻击性十足。所以，没有什么侮辱比完全忽视对方更严重的了。我们的研究也证明了这一点，90%的消费者的愤怒来自"他们根本没有把我当回事"。

每一个你认识的人身上都有一个标识，有的人的标识大一些，有的人的标识小一些——当然，这些标识都是隐性的。所有标识上面都写着四个字："请重视我"。人们每天都会以各种行为和语言告诉你"请重视我"。消费者心中永远会有一个问题："要怎么做才会显得我特殊，使我受到重视和被需要呢？"

这就是人性，就是规律。餐饮人要解读人性，认知需求，创造感动，成就自我。餐饮企业的每个员工和管理者必须深刻认识及满足消费者"请重视我"的需求，要让消费者知道，对他们来说，享有一种惊喜体验的重要性，以及消费者对于餐饮企业取得成功的重要性，最终让消费者自然而然地记住品牌。

4. 尊重催生忠诚

联系当中最重要的一个方面就是你对他人的尊重程度。尊重是奠定所有生意的基础，是基本礼貌，也是餐饮人对消费者表达关怀，体现关心、和善、体贴等基本特质的方式。

迪克·努尼斯和范·弗朗斯在1955年创建迪士尼大学时，就提出了沿用至今的核心理念：安全、礼貌、表演、效率。其中，安全和礼貌是第一位的，因为它们直接代表着对消费者的尊重。正如他们所指出的，缺少安全和礼貌，不仅表演毫无价值，而且效率也将毫无用处。

在餐饮行业，安全必须是摆在第一位的，这是尊重消费者的第一体现。这里需要强调的是，安全不仅是指餐饮企业在食品安全、卫生安全、财产安全、人身安全等方面的具体设计与落地方法，更是指在发生安全问题时，餐饮企业的所思所想、所作所为是否令消费者感觉是安全、靠谱的。比如，能否做到消费者不满意便退换菜？能否在消费者受伤害时勇于担责并主动赔偿？任何餐饮品牌都要谨记：品牌就是信任。消费者凭什么信任品牌？所以，对餐饮企业来说，安全及人在精神上获得幸福感的相关部分必须摆在首位。

优秀餐饮品牌的特质之一是员工在言行上必须体现出他们是友善而礼貌的人。尊重消费者从常见的礼貌开始。然而，在许多餐饮企业，礼貌不常见了，甚至许多餐饮职业经理都讲不清楚十二字礼貌用语是什么。

餐饮人要有谦卑之心，才能懂得在沟通中尊重消费者。餐饮人只有牢牢记住消费者是餐饮人的衣食父母，才会有谦卑之心。尊重的基础就是谦卑。为了与消费者建立联系，餐饮人必须有谦卑之心。

谦卑、礼貌、尊重，对于餐饮品牌所打造的体验的影响是至关重要的——尊重能催生忠诚。

5. 沟通怎样落地

（1）落地思考与策略

·在日常管理中，有没有把重中之重放在与消费者沟通的质量、形式和频率上，并相应地付诸实践？

·关于八个关键互动沟通点，有没有持续性惊喜点的设计？

·在线上线下与消费者的互动中，是怎样肯定消费者的？是怎样让他们觉得自己是重要的？

·如何做能让消费者感到安全？

- 如何做能让消费者感觉到友善和礼貌？
- 员工对沟通质量的重视程度要大于对业绩的重视程度——每个员工必须熟知：你没法不沟通，你所做的一切事情都在向你的消费者和同事展示你在多大程度上真正在意或不在意你所提供的服务（产品）。
- 通过联系，建立与消费者之间的持久关系，既要讲究策略，也要讲究方法。餐饮企业必须掌握与消费者互动沟通的关键点来实现与消费者的良好互动，其中最为重要的是八个关键互动沟通点。
- 必须让消费者感觉到他们有多重要——通过场景设计、话术设计来体现对消费者的肯定。
- 把消费者摆在首位（使消费者感到受尊重）的艺术是惊喜体验的一个重要组成部分。它是极致口碑营销的重点，是企业被消费者记住的支柱，也是所有成功的生意的敲门砖。

（2）菜品也在与消费者沟通

中国饭店协会名厨委员会常务副主席、中国烹饪大师、陕菜大师丑启明先生曾说过："菜品是活的，不是死的。虽然消费者和厨师很少有机会面对面沟通，但是厨师做出来的菜就是厨师与消费者沟通的媒介和话术。消费者是衣食父母，你该怎样与衣食父母沟通？所以厨师不能把不合适的菜出锅，荷台不能把不合适的菜端出厨房，服务人员不能把不合适的菜上桌。总之，面对消费者不可将就。"

丑大师一语中的。消费者与餐饮企业之间沟通的重中之重还是菜品质量。消费者与厨房之间也许有一堵有形的墙，但是在厨师心中，这堵有形的墙其实是不存在的，每一道菜都是与消费者的沟通、互动，每一道菜都能体现对消费者的尊重、肯定。具体地说，就是在菜品设计环节、原料采购和验收环节、初加工和精加工环节、烹制环节都体现出与消费者的尽心沟通，并制定相应的规范，进行反复的检查，以确保沟通、联系的质量。

（3）"沟通 SOP"

为了创造稳定，为了确保员工们的语言、行为、态度和声调的稳定，必须反复打磨"沟通 SOP"，否则随着时间的推移，餐饮企业的信息会既让人感到困扰，又毫无意义。要不断追寻、记录下优秀员工说过的话、做过的事，不断打磨它们，再将其纳入不断完善的"沟通 SOP"中，然后至少每周进行一次"沟通 SOP"落地培训，并长期坚持。

话术是 SOP 中最为重要的。言不达意是综合素质较低的餐饮员工与消费者之间产生误会的常见原因。我们无法去规范消费者的话术，所以要为员工设计好与消费者沟通的常用话术，分析常见错误沟通，让员工反复练习经常要对消费者说的话，确保员工以消费者的立场跟他们产生联系。而且员工的话术要简单清楚，通俗易懂。要做到这一点就不能任由员工发挥，管理者要做好设计、准备，然后通过反复练习来完善、落地系列话术。

餐饮企业用一种典型的服务循环模式，把每次与消费者的见面或关键时刻分解成若干部分，再进行细致的评估与打磨，并找到最优解，使每次互动都能获得改进，这些时刻就是与消费者关系发展当中的拐点。亮点剧本技术及其落地方法（角色扮演法）就是很好的 SOP 工具。

（4）创造机会与消费者交流

无论是一个还是几个消费者到餐饮店消费，其消费过程都是与餐饮企业互动沟通的过程，是体验好或不好的过程。任何高科技的扫码点菜、机器人上菜、机器人炒菜都代替不了餐饮行业的社交属性。我们认为，无论何时，有机会就要跟消费者交流，与消费者建立和谐融洽的关系。人与人的互动沟通会让消费者轻松——品尝美食时心情很重要，会让消费者建立对品牌的信任感。可以与消费者谈一谈他的家乡、个人喜好等有助于和他们建立联系的话题。

（5）即时称赞

当你与消费者互动时，尤其是向消费者询问意见、想法和建议时，不妨一有机会就想办法称赞他们，真诚地称赞他们的品位、举止、兴趣，甚至是他们的着装、气质。要反复练习这一点，这是诀窍。当然，称赞不要违和，要让对方感到自然舒服。

（6）倾听

倾听就是认真地听，关键是要表现出来。认真听取消费者说的话，而且要全神贯注，频频点头，必要时在小本本、手机上记录下来，这会让消费者感觉到你在意他们，并会满足他们的需求。如果有消费者对信息或产品提出了要求，那你就要立即跟进，确保满足他们的要求。这就体现了他们的重要性——社交的本质不就是让对方感到自己是重要的吗？

（7）婉转的话术

专门针对消费者设计一系列积极、肯定又不违和的话术。另外，尝试着对消费者的建议（要求）中你所同意的部分做出进一步的支持；同时，也要讲究策略地对不同意的部分给出解释性回答，这样即便做不到消费者的建议（需求），也表现出了在意。如此一来，就体现了专业。在这一点上，员工需要管理者给予针对性的话术指导。

（8）礼貌清单

列一个常见的安全与礼貌清单，包括关键安全事项、仪容仪表要点、礼貌用语要点等，制作成文字版、图片版、视频版，让员工反复练习。

（9）评估机制

沟通质量是建立联系的关键一环。所以，必须建立关于沟通质量的评估、反馈机制，以日、周、月为单位，让消费者的反馈、质检部门的反馈、同事间的反馈形成一种有效的评估机制，不断提高沟通质量。关于这一点，在前面的"洞察痛点"部分和后面的"售后"部分都有详细的介绍。

（10）永远不怼客人

一位经理在培训员工时说："如果你不能说些让人高兴的话，那干脆什么也别说。如果你经常鼓励别人，带给别人快乐，那么你会发现你的工作和生活也变得更加容易。"如果你希望给消费者带来开心，就尝试改变你说话的内容吧。请记住：与其怼消费者，张口证明自己是个傻子，不如闭嘴。

（11）服务沟通十原则

有一位资深的餐饮店长告诉我："我们大多数餐饮人都认为自己擅长沟通，但是我们的愿望与对方的期望、我们所说的内容与对方理解的内容都可能截然不同。"所以，沟通越简单，传递的信息就越准确。这位店长总结了简洁明了的与客沟通十原则：

- 全神贯注地倾听，不一心二用；
- 积极主动地倾听、总结并重复对方所传递的信息；
- 保持良好的眼神交流，直视对方的眼睛，并保持微笑；
- 保持清晰且友好的语音语调，让自己的声音变得有个性；
- 根据对方的层次，而不是自己的层次与他们交流，投其所好，引起他们的共鸣；
- 不要想当然，自己的想法也许是错的；
- 提问并做出反馈，进一步明确沟通的信息；
- 简洁明了，越简单、越有针对性就越有效；
- 用简洁易懂的语言解释，少用专业术语；
- 明确消费者的需求后，立即行动，不拖延，并及时回复。

这位店长强调，其中任意一条都不难做到，但是要在沟通中做到以上十点并不容易，然而一旦做到，对客沟通就会十分有效。

（三）小心翼翼——持续性尽力呈现

餐饮企业如果不能在提供产品的过程中展现出具体性和有益性，就无法具有稳定性，无法面对行业"100-1=0"的特性，更无法让消费者持续记住。能持续保持优秀的餐饮品牌，是因为他们掌握了联系（关系）的艺术，并把它运用于企业的各个方面，在消费者中树立持续可爱、可信的形象和声誉。千万不要犯自以为是的低级错误，因为自以为是的人是不可能与别人建立持久关系的。

有意的小心翼翼是建立关系的基石。

1. 走心的专业术语

在长期跟踪一批被消费者记住的餐饮品牌的过程中，我们发现它们已接近完美地把长期证明有效的价值观、使命、战略、原则等转化成自己的词汇和术语，用于自身的整套运营管理体系中，让各级员工时刻目标一致，时刻提醒自己。例如：

小心翼翼：指"100-1=0"。如果企业不谨慎，消费者随时会移情别恋。

衣食父母：指每个来店面（线上）消费的客人，是他们给了企业一切。

绅士和淑女：指每个员工都是为绅士和淑女服务的绅士和淑女。

演员：指每个员工都是为消费者表演的"演职人员"。表演的内容可能不一样，但目的只有一个，就是令"观众"满意、惊喜、记住。

角色：指某员工所在的职位（岗位）。

体验：指消费者消费前、中、后的感知。

传统：指品牌多年来积累的经验、教训，进而形成的系统培训内容。

台上：指在消费者面前的所有"表演"及消费者的感知。

台下：指不是在消费者面前的情况。

演出：指所有展现给消费者的"表演"（包含菜品、服务、卫生、环境等）。

演得好/演得差：指"表演"完成得好或差的程度，即消费者的体验好或不好。

大使：指为餐饮品牌、口碑进行推广的员工和消费者，包括内部大使和外部大使。

知识：指读懂消费者，熟知自己的产品。

2. "台上"与"台下"

来自真正的演员的最重要的理念之一是区别在"台上"还是在"台下"。对于餐饮人，简单来说，在"台上"意味着只要（前厅和后厨的员工）"表演"能被消费者看见、听见、品尝到（美食），他们就得注意自己的行为（言谈）方式。只要你将"表演"提供给消费者，你就必须尽力——小心翼翼、有礼貌、保持同理心、乐于助人、友好而外向。只要"表演者在台上"，他们就必须处于"激活状态"，完全为消费者的体验，而不是自己的感受而释放自己。因为这场"演出"必须继续，不论"表演者"的感受如何。

在"台下"指的是远离消费者的时候，比如休息时间、非营业时间、开会时、培训时等。这个时候，员工可以放松下来，不必再保持"激活状态"，但必须处于"戒备状态"：通过开会总结、复盘联系的效果如何，该如何改进；对员工进行培训、指导。"台上一分钟，台下十年功"，优秀的餐饮人一定要在"台下"小心翼翼地准备得非常充分，才会在"台上"有惊喜的表现。

3."演得好"与"演得差"

"演得好"与"演得差"是"台上"与"台下"两个术语的延伸。前厅和后厨的员工的"表演"符合服务或出品的标准，并令消费者体验好，就是"演得好"；相反就是"演得差"。

餐饮企业要想拥有极致口碑，让消费者不断复购，并自愿成为"大使"，就不能允许"演得差"的情况反复发生。这就需要秉持"小心翼翼"的核心理念。对于餐饮企业来说，最有价值的不是利润，而是消费者的体验——这是餐饮企业应该充分掌握的。一位行业前辈曾说过："每出现一次消极的体验，就至少要用 12 次积极的消费体验来弥补。"尽最大努力控制好你所能控制的，这样就能限制或消除"演得差"的情况出现。

避免"演得差"的情况反复发生的关键在于"顶层设计"。

首先，餐饮企业的高管要统一思想（目标、价值观及主攻方向）："演得好"，让消费者体验好，比当下获得的利润好更重要。"演得好"是企业内部员工之间开展日常工作、进行交流的基础和方向，也是企业与其衣食父母进行日常交流的基础，是规范企业所有成员言行的基本准绳，是拥有极致口碑并让消费者记住的根本原因。

其次，保持对本行业"各领风骚三五年"的高度警惕。餐饮行业是一个比较难以持续经营的行业，难就难在这个行业十分复杂。因为复杂，所以难以持续打胜仗。这也是我们撰写本书的主要原因。

餐饮企业很容易出现在一些环节上"演得差"的情况，放大了"100-1=0"的效果，最终造成消费者体验的不稳定，频频出现"各领风骚三五年"的现象。

所以，餐饮企业从上到下要保持高度的警惕性，要切实做到小心翼翼地维护与消费者的联系，确保消费者的每一次体验都好。

最后，"顶层设计"要重视开会与检查。开会与检查的目的就是保持思想的统一，就是不断敲打企业的管理者要警惕"各领风骚三五年"的现象。有一位20世纪90年代初创业，至今事业长青的餐饮老板告诉我："我一直小心翼翼地维护与消费者的关系，这是我成功的诀窍。我认为，要成为被消费者记住的品牌，光喊口号没有意义。首先，你的会议的内容敢于向消费者公开吗？我敢！因为我的内部会议上90%的话题是关于如何让消费者（员工）体验好的，10%的话题才是我在消费者体验好之余的业绩问题。另外，我亲自主抓对各店的关于消费者（员工）体验好坏的检查工作，每天保持对店面多维度、高频次的检查。开会与检查是我的两大法宝。"（关于开会与检查的内容，详见《餐饮店长打造最强团队技术手册》一书中92—109页。）

4. 知识储备

你对消费者了解得越多，就越能有效满足他们的需求，就有更多的可能为他们打造惊喜体验。知识对于你了解消费者是非常必要的。如果没有耐心，没有花时间去了解消费者的好恶，那么你就没法给他们提供有用的帮助。餐饮产品不只跟销售有关，它的真正目的是满足消费者的需求。如果你不在意消费者的需求，那么你就是假装在意他们。

消费者进行餐饮消费的原因有很多，归纳起来分为两种：出于情感（右脑）的和出于理智（左脑）的。出于情感的消费行为，通常指的是对"我想要"的回应或者是冲动的感觉，所以许多餐饮品牌十分重视"高大上"的形象包装和宣传，就是为了吸引消费者的注意，激发消费者的情感冲动。

但是，出于情感的消费行为，经常以消费者体验后表现出懊悔而告终。出于理智的消费行为，通常是因为"我需要"或者有切实的理由。一般来说，随着消费者对冲动消费行为的总结，他们会逐渐变得更加理智。如果消费者为了充分了解消费行为而建立了相关知识框架，那这些行为就会顺理成章地发生。在互联网上餐饮消费信息爆炸的今天，消费者还会不可避免地产生冲动，但是，趋向理智的消费行为是大势所趋。餐饮企业的职责就是向消费者提供客观、专业的方法和介绍，帮助他们做出出于理智而非情感的决定。因为消费者也明白，冲动是魔鬼，理智才靠谱。

读懂消费者的心是很有挑战性的，你必须小心翼翼。餐饮企业在与消费者建立联系、打造关系的过程中，第一步就是要读懂消费者，然后再运用相关知识。你对相关消费者了解得越多，你在大脑中为改善体验所做的准备就会越充足。

其实，许多餐饮品牌失败还有一个原因，就是自以为很懂消费者。曾经能"领风骚"的餐饮品牌，过去的确是能读懂消费者的，那为什么只能"领三五年的风骚"呢？肯定是因为后来读不懂消费者了。

没有人能仅靠假设或以往的经验就知道其他人想要什么，除非他对别人的需求和渴望时时非常了解。我们的研究显示，着眼于长线经营的餐饮品牌都是十分重视"消费者画像"研究的，通过持续收集与分析消费者的痛点和爽点、消费行为数据（如销量排行等）等，时时把握消费者的脉搏，并成为能读懂消费者的专家。

读懂消费者的目的是更好地为消费者提供、推荐合适的餐饮产品，令消费者满意、惊喜，进而形成极致口碑，最终的靶向是成为被消费者记住的品牌。这是我们推崇的餐饮营销思路。餐饮产品的形式各种各样，可以是有形的菜品、环境、功能、员工的言行、卫生等，也可以是无形的心理体验。我们认为餐饮产品最终就等于"幸福体验"。所有的菜品、环境、服务都是令消费者满意、惊喜、开心、幸福的媒介。所以，无论你在餐饮企业的什么工作岗位，负责哪种产品，你都得对它有全面的了解：我该怎么做才能让消费者感到幸福？才能持续尽力地呈现惊喜体验？

你见过对自己企业的产品知之甚少的员工吗？他们表现得专业吗？我们必须在自家产品及价值主张上成为专家。在这方面，我们没有捷径。所以餐饮人要持续并小心翼翼地储备、更新专业知识。

5. 小心翼翼怎样落地

（1）落地思考与策略

·员工们的思想是否被统一到"小心翼翼地尽力打造惊喜体验"并且和消费者建立持久的关系上了？

·员工们会被培训成关于消费者以及本企业提供的产品和体验等方面的专家吗？

·千万不能自以为是地对待消费者，而应永远有意地、小心翼翼地对待消费者，这是建立和保持与消费者联系的基石。

·如果知识就是力量，那么持续的对学习的渴望就是获得一切成长和成就的先决条件。

（2）"小心翼翼"的标识

在员工休息区（宿舍）、管理者办公室的墙上（门上）放置一个"小心翼翼"的标识，这会提醒每个员工，在"台下"要努力学习、总结，到"台上"一定要演得好。我在一家餐饮企业董事长的办公桌对面的墙上看到过这样一段话:"永远战战兢兢地解读人性,永远小心翼翼地认知需求,永远如履薄冰地创造感动,这是成就自我的唯一道路。"在这家企业的培训室的墙上,我看到了这样一句话:"今天你不小心翼翼地努力为消费者,明天我们的饭碗就会被打破。"

(3)建立自己的文化术语体系

建立类似前文中"小心翼翼、衣食父母、绅士和淑女、演员、角色、体验、传统、台上、台下、演出、演得好/演得差、大使、知识"等适合自己企业文化的术语体系,并让员工熟知,目的是统一员工的思想,培养员工的好习惯。

(4)消费者体验分析会

一般餐饮企业的日、周、月、季、年会,大概率是安排营业任务会、业绩数据会。我们认为各种会议的靶向应该是"演得好/演得差"分析会,在会议上以日、周、月、季、年为单位,讨论、分析、总结消费者的体验好与不好,原因是什么,对策是什么,效果怎么样,谁来负责,等等。开这样的会议的主要目的是建立联系,打造关系,打造极致口碑。

(5)聚焦问题消费者

所谓问题消费者,指的是难缠的消费者、要求过高的消费者等。许多餐饮人在面对这类消费者时,要么是避之唯恐不及,要么是强调消费者的难缠之处。其实,要成为被记住的品牌是一件艰难而正确的事。要面对正确,就要勇于面对艰难。如果你能让难缠的消费者变成"大使",你是不是很有价值?要做到这一点,就应建立聚焦问题消费者的机制,把每天发生的"难缠之事"记录下来,专门分析研究,找出"难缠"中我们可努力的事情,把坏事变成好事,同时形成新的SOP。如此,品牌就有了真正的"护城河"。

(6)消费者体验检查机制

餐饮企业的"小心翼翼"的一个重要体现,就是在企业内部、外部建立多维度的检查机制,天天多角度检查企业各岗位员工关于消费者体验的工作状态及对消费者体验的重视程度。关于这一点,前面的"洞察痛点"章节有详细的讲述。

(7)分解消费者体验

把消费者体验好与不好的情况(问题)拆分成几个更为细致的部分,观察员工们能否卓越而一致地完成每个部分、每个角色、每个动作(话术),再结合消费者体验分析会,完善令消费者惊喜的SOP,让更多员工习惯于"演得好"——细节决定成败。关于这一点,前面的"洞察痛点"章节有详细的讲述。

（8）天天画像

有一家餐饮企业的服务员每班次的班后会十分值得借鉴。每班次即将下班的员工，要用简练的语言（有标准格式）向领班或主管汇报当班中自己发现的消费者的痛点和爽点，以及自己的见解。管理人员负责记录、汇总、分析。这样做的好处，一是管理人员天天收集问题，便于及时处理；二是锻炼了员工天天动脑筋给消费者或问题画像及读懂消费者的能力，增加了员工的专业知识，提高了员工的专业能力；三是有助于形成"与消费者紧密联系"的风气。

（9）知识竞赛

对于企业提供的餐饮产品，员工在知识掌握方面做得怎么样？员工是否以熟悉产品为荣？解决这个问题的方法是，除了日常培训，还可以有计划地组织员工进行知识竞赛或专项比赛。有一家餐饮企业，每年有四次雷打不动的比赛，即每季度进行一次专题竞赛，以赛代练，既树立了榜样，表彰了先进，又拉动了全员专业知识的提升。

（10）小小记事本

有一家餐饮企业足够小心翼翼：以前是给每个员工配发小小记事本，后来是要求员工用手机上的记事本，随时、随地、随人记录消费者的体验情况或工作中遇到的各种问题，以及消费者的个性需求、建议，并结合"天天画像"机制，逐渐使品牌形成"天天长肌肉"的趋势。

（11）每周记住一位重要消费者

要求员工每周记住一位有代表性的消费者或重要消费者的名字、特点、喜好，通过互动，重点关注他们，有意与他们加强联系，这样就离塑造品牌"大使"的目标更近了一步。熟悉消费者的名字、特点、喜好是非常必要的，可以帮助消费者将体验的层级从满意提升到惊喜。

（四）私人定制——展示在意的最佳方式

消费者的体验必须具备稳定性和重复性，而且惊喜体验还需具备一个极为稀有且十分必要的要素，即每次与消费者进行的互动必须给他们一种专属定制的感觉。联系的终极目标就是要为消费者定制私人产品（私人服务），以充分满足他们的专项需求，从而与消费者建立某种和谐、融洽且持久的关系。那些已经发现并掌握消费者所需、所想这门"科学"的餐饮企业会发展得更好，甚至能圆满地做到其他很多餐饮企业认为是"不可能完成"的事。

在设想和了解各类消费者的意愿（痛点和爽点）方面所做的努力，就是餐饮企业在竞争中取得领先地位的决定性因素，也是真正的餐饮品牌营销。餐饮企业的目标就应是设法为消费者提供私人定制，从而让消费者的所有体验得到进一步的完善。

1. 人效与消费心理

人效，顾名思义就是指人的工作效率，用来衡量餐饮企业人力资源的价值，形成一种计量现有员工获利能力的指标。具体地说，就是平均每人每天创造的营业额、毛利或净利。但是，人效只与当下的业绩有关，与未来却关系不大，因为对餐饮企业的人效，消费者并不关心。

我无意说人效无用。但我认为把更多的精力投入到对消费者心理的研究上，对未来会更有积极作用。消费者心理是指消费者的生活态度，包括需求、欲望、兴趣、目标、好恶等。对消费者心理的把握很有意义，因为它会告诉餐饮企业未来的发展方向，以及餐饮企业为了打造惊喜体验需要做的事。事实上，只有在满足消费者心理的前提下，人效才能更好地发挥积极作用。相反，人效高但消费者体验不好，就是本末倒置。

我在前文中强调过，餐饮人每天要进行消费者痛点和爽点的采集、分析，这其实就是把握消费者心理。我始终认为，餐饮人的首要职责就是找出消费者喜欢或不喜欢的点，并了解他们希望或喜欢什么样的餐饮店、餐饮产品等，然后及时采取有针对性的对策。

2. 私人定制的四要素

私人定制不能按照字面意思来理解，为每一位消费者量身打造特色服务，这样的要求也不现实。过去20多年的研究和经验告诉我，大多数消费者在餐饮体验上是有许多共性需求的，把这些共性需求满足到位，甚至比别的餐饮企业做得更好一些，就会带来私人定制的感觉。当然，在此基础上还能不断超出消费者的预期，餐饮企业的口碑自然就会形成。

我认为，餐饮企业提供私人定制式的体验有三个基本要素——探寻、告知、固定，以及一个突破要素——超预期。

（1）探寻

探寻就是全面了解消费者的所想、所需。做好私人定制的前提是与消费者建立双向沟通方式。首先，对消费者的所想、所需必须有清楚的认识，然后才有可能切实地帮助他们。正如前文所讲的，如果餐饮企业能做到天天探寻消费者的痛点和爽点，就一定能发现消费者的许多具有规律性的所想、所需。

（2）告知

接下来餐饮企业要告诉（承诺）消费者在本店就餐期间能达到的期望。如果一切事情都按告知（承诺）的进行，那么消费者离店时一定会对企业非常满意。消费者在更多时候不一定非要意外的惊喜，他们更想知道在这家店未来会发生的事，然后他们希望看到整个过程中的一致性，这种如期而至的一致性也是一种惊喜。

（3）固定

能将私人定制做成的一个要务就是餐饮企业要为消费者打造一系列符合他们预期的体验，让他们知道自己是受欢迎且重要的，如果没有他们，企业就不会存在。

近两年，很多餐饮企业开始重视消费者的综合体验。比如，餐饮企业的管理者要求员工跟遇到的消费者打招呼，基本上是"您好""欢迎光临"一类。我赞赏这一举动。但是他们没有鼓励员工根据大原则原创或定制各种情况下打招呼的方式，很快"您好""欢迎光临"就变成了僵化的口头语。

管理层应该做得更加深入，让每个员工在遇到消费者的时候跟他们进行眼神交流，然后用自己的方式向他们打招呼，比如"晚上好""李老师好""我能帮您做什么吗""您点的菜上齐了吗""您看上去气色真好"等等。这么做的关键在于设定我们的目标，即我们要对每一位消费者进行"专属定制"的关注。这就是消费者想要的，就是能让消费者满意的，也是他们最终在餐饮企业那里期待得到的东西。

（4）超预期

当消费者经常选择你的企业时，他们还期望得到意想不到的惊喜。我出差经常入住的一家商务酒店，除了满足老顾客的需要，还会为他们准备一份意外惊喜。酒店为每一位老顾客都建立了"客户喜好"档案。为了让老顾客体验到个性化的服务，让他们尽兴并记住酒店，每一个工作人员和经理都尽量了解他们的喜好和需求。例如：

· 李老师喜欢无糖可口可乐，虽然酒店平常并不储备无糖可口可乐，但是李老师每次来到酒店都会在房间里看到无糖可口可乐。

· 刘女士喜欢用荞麦枕，当她入住酒店的时候，服务员会拿走酒店的软枕，在床头放上两个荞麦枕。

· 酒店早餐餐厅的厨师知道李老师喜欢吃少油无蛋黄的煎蛋，会为李老师煎好鸡蛋，去除蛋黄，并用吸油纸吸去多余的油脂。

· 餐厅的服务员知道李老师喝白酒时一般会搭配冰镇矿泉水，就会在李老师提出要求前主动准备好冰镇矿泉水。

难怪这家酒店的客房入住率及餐厅的上座率一直居高不下。

对餐饮企业来说，做到超出消费者的预期是一种最有效的方法，能够帮助企业赢得消费者的赞誉和拥护。

超预期，就是倾听并力求卓越。这样做的成本其实不高，却十分有效。永远不要满足于"尚可"或只求过得去，否则会让你止步不前。如果你可以成为一流，致力于极致，就不要满足于优秀。俗话说："优秀是成为一流的最大障碍。"如果你觉得自己已经足够优秀了，其实就为自己架起了一层天花板，使你永远无法成为一流或超一流。但这层天花板其实只存在于你的假想中。如果餐饮企业希望打造出极致口碑，成为被消费者记住的品牌，就必须不断提升对自己的期望值，不要让任何障碍阻挡了前进的脚步。只有企业自己才能决定在餐饮圈中最终能走多远。切记：消费者希望你不断进步！

超预期，是极致口碑营销的关键话题。我们在前文中讲过，在后面还会提到，目的就是要引起大家的重视。

3. 小小的边际成本会带来高价值的消费者感知

许多餐饮企业在对那些可以使得与消费者的关系更持久、经济价值更高的点子进行头脑风暴时，提出的往往是促销活动创意，想以此来提高消费者留存率和消费者忠诚度。但是多数时候，这类点子最终会变成给消费者更大的折扣，而这通常对留住消费者起不到太大的作用。因为你不可能长期打较大的折扣，除非你玩一些假把戏，而假把戏终有一天会被看透。

其实，给消费者一些有意义且成本不高的伴手礼是很有个性的方法。当然，只有有意义的伴手礼才能体现出企业对消费者有多了解和关心。实际上，最有意义的伴手礼通常不需要花太多钱去买，却需要花时间、心思和创意去准备，即"定制版"的伴手礼。

要找到这样的伴手礼，关键在于想清楚企业到底想通过什么思路、方法来对消费者更有用、更有价值，而不是只会用促销活动的"蛮力"去"打动"消费者。聪明的餐饮企业会想到一些只需增加一点点边际成本，就能让消费者觉得企业很有价值的措施和策略。

下面是一个关于小小边际成本产生高价值感知的经典案例。其中的黄小兵店长用这种方法"俘虏"了很多忠诚的顾客，我就是其中一位。

第一次去黄小兵店长的店，是我的好朋友带我去的。在店门口，店长满脸笑容，对我的好朋友说："真是太感谢张哥了！今天您带来的这几位老哥都是第一次来吧？"接着，店长对我们几位新客人说:"张哥真的一直都很照顾我们,常来光顾我们店。几位老哥要是觉得好,下次再来,找我就行。我叫黄小兵,叫我小兵就好。"因为工作性质,我在就餐过程中仔细观察了小兵店长的言行。我发现尽管店里生意很好,但小兵店长仍会跟不同的客人聊天,而且不时地在手机上记录交流的重点。我在就餐过程中,对普宁豆酱烧黄鱼这道菜特别感兴趣,小兵店长就与我聊普宁豆酱的话题。后来过了两周,我带朋友去时,小兵店长竟然专门给我准备了一瓶普宁豆酱,还有他自己写的食用注意事项,令我大为感动。

还有一次,我在就餐过程中对服务员说,要一碗煮得软一点的酸汤面。小兵店长马上就走过来问我:"李老师,是不是酒刺激胃了?我亲自给您调一碗'温柔型'的酸汤面。"酸汤面上来后,我一尝,果然"温柔"、舒服。更厉害的是,小兵店长在我离开他们店的第二天中午(不到24小时),给我发了这样一条微信:"李老师,听张哥说您经常喝酒,要少喝哦。我把'温柔酸汤面'的调配方法给您发过去。"随后,我就收到了我现在还经常使用的"小兵温柔酸汤调配法"。

小兵店长最厉害的地方就是主动了解消费者,并立即用有针对性的伴手礼深深地打动消费者,给消费者带来惊喜,同时也促进了自己的销售。

人们往往会低估一些小细节、小礼品或小措施可能为与消费者的关系或消费者忠诚度带来的重要影响。诺贝尔和平奖获得者特蕾莎修女则很准确地捕捉到了这一点,她说:"重要的不是我们到底给了别人什么,而是我们在这个过程中投入了多少爱。"

4. 名字是最好的称呼

你的名字是你所拥有的最重要的东西之一。我认为餐饮企业应该让每个员工都佩戴印有自己名字的工牌,以便于别人直呼其名。我发现,使用称呼——先生、女士、小姐等——通常是没有个性的,会使你和对方之间产生一种无形的隔阂和障碍。直接叫名字或"姓氏+""+姓氏"(李哥、小李)不会有损一个人的专业性,反而有助于你和他人更快地建立联系。

我在一家餐饮企业发现,员工们被鼓励每周熟记一个回头客的名字。想象一下,当你走进一家常去的餐饮店时,许多员工用世界上最美妙的称呼(李哥、李老师)跟你打招呼,这就是一般体验和惊喜体验之间存在的很细微却会造成巨大差别的地方。

联系会带来忠诚的关系,忠诚会带来被记住,而被记住是使消费者成为"大使"的基础。向消费者展示你在意他们的最佳方式之一,就是为他们及其体验进行私人定制。消费者留存率提升2%，企业就相当于降低了10%的成本。用更合适的方法让消费者获得更好的待遇，和你的消费者紧密地联系在一起，就能让你和你的企业都受益。因此，要致力于为消费者提供具有私人定制性质的体验。

5. 私人定制怎样落地

（1）落地思考与策略

·员工知道什么是私人定制及其重要性吗？

·员工知道私人定制该怎样更好地落地执行吗？

·消费者总会依据餐饮企业为他们设定的期望而对企业产生忠诚或选择放弃。

·尽管体验要具备一致性和重复性的特点，我们也必须掌握一门艺术，即每次与消费者互动都要让其感觉像是为他们私人定制的一样。

（2）私人定制的伴手礼

获得为自己专门准备的伴手礼，一定是回头客津津乐道的开心事。一次我在妹妹家吃早餐，妹夫神神秘秘地对我说："哥，我们专门给你准备了你爱吃的馍夹炒玫瑰咸菜。"我看到桌上有一盘很精致的馍和一盘色泽诱人的炒玫瑰咸菜。一尝，非常好吃。我说："我不相信这是你们家的'作品'。老实说，这是哪儿来的？"妹夫笑道："我是××餐厅的常客，他们知道我好这一口。每次离店的时候，他们的厨师长都会为我准备一份这样的伴手礼。下周我过生日就定在他们店，你也来。到时我会告诉厨师长，你也好这一口，让他也给你准备一份。"就这样，我也被这家店发展成"铁粉"了。

·为每一位回头客画出精准的画像，尤其是他的特别喜好；

·根据每一位回头客的特别喜好，为他准备低成本的伴手礼，一定会令他感受到你的爱心，他一定会十分开心。

（3）记住回头客的名字

让每个员工养成每周了解和使用一位回头客的名字（"+姓氏"或"姓氏+"）的习惯。名字是人们拥有的最私人的东西之一，所以被人直呼名字，尤其是"姓氏+"或"+姓氏"时，人们会感到欣慰。

（4）三种特定行为

确定三种或三种以上企业可以做到的特定行为，它们的作用是让消费者感觉自己享受到了VIP待遇。不妨随机挑选一些消费者，也针对回头客，让他们享受你提供的VIP体验，这是一种体现出每位消费者都非常重要的方式。

（5）认真听，勤提问

比如："请让我确定一下自己是否听懂了您的意思。""请允许我重复一下您刚刚说的话。""您的意思是这样的吗？"等等。认真倾听消费者说的话，对于了解、设定和实现消费者的期望至关重要。如果你还能长期把你收集到的各种期望加以汇总、分类、总结、提炼的话，你一定会十分了得。

（6）全员树立付出额外努力的意识

工作和生活中的胜者通常是那些留意细节、注重小事、注重别人感知的人。管理者应反复教育员工要加倍努力，让产品更有人情味。西方有一句名言："多行一英里，堵车远离你。"那是因为大多数人宁可遭遇堵车，也不愿意多行几公里。几乎没有人愿意加倍工作或付出额外的努力让自己与众不同，这是人的天性使然。其实付出额外的努力没那么困难。再大的困难，只要你开始做，困难就一定会逐渐变小，直至消失。而且额外的付出才能体现出你的特别之处。

这些需要管理者日复一日地讲给员工听，并要求员工去实践。

（五）信任——才能被记住

信任是"相信对方是诚实、可信赖、正直的"，可见信任的基础在于品质。信任是所有强大关系和持续性关系得以维持的基础，尤其是后者。事实上，如果餐饮企业误用或失掉了消费者的信任，通常也就永远失去了消费者的支持。我们常年对员工和消费者进行问卷调查，了解他们期望从管理者和企业身上看到的最重要的品质是什么，结果发现，信任一直是排名前三的先决条件之一。所以，我们认为持续的信任才会有极致的口碑，才能被记住。

消费者对餐饮企业的信任有三大特征，这三大特征就是做餐饮生意的价值所在：

第一，准确性。你总能准确地把握消费者的需求吗？你的信息总是公开透明的吗？这包括定价、协商以及提供准确的信息，无论多么重要或多么琐碎。

第二，可信性。你对消费者和员工都坦诚相待吗？这包括你的承诺、产品质量的真实性以及价值观的真实性。

第三，稳定性（一致性）。你的产品质量稳定吗？你言行一致吗？这会建立一种稳定性和靠谱感，由此会让人们想要再次光临。

1. 消费者喜欢分享消极体验

信任之所以重要，是因为消费者希望看到你真实的一面。现实中有太多谎言，以致很多消费者已经厌倦了餐饮企业大多数广告上的产品信息、形象宣传。如果消费者不能信任你的准确性、可信性、稳定性,那么你就没有为这段关系建立根基。

我们把消费者与餐饮企业之间的关系比作婚姻关系。餐饮企业想让消费者"相伴一生",尽管这与婚姻有所不同,但相关路线是类似的。当你表现得不真诚或虚假的时候,消费者肯定会有所感知。切记,消费者的感知是真实存在的。一旦消费者对餐饮企业产生怀疑,失去了对餐饮企业的信任,餐饮企业就很难再挽回这段关系。餐饮企业承担不起这样的后果。

如果信任丢失,消费者就会公开发表负面言论——分享消极体验的人往往远多于分享积极体验的人。许多消费者在大众点评上都会受到差评的影响;几个朋友讨论聚餐去哪一家吃,只要有一个人提出异议,那家餐饮店就失去了机会。

信任难以建立却容易坍塌,而且无论怎样都会对企业造成影响。

2. 在联系中建立信任

要时刻牢记,我们正在试图为消费者打造惊喜体验以及为企业打造外部的"大使"。不要忘记这些看似微不足道,实则至关重要的事情。首先,要从信守诺言做起。如果你没能信守诺言,那么即便是微不足道的事也会毁掉消费者对你的信任。

有一次,我和几个朋友一起讨论工作,忘记了吃饭,感到饥饿时已经是晚上 8: 50 了。我们赶紧就近找到一家餐饮店,进门时我还专门问员工:"现在是 9 点,可以正常消费吗?"得到肯定的回答后,我就点了菜(凉菜、热菜、小吃),还专门强调小吃晚一点上。员工满口答应。可是真正上菜时却是小吃最先上,接着是热菜,最后才是凉菜。我不高兴地问服务员是怎么回事,服务员无奈地对我说:"我也不知道是怎么回事,我跟后厨说了……"时间刚过 10 点,也就是菜上齐不到 20 分钟,店里就开始不停地催买单,并告诉我们员工要下班了。更让人气愤的是,不知是什么原因,结账时我们发现有一道根本没有上桌的菜赫然列在账单上。

这是一家有一定名气的餐饮企业,平常也舍得投放广告宣传品牌形象。可是,这个形象就被这一次"糟糕的联系"给破坏了。餐饮企业与消费者的关系,往往是通过"我说话算数"达成的,这就是坦诚的意义,即无论周围环境如何,你都要能够信守诺言。我建议这样的餐饮企业要"少吹多做"。

现在有许多餐饮企业为了节约人工成本,尽量减少员工人数,同时又不积极采用变通手段,造成消费信息的模糊和不伦不类,使得消费者经常感到困惑并产生疑虑,对企业也就越来越不信任。比如，有许多餐饮企业为了减少用工人数，提高效率，使用扫码点菜。这本来无可厚非。但是令人不解的是，其中有些企业在扫码点菜程序中设置了必须先关注企业公众号才能点菜，这令消费者十分反感。

现在通过消费者的线上线下行为、应用软件和智能手机等，餐饮企业能获得消费者一定量的隐私信息。越来越多的消费者对此表示担忧。今年以来，我们对超过300位消费者做了调研，72%的消费者对他们在线上线下餐饮消费过程中个人信息的泄露表示担忧，85%的消费者很在意自己的个人信息会被泄露出去，87%的消费者明确表示担心餐饮企业无法保证他们的个人信息安全。

其实，如果没有消费者的信任，餐饮企业使用再多降低成本的措施都是徒劳的——没有开源，节流就毫无意义。

3. 做对消费者有利的决定——这是一种信念

信任就是一切。即使你花了很长时间为一段关系打下基础，但只要发生一次判断失误、一次事故，信任就可能被毁掉。

餐饮经营过程中充满了计算和数据，比如企业预算、财务报表、运营数据分析、投资回报计算、人效水平、坪效水平、毛利率水平、净利率水平等等。在这样的情况下，如何做决定？现如今，在很多餐饮企业，决策在很大程度上是由财务数据主导的。

但是，若我们想要改变与消费者的关系，拉近彼此的距离，那就很难量化投资收益率，因为从本质上看，拉近距离属于感性范畴。

所以很多餐饮企业不愿踏出这一步，不愿改变，不愿冒险，也不愿做对消费者有利的决定，因为这些都很难用当时的数据来论证。但是无法用数据论证，并不是说这件事（指对消费者有利）你就不应该做——有时你得对一件事抱有足够的信念。

我是福特车的忠实粉丝，尽管在这之前我也买过其他品牌的车。有一次我在网上看到有传闻说福特某款车的刹车系统出现了一些问题，我当时就产生了焦虑。第二天我就接到了福特公司客服的电话，她表达了三层意思：第一，网上的传闻有真实的一面，的确有某年产的车刹车系统出现过问题；第二，您的车是在这之后买的，厂家已经改进了刹车工艺，为了保险起见，您可以随时过来或我们派人去取车，为您的爱车做一次免费的安全验证；第三，安全信任是福特公司的一个重要组成部分。这之后，我就成了福特车的粉丝。

在西安，有一个叫勇利赵家烤肉坊的烤肉店品牌，有十几家分店，十分有名，口碑很好，已创立30多年了。创始人赵勇利先生曾向我分享了他的生意经："如果做决策比较困难，我和高管们就要讨论我们即将做出的决策是否符合我们企业的价值观——怎样做才是对消费者有利的，这样做决策就变得简单了。然后我们把它当作一种信念，只要坚持这样做，长此以往，所有的事情肯定都能得到最优解。我们现在没有办法证明这种做法是对是错。实际上我经常收到财务人员关于定价的分析、建议，每次的结果都是告诉我们应该涨价（财务人员在尽本分）。但是我们不会轻易这么做，因为我们认为——我们再一次坚持这个信念，尽量将价格控制在非常低的范围内，我们也终会获得消费者的信任。从长远看，这确实会大幅提高我们的营业额，有效降低我们的边际成本。"有一点很有意思：虽然勇利赵家烤肉坊也在广泛使用各类数据分析技术手段，但是他们也知道这些手段的局限性，有时它们会阻止你做出对消费者最有利的决策。赵勇利先生很清楚这个道理：要和消费者建立更好的互信关系，就得做对消费者有利的事情，而忽略某些数据计算结果。

对消费者有利的决策不一定会得到标准的财务数据计算的支持，因为所有的数据都是根据以往的情况生成的，消费者对它们是无感的。要知道，我们当下的每一个决策都与消费者未来的体验有关，尽管财务数据很重要，但是比这些数据更重要的是消费者的信任、消费者下次还来、消费者记住我们。

4. 信任怎样落地

（1）落地思考与策略

·有没有一个承诺和一个清楚的计划，能够让消费者对企业产生信任？

·信任对于打造惊喜体验是十分必要的，要在与消费者的互动和联系有限的情况下想办法让消费者对企业产生信任。

（2）公开承诺

写下并公开对消费者的郑重承诺。要信守承诺，否则就别做出承诺。在信守承诺的前提下，控制企业能控制的事，让消费者认为这家企业是敢作敢为的。例如，勇利赵家烤肉坊用看板的形式向消费者承诺了免费稀饭、浆水菜、西瓜的出餐要求，如图4-1所示：

> 稀饭四不上：
> 太稀不上，太稠不上，凉了不上，烧糊不上。
> 浆水菜三不上：
> 长短不一不上，味道不对不上，店长没尝不上。
> 西瓜四不上：
> 夹生不上，熟过不上，不甜不上，太薄不上。

图4-1 免费稀饭、浆水菜、西瓜的出餐要求

（3）消灭差评

智能手机时代，线上的差评对餐饮企业的打击是巨大的。现在许多消费者在餐饮企业进行消费的过程中如果感到不满，不一定会当面投诉，而是选择在大众点评、抖音、小红书等社交媒体上发表差评吐槽。有一家餐饮企业利用"消灭差评"的方法，有效地减少了差评的发生。具体做法很简单：首先，服务员要主动观察餐台上剩菜的情况，发现哪道菜剩下超过 1/2，就必须主动征询消费者的意见，如果是因为消费者不满意菜品的质量，应立即给予退换；其次，服务员听到或观察到消费者有任何不满，必须立即上报给管理人员，由管理人员主动征询消费者产生不满的原因，并当场处理到位，还要赠送伴手礼。

（关于"消灭差评"的内容，详见本书第五章中"穿越负面口碑"的相关内容。）

（4）现场评价系统

我们知道，要获取消费者的信任很难，而失去信任却很容易。现在的消费者去一家餐饮企业消费，是因为这家企业的所作所为，而不是因为企业华丽的装修和精心制作的形象宣传。有一家餐饮企业为了构建与消费者的互信，设计了六大信任原则：

第一，以礼待客，对每一位消费者礼貌有加；

第二，尊重每一位消费者，让每一位消费者都感受到被重视；

第三，向消费者承诺的事情，就一定要做到（回复）；

第四，先舍后得——在自己获利之前，先让消费者受益；

第五，要诚信；

第六，要主动。

为了让这六大原则有效落地，这家企业还建立了消费者现场评价系统，在每张餐台上放置了进行现场评价的二维码，邀请消费者在消费现场对服务、出品、卫生等情况，尤其是对员工执行六大原则的情况进行评价。这样企业就能知道自己在这方面做得怎么样，哪里还需提高了。

（5）提醒不要多点菜

有一家餐饮企业为了取得消费者的信任，明确规定服务员在消费者点菜时必须主动提醒他们不要多点菜，具体话术如："您好，先生，两位已经点了三道菜，本店的菜量较大，三道菜已经足够了，可以不用再点了。一会儿若不够，可以随时再点，我们的出菜速度是很快的。"

(6)高管沉下身子下店

在一些连锁餐饮企业,最让人头疼的事是企业好的理念、价值观、制度在单店里得不到有效落地,而高管们却浑然不知。高管们热衷于坐在办公室里做数据比对,制定方案,却不重视检视消费者在现场的真实体验情况。有的高管也下店检查,却是走马观花式的,毫无意义。有一个餐饮企业的老板这样对高管们说:"公司有没有竞争力,要看它每一天能否在现场赢得消费者的信任。请大家不要总是坐在办公室里论道,店面现场才有灵魂。大家下店不能走马观花,在一个店面待一两个小时是没有用的。你们要沉下身子,每次下店至少要在一个店面待上一整天,重点巡检令消费者不信任我们的要点,并立即整改。这才是取得顾客信任的关键。"

(7)谨慎定价

不合理的定价是信任的绝命杀手。要记住,大多数消费者是"喜欢占便宜的上帝"。性价比是让消费者感到惊喜的前提条件,是信任的起点。餐饮企业在定价时一定要谨慎,定价不合理则信任无从谈起。

(六)售后——不应被遗漏

显而易见,当下的许多餐饮企业在提供服务时缺少售后跟进和后续行动。除了一部分高端餐饮企业比较重视消费者消费后的跟进维护,绝大多数餐饮企业都遗漏了消费者买单后的售后维护工作。

1. 与消费者建立终身关系,而不只是一次交易

从本章一开始谈到的"印象",到引进八个"互动沟通点"的概念,再到现在谈论的"联系",把这些汇集起来,就会在大脑中留下某种记忆。我们谈论"联系"的具体内容,目的是首先让员工成为"内部大使",然后在消费者中培养有惊喜体验的"外部大使",希望他们能和别人分享自己的惊喜体验。我们与消费者的关系是基于高性价比和持续的情感体验而建立的。一种不良的体验等同于关系的缺失,也就意味着不会产生"大使",也不会有分享,就是这么简单。更有甚者,费了九牛二虎之力建立的关系会在顷刻之间遭到毁灭。

我们认为,消费者不是餐饮企业的交易对象,餐饮企业应该致力于和消费者建立终身关系。建立终身关系的秘诀在于你想让消费者以何种方式被看待和重视——让消费者认为你是重视自己的利益还是和他们的关系。如果消费者感觉到你只重视自己的利益,那么你与消费者的关系就等于零。

在这里，我们想再次强调一下，本书的底层逻辑是，餐饮企业应通过极致口碑营销创建与消费者之间持久的关系，成为被消费者记住的品牌。而要做到这一点，最关键的是三个灵魂之问：

第一，餐饮企业的品牌对消费者意味着什么？品牌不是餐饮企业的标识，而是代表着在消费者眼里"你是谁""你代表什么"。

第二，餐饮企业的价值主张是什么？你能为消费者创造什么价值？这个价值是真实且逐步提高的吗？

第三，餐饮企业能否利用强势的品牌和接地气的价值主张，将消费者发展成企业的热衷者，最终发展成"大使"？

餐饮企业如果能很好地用行动回答以上三个灵魂之问，那么与消费者的关系就变得简单了——为消费者打造有价值的体验，企业就会被记住、提及、推荐，也就会获得真实的增长。

2. 交易完成，消费者变成了陌生人

在我家附近有一家开业不久的餐饮店，我经常路过，却一直没有机会去体验一下。有一次，一位朋友向我推荐了这家店，说菜品、服务都很不错，于是我带着七八位朋友去体验了一番。这家店的生意不错，在整个就餐过程中，我和朋友们都得到了非常好的服务。尤其是菜品，的确很有特色，关键是价格很亲民。在这次体验之后不到一个月的时间里，我又带家人、朋友去过两次，感觉依然很不错。这家店的生意越来越火，这期间前厅经理表现得十分细心、热情，给我留下了较深的印象。我们还互留了电话，互加了微信。她时不时给我发微信问候，以及发一些她们店的信息。我也向很多朋友推荐了她及这家店。后来因为出差，我有两个多月未去这家店就餐。出差刚回来，有一个重要的接待，我决定放在这家店，并提前一天去安排具体的菜品及注意事项。可这次我感觉自己像一个陌生人，似乎没有人记得我了。我认识的员工把我当成陌生人，忘记了她过去称呼我"李哥"，完全没有把我看作一个应该重视的回头客来对待我，一切都是冷冰冰的。更令我生气的是，我看到经常给我发微信的那位前厅经理从我旁边走过，只是面无表情地扫了我一眼，就忙着坐在不远处的椅子上翻看手机。我当时就决定把接待换地方，并立即删掉前厅经理的微信。说实话，我依然喜欢这家店的菜品，但从那次之后，我再也没有光顾过这家店，而且也不再把它推荐给朋友了。

3. 小兵店长的售后服务

前面我提到的小兵店长在建立、维护与消费者的关系方面的确是高手。因为我经常去消费，小兵店长也很用心，所以后来我们变得熟悉起来。在这个过程中，小兵店长跟我分享了他的许多高招：

· 与消费者拉近距离，建立关系，适时留下消费者的手机号或微信号，并与之适时互动是十分必要的。

· 关键是在什么时间点利用微信、短信与消费者互动。一般在三个时间点：第一个是消费者消费之后的 24 小时内；第二个是消费后一周内；第三个是消费后三周内。

· 微信、短信中的内容，千万不要让消费者有这是群发信息的感觉。所谓群发信息，是指给每个人发的内容都一样。想必大家经常收到这样的信息，比如过年时大家都会收到许多拜年的信息。"新春快乐！祝您在新的一年……"和"李哥，祝您新春快乐。愿您在新的一年少喝酒，身体健康。小兵敬上。"比较起来，你更喜欢哪一条信息？所以，一定要让消费者觉得你发的信息是专门发给他的。

· 所发内容重点是要有针对性。若能将与消费者互动时所获得的个性信息写到所发内容里，一定可以打动消费者。比如，在一次就餐过程中，小兵店长得知了我第二天要去上海出差。第二天一大早，我就收到了他发来的一条微信："李哥，我看了天气预报，明天上海有台风登陆，您记得加衣服，带雨伞……"

4. 储值卡不是万能的

许多餐饮企业都会用储值卡来保证与消费者的持续联系。对餐饮企业来说，这种储值卡在经济和财务上都具有重要意义，因为有了储值卡他们就能统筹资源，从而获得更大的利益；同时，消费者提前储值，也能保证企业未来的收入和锁定消费者。

可是有一家餐饮企业却停止了发售新的储值卡，老的储值卡在消费者用完余额后也不再续费。我走访了这家企业的创始人，他告诉我："虽然企业的利润全都取决于消费者的复购，但我认为，如果不能让消费者在现场有更好的体验，而仅靠储值卡，会让我的员工认为只要消费者储值就万事大吉了。我发现员工们拼命推销储值卡，拿到提成之后却对消费者的体验漠然视之，这是十分危险的。所以我决定不再依靠储值卡来锁定与消费者的关系。储值卡不是万能的。"

这家店取消储值卡后，在店内的海报上先告知消费者，虽然没有了储值卡的优惠，但大家可以在大众点评、抖音上根据自己的情况购买与储值卡优惠力度相等的电子代金券。

同时，店面的员工被反复教育，现在没有了储值卡，大家每一个时刻、每一个决定和每一次与消费者的互动都非常重要，大家必须一直关注自己的工作和为消费者带来的价值。

对于这家餐饮企业来说，决定消费者忠诚度的不是储值卡，而是企业提供的服务和价值，以及与消费者建立起来的情感"信用"，或者过往的"信用记录"。

在取消储值卡初期，店长和员工都不理解老板的决定，但是消费者却十分受用。一段时间之后，这家企业的生意比有储值卡的时候火多了。

5. 售后为何如此重要

餐饮企业在售后联系中能真正表现出对消费者是否在意及在意的程度。这时候员工和管理者就要展现他们对消费者和消费者满意度真正感兴趣的程度。归根结底，售后指的就是餐饮企业与消费者建立长远的关系。如果你希望促成不止一次的体验，那么，你如何对每一位消费者保持跟进及采取售后行动就极为重要。其原因如下：

它能体现你的真诚——你真的在意消费者。

它会展现你的诚信——你是信守诺言的。

它会表现你的可靠——你已经建立了信任的基础。

它会重视你们的关系——消费者的体验比营业额更重要。

它会带来回头生意——消费者想一次又一次地来。

它会制造口口相传的广告效果——消费者想把你的品牌告诉别人。

通过将这些基本的认知付诸实践，你会让消费者自愿为你的品牌做广告宣传，从而获得巨大的回报。

有一次出差，由于粗心，我在线上错订了一间我不喜欢的房型。我在这家酒店的前台办理入住手续时才发现这个失误。前台服务员告诉我，我想要的房型已经被订完了，如果需要，她可以帮我取消预订并且打电话给对面一家我从未住过的酒店，帮助我以优惠价订一间我喜欢的房型。当天晚上，我在网上给了我经常住的这家酒店5星好评。我在评价中描述了那位员工的优秀表现，并写道："感谢这位优秀员工，她让我成为酒店的忠实粉丝。任何一家把消费者看得比万能的金钱更重要的店家都值得我信赖。我会再来住酒店的！"

售后行动意味着为消费者寻求最佳利益。如果你认真对待消费者的需求，切实把消费者的需求摆在自己的需求前面，那你就会使自家企业与你的竞争者区别开来。如果你对待消费者的方式正如他们想被对待的一样，那他们就会成为你最忠实的拥护者。换句话说，他们不但能记住你，而且会成为你的"大使"。

6. 售后怎样落地

（1）落地思考与策略

·除了会员优惠之外，还应该有什么售后服务？

·缺少售后服务，就不可能达到惊喜体验这一层级。

（2）出口调研小组

消费者不一定总是会告诉你他们不开心了。事实上，我们经过多年调研，发现了"沉默投诉"问题。每25位不满意的消费者中，只有一位（4%）消费者会在现场正式投诉，剩下的24位消费者都是"沉默投诉者"，他们往往会把自己的遭遇在线上分享或在线下告诉自己的亲友，而且多半会下定决心再也不来这家餐饮店了。

为什么消费者不在现场投诉呢？我们发现，最能阻碍消费者投诉的原因有三个方面：一是消费者估计投诉并解决问题需要花费的时间和精力；二是消费者认为的餐饮店处理投诉的责任感有多强；三是消费者自身的性格、个性和偏好。

对于餐饮企业而言，深入发现、了解并处理这些"沉默"的投诉才是正道。因为这就是售后服务，不仅可以帮助企业更长时间地留住消费者，还可以帮助企业提高为消费者打造惊喜体验的能力。

有一家餐饮企业总部的客服部专门设立了出口调研小组，这个小组的责任是在旗下每个单店的门口随机采访消费后离店的消费者，找出消费者不喜欢的地方并妥善解决。这家企业的总经理对我说："这是我们过去几年业绩增长的核心动力。"

这个小组主要寻求的不是消费者对他们的温言赞语，而是要发现消费者体验中的各种问题，然后进行汇总、分类、分析，并立即反馈给总经理，让企业从中吸取经验教训，持续改进。

在实践操作中，小组成员会问消费者一系列很简单的问题：

您感觉门店的卫生工作做得如何？

您感觉门店的室内温度适宜吗？

您感觉门店的服务人员有礼貌吗？他们的仪容仪表如何？

您感觉菜品的口味、分量、价格水平如何？某道招牌菜如何？等等。

您还有其他不好的体验吗？

（3）差评也能变成好事

我的一位朋友告诉我，他在选择餐饮店时，一定会查看这家店以往的差评，而且会着重看这家店回复差评的认真程度。

有不少餐饮人都对网上的差评感到焦虑,并会尽最大的努力去避免差评。可事实上,餐饮人得习惯网上的差评,因为差评肯定会时不时出现。所以重要的是做好准备去处理和回应,同时从差评中吸取教训。餐饮企业应对差评的方式会向消费者展示企业不太为人所知的另一面,让广大消费者看到企业面对和解决问题的真诚——对差评的认真回复会对企业的信誉产生巨大的影响。

消费者是精明的,他们可能会密切关注你是如何回复差评的,因为这样他们就能知道,如果自己在消费过程中遇到同样的问题,你的态度会是怎样的。

所以,如果你不幸收到了差评,不要像有些餐饮人那样,缠着消费者删去差评,或者假装看不见差评,妄想没人会注意它们,或者强词夺理,或者用复制粘贴的手法回复千篇一律的话。你应该及时发现差评,在内部查访发生了什么,同时尽快回复差评,而且要极为诚恳认真地回复,这样才可能留住写差评的消费者,并得到更多浏览者的青睐。

(关于回复差评的具体技巧,可参看本书第五章中"穿越负面口碑"的相关内容。)

四、第三大原则:态度——惊喜体验理论的黏合剂

优秀餐饮企业与一般餐饮企业的本质区别在于企业文化,而态度就是企业文化的主要表现形式之一。态度就是对你所想、所说以及最终所做的一切事情的过滤,也是你内心感受的外在表现。简单地说,态度就是对人或事的看法、感觉以及言行表现。对消费者来说,体验可能源于第一印象;对那些负责提供体验的员工来说,他们首先要考虑的因素就是态度。

态度是提供惊喜体验的关键。好服务、好出品的背后是好态度——能力是指你能做的事情,动力决定了你要做的事情,而态度决定了你能把事情做得多好。你可以通过选择自己看待事情的方式,决定自己当下的样子和你想成为的样子。

所以我们特意将态度放在五大原则的中间部分,作为惊喜体验理论的黏合剂。没有正确的态度就没有充分的理由花时间去研究印象、回应和"特种兵",自然就不会和消费者产生联系。

根据我们的调研,成功的餐饮人成功的要素构成是:专业知识和技能方面占15%,其余的85%都是为人处世和态度所致。人们只有通过正确的态度,再加上自身掌握的过硬的

技能，才能完成了不起的工作。也就是说，能否给消费者带来惊喜体验，关键在于餐饮人看待消费者的态度。

我们将态度原则细分为三个具体的原则：成为第一、"好嘞"、坚持不懈。

（一）成为第一——前行的明灯

对自己的产品和品牌的优秀程度，我们都会有一些夸大，这很正常。毕竟，如果连我们自己都不相信自己的追求，那还有谁会相信呢？可是如果这种错觉变成在审视自己的产品标准和给消费者的体验时产生的错觉，问题就出现了。

餐饮人必须认为自己提供的惊喜体验有机会成为地域、行业第一，如果我们不能由衷地相信这一点，那么，惊喜体验通常就会消失。这就像设定使命、目标，如果我们没有为成功设定蓝图，那我们通常就会变得自满、冷漠，我们的态度迟早也会改变。

对很多餐饮企业来说，强大的产品以及创造一种惊喜体验可能早已成为陈词滥调，但能认真执行的企业并不常见。"我们理应成为第一，理应让消费者获得比他们正在接受的更好的待遇。"这一理念就是餐饮企业上下都必须有的态度，这样惊喜体验才能得以持续实现。

但是我们口中要追求的成为第一的惊喜体验（长期主义）却往往被当下的现实主义——当下的利益所干扰。此时，你会选择退缩，还是跟着自己的追求走？你不能嘴上喊着追求成为第一的惊喜体验，行动上却急功近利。

持续相信、践行你的追求，这是餐饮人应有的长期态度。把态度和推动结合在一起，那么打造一切体验皆有可能。

1. 坚定决心

打造一种惊喜体验并非易事，它必须取得全企业的人对彼此的承诺，大家一同打造最终要提供的惊喜体验。美国著名作家查尔斯·斯温道尔曾说过："有一件很棒的事情是，我们每天都可以选择自己的态度，并以此拥抱这一天。我们没法改变过去，也没法改变人们以某种方式做事的事实，我们没法改变不可避免的事情。我们唯一能做的就是操控我们手中那条线，那就是我们的态度。我很确信，在我的人生中，有10%的事情是发生在我自己身上的，而剩下的90%则是我对其他人、其他事的回应。我是这样，你也是。"

在打造惊喜体验上，我们一定要有坚定的信心，甚至有些时候必须去争取。当你试图打造惊喜体验的时候，有太多的人会有意无意地跟你"对着干"。你会看到别人的自满、不理解、懒惰、嫉妒等，这些都是你实现卓越的阻力。作为一家餐饮企业的领导者，你必须坚定决心，必须想办法激励自己的员工，树立正确的态度，这样才能够让你成为餐饮行业中的佼佼者。这也是打造惊喜体验的必由之路。

2. 激情是实现目标最好的驱动力

作为领导者，你的职责就是给予员工"饥渴感"，或者叫激情，从而使大家具备打造惊喜体验所需的驱动力。这里所说的激情，并不是指那种浪漫的态度，而是你发自内心的热情和兴奋感——你对你所做的事情有深切的追求和骄傲，即你是谁和你代表什么。找到你喜欢做的事情，那么你这一生都不会觉得自己是在工作。

要做到这一点，首先你自己内心要有相同程度的激情，而且你想让身边的人也有激情。激情能带来动力，而且感染力十足。当员工们产生兴奋感，并且开始培养执行力和继续重复那些可以打造惊喜体验的小事所需的坚定决心时，将会影响企业的所有人。对我们期望的"内部大使"而言，这就是最重要的因素：创造一种极具感染力的激情的艺术，激发出员工们打造惊喜体验并成为第一的激情。

3. 成为第一的三部曲

行动教育导师李践老师曾经说过：企业竞争的格局，最终取决于谁是第一。企业要学会取舍，要懂战略，战略要克服贪欲，舍九取一，就是清楚自己的边界：做什么，不做什么。中小企业的战略就是择高而立——成为第一。

我听了李践老师的课很受启发。借鉴李践老师的思路，我认为餐饮企业成为第一的战略落地有如下三部曲：

（1）定标

企业的战略目标要高远，因为战略本身就是标准，战略就是资源配置，是告诉你今天怎么做，未来你才能成为你想成为的样子。事实上，无论你选择做老大还是老幺，商业的本质是不变的，都需要布局人、财、物、产、供、销……最后你会发现，做行业第一和做老幺的企业要花一样的时间，走一样的流程，过程的差距不会太大，结果却千差万别。

如果你的目标不够高远，你的结果可能不会好；一旦你站得高，你就会有长期主义思维，你的角度就会与众不同，你的标准就会与别人的不一样。如果你想做行业第一，那么你就要把标准定到最高，做到让消费者惊喜、尖叫，从而牢牢记住你。而如果你没有设定做老大的目标，那么你从一开始就不会对自己有高标准、严要求，最后你自然就做得小。

所以，那些真正成长起来的餐饮企业，其首要因素是企业的领导者本身就胸怀大志——成为第一。

（2）对标

定标完成之后就要开始对标了，也就是在国内、国外找行业第一这样的标杆（样板），并好好向它们学习。

事实上，不管做什么事情都要找到一个样板。这个样板是什么？它就是指引我们在黑暗中前行的明灯，这盏明灯就是我们的标杆，是我们的未来。

一个好的行业标杆，不仅是你的最佳教练，还能为你提供一套学习的标准。

（3）完善标准

通过对标杆的全方位学习，你就找到了成为第一的标准——人、财、物、产、供、销等所有标准。你对照高标准就能发现自己的不足，然后缺什么补什么。请注意，这个标准永远没有完美的一天，永远都需要完善。企业的本质是创造，成为第一是企业的基因选择。做老大和做老幺的流程是一样的，为什么结果会千差万别呢？就是因为做老大和做老幺的标准不同，老大和老幺的基因完全不一样。

不同的标准意味着什么？资源配置不一样，结果就会不一样。尽管现在你的餐饮店也许不大，但它一"出生"就应该以第一为标准，它要选择第一标准的出品、服务、卫生……万丈高楼平地起，虽然第一家店要经历从1到2到3的发展变化，但是在它一"出生"时对它的目标设定就不能低，一开始就要用第一的标准要求它——以终为始。如果你没有格局——要成为第一，你就不可能具备真正的核心竞争力。你选择什么样的标准，就会做出什么标准的产品，就会吸引什么样的消费者——你选择的标准决定了你的格局。

4. 成为第一怎样落地

（1）落地思考与策略

·有没有一种决心、激情存在于企业的理念和风气中，也就是成为第一——尽全力打造最好的惊喜体验？

·企业及员工能否为消费者创造和满足他们对惊喜体验的期望？

·成为第一是企业与企业、个人与个人区别开来的要素，企业上下必须相信消费者值得获得惊喜体验，而企业也能打造出这种体验，这是员工工作的目标、驱动力。

（2）经常进行励志宣讲

企业每天、每周、每月都要进行有关立志成为第一的宣讲，让员工养成听励志宣讲的习惯,这有助于全员形成正确的态度。

(3)全员写出成为第一的目标和具体内容

在企业中,每个人每个月至少在白纸上写一次"成为第一",然后列出"成为第一"的项目、原因、必要性,下一步再列出为了"成为第一"自己具体该怎么做。

(4)寻找行业产品(体验)标杆并向其学习

围绕着菜品、服务、环境、功能、定价等产品(体验)要素,在国内外找到行业标杆,一次又一次地到现场向相关人员学习,并不断以标杆为榜样在本企业进行模仿、调整、改善,形成自己要成为第一的标准。

(5)鼓励后进

每个月在团队中找出1~3个表现最消极的人,每周鼓励、激励和支持他们,直到他们改善并向成为第一迈进。

(6)四个正确态度

为了吸引消费者,餐饮企业之间的竞争很大,而且越来越激烈。但可惜的是,在此过程中,很多企业为了吸引消费者而消耗了过多的成本,却只制造出比竞争对手更多的噪声。这些噪声也许能在短时间内吸引消费者的注意,却不能保证这种注意能持续较长时间。

创新是保持与消费者的关系的核心要素,是企业成为第一的真正驱动力。但是创新不是光靠运气就能实现的,你得有正确的态度。

·去探索:保持好奇心,寻求新的创意。不要总和别人一样,不要总是做一个追随者,不要总是隐藏自己的与众不同。

·敢于分享:总有些人会警告你,会表示担忧,说这不可能,说你偏离了正轨,甚至试图拖你的后腿。不要管他们,只要你的方向是成为第一,你就要敢于分享你的想法。他们是在害怕。别让这种害怕影响你。

·敢想敢做:尝试新事物需要勇气,还要承担一定的风险。你是想纸上谈兵,还是想将想法变为现实呢?主动出击比什么都不做更好。尝试一下,虽然尝试可能有时不会有效果。如果你从来没有失败过,那么你也无法学到新东西。

·不要自以为是:自负和骄傲会遮蔽你的眼睛。

(二)"好嘞"——营造幸福感

"好嘞"是我在太原市国金大厦六楼菜很下饭·辣椒炒肉这家店的惊喜体验。我在整个就餐过程中听到服务人员最常用的一个词就是"好嘞"。你每向员工吩咐一件事,员工总会热情地对你说"好嘞",然后想尽办法做到。

"好嘞"不仅是这家店员工的惯用语,更是员工态度的表现。这家生意火爆的餐饮店的不同之处,就在于大多数员工努力保持一种"好嘞"的心态与积极乐观、幸福感十足的态度,而这种态度感染力十足。那些表现出乐观精神的员工能够创造积极的成果,这也会让所有人更加享受。

当你身边的员工选择展现他们工作中积极的一面时,他们表现出的幸福感就会取代我们每天都会产生的负面想法。这同样适用于我们对消费者的回应。

对你的企业来说,"冷漠"和"不"是可行的答案吗?

1. 摒除消极态度

抱有消极态度的员工,总是盯着工作中不如愿的地方,倾向于消极地看待一切事物与人。他们不停地抱怨、批评消费者和同伴,对别人说出令人感到沮丧的话,以及感觉自己是受害者,沉溺于问题中,而不是专注于解决问题。

抱有积极态度的员工,总是对自己的工作感到骄傲,为追求卓越而努力奋斗。他们一直在尽全力展现自我,鼓励他人,从工作和同伴身上寻找好的一面并说出来,而且不断努力提升自我,尽全力为自家企业和消费者服务。

产生消极态度的根源在于你一直在想不如愿的事,而它们会在你的潜意识里蔓延开来,还会变换形式体现在你的态度上,最终变成你的言行。想法的力量是强大的,因为它们能够影响你的态度。只要你的消极想法占据有利位置,那么你就会据此行事。所以,关键在于要用积极的想法替代那些消极的想法。

说"不"太容易了。任何人都会变得消极、爱批判、冷漠或者悲观。所以这个挑战就是要树立一种态度,原则是保持"好嘞"的心态,而不是置身事外。有建设性的想法会抑制否定或冷漠的心态,同时会支持"好嘞"的心态。

据了解,菜很下饭·辣椒炒肉的员工经常被教育,要思考是积极看待人生,选择好的一面,还是把自己当成受害者,总是不停地抱怨,充满消极态度。毫无疑问,菜很下饭·辣椒炒肉在以正确的方式寻找、雇用和培训员工这方面做得卓有成效。

2. 无法隐藏的幸福

当菜很下饭·辣椒炒肉的员工说"好嘞"时,他们脸上洋溢着一种幸福感。什么是能够带来幸福的真正法宝?那就是乐观精神与个人责任感。能否成为乐观主义者并因此拥有真正的幸福，通常取决于你和自己对话的方式。说"好嘞"的员工相信他们的言行会带来好事，他们在对自己的幸福负责，并且他们期望未来能有更多好事发生。当坏事降临时，乐观主义者也会把它当作身外之事产生的结果。

我询问一位女服务员为什么这么开心地说"好嘞"，她的回答很简单："我喜欢在这里工作，我喜欢说'好嘞'。看到你们开心，我也开心。"

你真的无法隐藏幸福，也无法假装幸福。幸福感就是人的一种状态，源于人所具备的乐观和喜欢被欣赏的品质。菜很下饭·辣椒炒肉的员工说"好嘞"不容易被复制，因为这是他们持续努力以实现的东西——这种幸福感不会自然地发生在大多数人身上。

幸福感是我们餐饮人必须努力拥有的一种态度，同时也是"内外大使"创造的一种氛围。就像我一走近菜很下饭·辣椒炒肉，就能观察和感受到店里的气氛。对营造幸福气氛所做的承诺就是打造幸福体验的秘诀。这项艰巨的任务开始于我们正确的态度，配以培训和鼓励的支持，再结合对这种气氛的持之以恒的重视，你可以而且一定会做出快乐的选择。

3. 永远的乐观精神

乐观精神是餐饮人通往成功必须具备的信念。缺少希望和自信，我们将一事无成。幸福感与乐观精神高度相关，可以说幸福感是乐观精神的另一面，二者缺一不可。如果你真的想要打造一种充满幸福感的体验，那你必须一直具备乐观精神。

菜很下饭·辣椒炒肉的创始人林莉对我说："'好嘞'比'好的'标准更高！我们希望给客人提供更高标准的体验。如果我们有勇气追求自己的梦想，那它们就能成真。即便是那些我们当下还没搞定的事也很有趣。如果我们可以把它们当作成为第一的梦想，那我们就能做到。"我想，这种态度也许就是他们提供的"好嘞"的惊喜体验的代名词。

4. "好嘞"怎样落地

（1）落地思考与策略

·员工们是否真正付出了努力以避免冷漠和说"不"，并且以说"好嘞"的方式积极地处理各种问题，面对各种情况？

·员工们是否专注于创造幸福感十足的环境？

·员工们是否具有乐观精神？

·员工们具备说"好嘞"的能力更有助于他们获得幸福感。

·培养员工的乐观精神，引导员工体验幸福感。

（2）设定"'好嘞'日"

每个月设定一天为"'好嘞'日"。教导员工试着对每个问题、每个回应以及每个摆在面前的机会都说"好嘞"。

（3）编写"好嘞"使用 SOP

为员工设计在什么情况下必须使用"好嘞"一词，以及使用时的注意事项。

（4）每周总结

每个人将说"不"的次数及前因后果记录下来，在周会上大家一起分析、总结，找到更合适的回应方式，并让优秀员工分享自己的经验和心得。

（5）每日微笑时间点

在每天的班前会上设计一个幸福微笑时间点，让员工们两个人一组面对面分别心想幸福之事，向对方微笑3秒钟。使员工保持3秒微笑并培养对工作、同伴和消费者的积极心态，会逐渐改变员工的心态、眼光和心情。

（6）剥离消极因素

定期或不定期帮助员工将经常令他们在工作中产生消极心理的因素罗列出来，帮助员工进行分析、总结，找出合理的应对方法及注意事项，并记录成册。

（7）思考成功时刻

定期或不定期帮助员工总结他们令消费者满意（受到表扬）的时刻，以及前因后果，并将经验罗列出来，引导员工之间进行分享，并记录成册。

（8）季度演讲比赛

每季度都进行员工分享幸福感、乐观精神的演讲比赛，让员工把工作、生活中的幸福时刻、乐观精神用演讲的方式分享出来，从而打造具有乐观精神和幸福感的团队文化。

（三）坚持不懈——打造强大的"肌肉群"

惊喜体验的提供者必须不断改进他们工作的各个方面，重点在于当有"裂痕"出现的时候，不要望而却步，而是要去修缮、重新设计和改进。餐饮人一定要认识到，惊喜体验是永远不会结束的。如果惊喜体验很容易被创造和复制，那么每个人都可以做到，带给消费者不良体验的餐饮企业的数量就会比现在少很多。它应该是很难持续实现的，所以才会这样稀有而珍贵。餐饮人应该努力奋斗，争取能够享受到那些准确掌握了惊喜体验相关理念的少数餐饮企业所得到的如阳光一般的温暖。

1. 懒会使惊喜变得困难

懒是创新和惊喜体验的死对头,是很多餐饮人放弃追求惊喜体验的原因。而坚持不懈则意味着让满意变成惊喜,以及让惊喜变成持续惊喜。但要做到坚持不懈,就需要与改变和由失败导致的伤痛做斗争,从而拥有打造极致口碑的能力和专注力。

持续给消费者带来惊喜体验是一项非常艰难的长期挑战。无论你从前面所讲的消费者五个体验层级中的哪一级做起,要再往上一级都必定是很艰难的。作为一个领导者,不要让自己对艰辛的工作、失败和抵制心理的恐惧与懒惰阻止你一步一步地升级,要带领你的团队持续打造惊喜体验。

爱迪生说过:"年轻人,既然你的人生才刚刚开始,那么我来告诉你一些会让你终身受益的东西。我从没在任何事情上失败过一万次,我是找到了一万种方式,成功地证明了它们'不管用'!"爱迪生成功的秘诀就在于他的态度,而其中最关键的是坚持不懈。这也应该是你成功的关键。

2. 打造"坚持不懈的肌肉群"

坚持不懈就像是肌肉,需要经受时间的锤炼和拓展。我们追求惊喜体验,就应该打造强大的"坚持不懈的肌肉群"——具体包含六个要素:

(1)原因——知道为什么

如果惊喜体验固定存在于我们的意识中,并且占主导地位,它们就会逐渐充满我们的整个潜意识,直到指引我们采取具体行动来获得它们。

(2)激情——懂得渴望

渴望的力量指的是我们多么想要实现带给消费者惊喜体验这一目标。通常这就是"为什么这么做"的答案。这个答案会在我们遇到困难、困惑时给我们动力。

(3)专业知识——熟悉专业技能

我们有打造惊喜体验的目标,但不一定具备实现这个目标所需的知识或技能。当我们获得这些知识、技能和经验的时候,我们就能看到实现这个目标的可能性。

(4)行动——主动开始

迈出第一步,所有的惊喜体验都是在我们停止拖延并开始行动后逐步呈现出来的。

(5)相互支持——团队协作

在团队中,如果大家目标明确,相互协作、鼓励,那么这就是对团队实现目标的一种巨大支持。

（6）承诺——永不放弃

打造"坚持不懈的肌肉群"绝不是一个舒适的过程。为了给消费者带来更高层级的体验，餐饮人应敢于不断做出承诺——这是坚持不懈的动力。

自满、挫败感、懒惰会阻止你创建能够不断追求惊喜体验的文化或企业。拥有极致口碑的餐饮企业有别于一般餐饮企业的地方，就在于它们不只在文化构建、员工招聘、培训、执行等方面下功夫，还能够将其坚持下去。

3. 坚持不懈怎样落地

（1）落地思考与策略

·在追求惊喜体验这一点上，你有没有一种"永不放弃"的心态？你能否不断努力改进和重塑消费者的体验？

·一般来说，永不放弃，朝着目标坚持不懈努力的能力就是将成功与失败区别开来的因素。

（2）每季复盘会

每个季度都应该召开一次惊喜体验复盘会，大家一起回顾三个月来打造惊喜体验这一工作的进展、遇到的困难，总结经验、教训，并制订下一季度打造惊喜体验的计划。这些总结对于你个人和企业的成长都是无价之宝。

（3）公开目标

设立三个对你和你的团队而言有重大意义的具体目标（承诺），然后写下每个目标重要的原因，你打算如何实现它，以及你不会让任何事物或者任何人阻碍你实现目标的原因。不要把这些目标放在抽屉里面，而是要把它们贴在你和同伴都能看到的地方。

（4）正反案例分析

用一种"T"形表格在纸上写出一般体验的样子，然后将它与你认为的惊喜体验的样子做对比。接下来弄清这两种体验的主要不同之处，然后制订一个具体的行动计划，说明你要如何将这两种体验中最为对立的属性整合到一起。

五、第四大原则：回应——惊喜体验的核心内容

回应是我们为消费者打造惊喜体验的要害所在。如果员工回应的时间、语气和能力与惊喜体验的要求不匹配，那么一切都是徒劳的。我们要付出巨大的努力才能与消费者建立

关系，但某个员工只用一个消极的回应就能毁了它。

我们在之前的三个原则中，已经为打造出惊喜体验做了铺垫，而回应你的顾客的需求就意味着在你做的事情上都能体现卓越。"回应服务"致力于帮助每个员工和每个店面在每次与消费者接触的时候都能提供优质的产品（服务）。归根结底，产品（服务）是关于帮助、满足需求以及关爱他人的。那么问题就是：你能对消费者的需求提供多好的回应？

回应不是采取随意的行动，而是采取正确的行动。这种回应是专业的，也是一流的，它就是惊喜体验的核心内容。

本书的目的是改变你的思维方式。这一切开始于你的想法发生改变，然后过渡到你的日常言行、习惯中。当你这么做的时候，你就会自动训练自己用一种新的方式思考。你必须改变原有的思维和词库（行动指南），然后才可以改变自己的回应方式。前面提到的菜很下饭·辣椒炒肉就是这样：员工们拥有一套类似"好嘞"的具体而专用的词汇表，因为其中是带有意图的。他们就是在鼓励并且训练一种思维方式及日常习惯。

回应应该是一种思维框架及言行习惯。如果你给消费者提供惊喜体验的意愿很强烈，或者正在跟一位有趣且友好的消费者互动，那么惊喜体验就很容易出现；反之，如果消费者不开心，那么惊喜体验就很难出现。消费者一旦不开心，就意味着你只有60秒的时间去化解这个难题，并且把它转变成一种积极的互动。这并不意味着这个问题要在60秒内解决，而是要提供一个简单的机会，让你开始一段合适的互动，并且赢得消费者对你的青睐。你的回应就设定了这个基调，而它也成了你在这种体验中拥有的最强大的资本，因为这是你能完全掌控的极少的事情之一。

关于惊喜体验，我们总结了一个公式：一种惊喜体验=有意愿的领导者+参与的员工。

要理解这个公式，我们可以回到本书的基本概念。我们的目标是成为被消费者记住的品牌，因此我们必须打造极致的口碑，那么一定要通过改变思维方式，致力于打造惊喜体验。再用你的词库和行动加以跟进，并观察你与消费者之间的奇妙反应。

我们将回应原则细分为四个具体的原则：同理心、细节、紧迫感、补救。

（一）同理心——先行预计

在前面，我们从理论的角度简单讲过同理心；在这里，我们将从惊喜体验的角度深入剖析同理心。

对消费者拥有同理心是餐饮人能培养的最为重要的品质。要想消费者之所想，或者至少试着把自己放在他们的处境中，或想象自己面对他们的困境，这时为他们提供服务是非常合适的。

1. 同理心让你受人喜爱

同理心是指跟别人的想法、情感或经历产生关联的能力。同理心要求人们能设身处地地为他人着想，理解对方的感受、情绪，懂得他们的需求。在一段关系中，同理心是使关系得以深入和紧密的基础。

我有一个同学，在外地出差就餐时将一个重要的工作记事本丢在了餐厅。他自己浑然不知，已经坐上地铁赶往高铁站。餐厅根据订餐信息联系上他，了解情况后表示立即派人将记事本直接送往高铁站。那一天，我的这个同学就成功地转变为那家餐厅的"大使"。他饱含热情地把这件事分享给同学群里的所有人。

同理心是受人喜爱和尊敬的人拥有的最强大的工具。人们大都喜欢别人和自己产生联系。大多数的消费体验是基于消费者感知自己被对待的方式以及他们对这种对待方式的感受。回应原则中的同理心暗示了这样一种能力：通过别人的眼睛看这个世界，并且让别人感到自己很重要。拥有同理心的员工就能够准确地提供产品（服务）。在我们看来，能给消费者带来惊喜体验的员工，就是因为具备同理心，能够尊重和体谅消费者。

2. 听见消费者内心的声音

关怀消费者这门艺术指的是有效倾听和真正听懂消费者的需求——听见消费者内心的声音。拥有极致口碑的餐饮企业都是运用了各种各样的资源——从营业日志到出口调研、第三方神秘客人等等，希望能听到、听懂消费者表达的内容。你对消费者的需求和内心期待了解得越多，你就能越好地满足他们。

听见消费者内心的声音，是餐饮人的力量源泉。优秀的餐饮人能够持续读懂消费者的肢体语言、口头语言、表情和声调，他们知道如何想消费者之所想。消费者的前额上都挂着很小的"广告牌"，优秀的餐饮人能据此知道消费者的感受以及他们出了什么问题，或者有什么好事。如果消费者感到困惑、不安、迷失或者兴奋，我们就应该做好准备，做出相应的回应。对消费者给予关怀的强烈意识，加上为获得更多"读懂"而进行的额外的提问所体现的投入和兴趣，就是拥有同理心的体现，也是打造惊喜体验的真正秘诀之一。

3. 先行预计

在大多数情况下我们都知道消费者的基本需求是什么，然而挑战在于我们怎样才能很好地预计和满足消费者的需求。优秀的餐饮人把专注力放在提供不只是满意的服务上，而是惊喜体验上。那些真正想在餐饮行业赢得名誉的人有能力预知消费者想要的东西，并且提供给他们。而且，那些真正的行业高手所提供的产品（服务）是消费者自己都不清楚的所需所求的东西。

　　一家餐饮企业要想保持繁荣，一定要更加灵活地面对消费者，在这一点上，丽思·卡尔顿酒店就是我们的榜样。丽思·卡尔顿酒店的管理系统能追踪消费者之前住店的偏好。有的消费者喜欢可口可乐，可是酒店提供的是百事可乐，经理会在客人到来前将6瓶冰镇可口可乐放在客人的房间里；有的客人专爱使用某种枕头，经理就会为其特别定制这种枕头，并且专门留给这位客人用。这些细微之处以及很好地提前预知对方需求的能力，会让你变得与众不同。消费者消费的时候，花钱多少并不是最重要的，他们会向别人分享自己的什么体验才是最重要的。所以我们所做的一些小事才是服务行业最为重要的。

　　能提供惊喜体验的员工的与众不同之处之一，就是具有强烈的意识，能够在事情出现之前就预见它的发生。如果你知道有哪些问题会发生在哪个环节，并且能提前避免那些问题的发生，那么消费者的体验就不会受到负面影响。

　　为了恰当地预计到为提供惊喜体验要付出的行动，所有员工都需要清楚自己的意图，即他们为什么要这么做。你的团队里的任何一个人都应该能够走到同事面前问他："你做的事情是怎样直接或间接地影响消费者的体验的？"如果他们连这一基本问题都回答不上来，那就说明存在着领导力方面的问题。遗憾的是，我们调研发现，只有20%的员工清楚他们在企业工作最重要的目标是给消费者带来满意或惊喜的体验。

　　员工必须一直非常清楚他们的同理心、工作态度、表现与消费者的满意、惊喜是如何直接联系在一起的，而且要认识到它们重要的原因。当你认识到你的目的是照顾消费者，那么你做的一切事情都会变得非常清晰。

4. 同理心怎样落地

（1）落地思考与策略

・每个员工是否都具备思考"假如我是消费者，我会怎么想"的习惯？

・员工在多大程度上了解他们提供的服务体验的质量水平？他们会一直利用反馈意见加以改进吗？

・员工在提供产品（服务）体验的时候，知道他们的正确目的吗？在问题出现之前，他们能够预计问题的发生并提出相应的解决方法吗？

・具备同理心才会产生真正的信任、口碑。

- 培养员工察觉一般人察觉不到的问题的能力。
- 不断总结经验教训的规律,预计消费者的期待,并让那些期待变为现实。

（2）开设情商培训课

同理心是情商的核心能力。餐饮从业人员普遍存在情商低的现状。所以,餐饮企业应有针对性地持续开设情商培训课,持续提高员工的同理共情能力。

（3）引导员工关注消费者（他人）的感受

当员工与消费者（他人）产生沟通障碍或导致客诉时,相信每个管理者都有自己的训诫方法,比如批评、处罚等。但从心理学的角度,最有效的方法是和员工讨论他遇到的障碍或所犯的错误,在讨论中指出他的言行对别人造成的影响。一味地训斥、处罚、指责容易让员工产生委屈、逆反的心理,甚至会严重阻碍员工同理心的形成。

更为恰当的做法是,等员工情绪平复之后,仔细询问员工产生沟通障碍的原因,引导员工关注对方言行背后的感受。这样更能让员工发自内心地产生对自己的言行负责任的意识,而且能够鼓励员工培养同理能力——了解他人的需求,替他人着想。

（4）分享经典案例

除了引导员工讨论自己的言行之外,我们也可以用发生在身边的经典案例、常见错误以讲道理的方式激发员工的同理心。管理者要注意收集企业内外关于同理心的经典案例,让员工参与讨论,一步一步鼓励员工换位思考,从而培养他们的同理心。大家共同讨论、分享十分重要!

（5）管理者的言传身教

管理者的言传身教,即直接的言行示范,会使员工在耳濡目染中受到影响。管理者提供言行示范让员工去模仿,不但可以起到立竿见影的效果,所带来的转变在员工身上的影响也更长久。

（6）鼓励员工的好奇心

我们发现,很多同理心强的员工,对陌生的事物有特别强的好奇心,对他人也抱有好奇心。因为在好奇心的驱使之下,你会想了解他人的言行和习惯,了解其中的原因,想知道别人的思考方式到底是怎样的。所以,管理者要利用好个别指导、案例分析、培训、会议等机会,培养员工理解别人的情感、愿望和言行的意愿。

（7）培养员工反省的能力

员工每天至少要询问消费者一次这样的问题:"我们做得怎么样?""我们如何才能做

得更好？"记录消费者的意见，把它们整理到一起，形成员工工作日记，不断让员工反省，不断让员工理解消费者的心声，从而改进工作。

（二）细节——出奇的关键

为了改善消费者的体验，不少餐饮企业会完全专注于在为消费者提供体验的过程中加入让人眼前一亮的元素。这样做往往会使他们忽略一些细节问题，而这些问题通常会让消费者感到难受和失望。就像你要去参加一个会议，在路上发现自己的鞋里有一个小石子有些硌脚，但没那么疼。虽然不用马上停下来把它倒掉，可它一直都在鞋里。当你终于到了目的地，回想起一路上的经历时，你记得最清楚的是什么？一定是那个硌脚的小石子吧——人们记得最清楚的往往是那些烦心和失望的事情。

1. 细节是实现卓越的基础

要让员工遵守的最有效却也是最难的准则之一，就是保持对细节的关注。正是那些看似多余的细节，才是决定我们最后能否实现卓越的因素——那些最小的细节才能帮助我们打造惊喜体验。

通常如果一家餐饮企业在四个方面获得显著提高的话，那么惊喜体验的威力将大大增强：一是对细节的专注；二是细微的改善；三是花更多的心思；四是恰当的回应。前三个方面会帮助你的企业、产品和员工从竞争中脱颖而出，比如，在丽思·卡尔顿酒店，这指的是记录消费者的言行、喜好、痛点，确保以后消费者入住会获得更好的体验。恰当的回应是指要抓住机会，随机应变。

有人可能会问：为什么要对体验中的微小细节付出如此大的努力，尤其是在工作量如此大的情况下？因为这是我们餐饮人的信仰。在人们一直匆匆忙忙，没有时间全面享受体验的世界，你必须想办法令他们吃惊，让他们记住你。我们从心理学家那里得知，普通人的专注时长只有7～8秒。如果你给他人制造和留下印象的时间只有7～8秒，那你最好做些什么，让你在某种程度上跟消费者产生意识上的连接，因为出奇才能制胜。

细节是出奇的关键。应该没有人会期待你变得完美，因为没有人能做到完美。但是消费者会期待你尽力做到最好。通常来说，这需要我们专注于细节——无论细节有多微小，都能让我们在竞争中脱颖而出。许多人及企业似乎都容易满足于现状，很多人经常会说"这就够好了"或者"这已经很不错了"。那些创造历史的餐饮企业，永远不会接受"够好了"这种话，而是会执着于对细节的追求。

2. 对消费者有兴趣是做好细节工作的基础

员工对消费者的兴趣是做好细节工作的基础。许多餐饮员工对消费者都是冷淡或不感兴趣的。大多数消费者早已擅长观察员工，知道哪类员工是专注的，而哪类员工又是敷衍了事的。

有一次，我和朋友在一家餐饮店就餐，晚上9：25，我因为就餐中的一些问题找到经理投诉，经理让我在休息区等她。几分钟过后，我看到她从吧台后面走出来，背着包，换成了便装，我很自然地跟上了她，并问她是怎么回事。她的回答是："我该下班了，马上会有值班经理来处理这件事。"我是这家店的常客，与这位经理经常相互打招呼（但不是很熟）。这就是一个关于不良体验的典型事例，而我当然不会再选择这个品牌了。

任何一个餐饮员工都应具备的最重要的两种品质就是活力与热情。你会信任那些看上去无精打采且冷漠无趣的人吗？当然不会。真正表现出对消费者感兴趣，会让你关注细节，而这会成为你与消费者产生联系的节点和基础。可问题是，大多数员工并没有真正参与到工作当中，自然也就无法处理好与消费者的关系。我们通过调研发现，餐饮员工可以分为三类：感兴趣者、不感兴趣者和情绪过激者。

· 感兴趣者：指的是那些热爱餐饮工作、在意消费者的感受并且信任企业及同伴的员工。

· 不感兴趣者：指的是工作敷衍，对工作没有激情与目标的员工；对他们而言，这只是一份工作。

· 情绪过激者：他们会在工作中表现得沮丧和易怒，甚至会蓄意破坏、暗中捣乱，阻挠同伴乃至企业获得成功。

我们发现，只有20%的员工是感兴趣者，70%的员工是不感兴趣者，更恐怖的是有10%的员工是情绪过激者。这意味着在相当多的餐饮企业中，有80%的员工对他们的工作不感兴趣。

但好消息是，20%的员工对消费者感兴趣，就意味着他们关注细节且有机会脱颖而出。让情绪过激者留在团队中是餐饮管理者的失职。餐饮管理者的任务就是让员工对消费者感兴趣成为企业文化的一部分，也只有这样才能打造出关注细节的餐饮团队。

3. 细节怎样落地

（1）落地思考与策略

· 员工会不会对在消费者体验中发现的细节产生某种关注？

·员工是否真正对满足消费者的各种需求感兴趣和敏感？

·员工对细节的关注是使企业提供的一般体验转变为惊喜体验的基本要素之一。

（2）每日总结惊喜体验中的细节

每日问问自己或团队："哪些我们做过或说过的事情（细节）是可能连我们自己都没注意到，却让我们给消费者带来了惊喜体验的？"每个月都想出若干个新答案，不久之后你就会发现，对大家来说，那些隐蔽的细节就不再那么隐蔽了。

（3）了解员工

自己要清楚（不要公开）员工中哪些是感兴趣者，哪些是不感兴趣者，还有哪些是情绪过激者或经常会带来不良体验者。对感兴趣者要给予支持和鼓励，对不感兴趣者要进行指导和施加影响，对情绪过激者要请其另谋出路。

（4）关注基础细节

许多餐饮人近年来越来越喜欢给消费者策划令他们惊喜的场景。例如，近期由某些企业引发的"科目三"热潮——由员工为消费者表演有丝滑感的舞蹈。这样的服务也被称为"感动服务"或"惊喜服务"，被很多人当作最高水平的"待客之道"。我对此不以为然。许多餐饮企业连基础的菜品品质、服务水平、卫生水平都还没做到位，盲目追求惊喜是本末倒置。

我认为高水平的待客之道，首先要关注基础细节，要更注重平日里踏踏实实做好基础细节工作，不一定非要刻意追求惊喜或华而不实，更应多为消费者做一点实事。

（5）从两个问题开始细节之旅

提问能表现出你对别人的兴趣。抓好细节工作，找出下面两个问题的答案可以帮助你：

·请你的客人回答这个问题："我们有没有做过一些让你生气的事情？无论事情有多小，都请告诉我们。"

·请你的一线员工回答这个问题："在消费者体验的过程中，哪些问题是反复出现的？不管是否已经解决，都请告诉我们。"

这两个问题的答案可以让你有个好的开始，也会给你提供一些必要的线索来帮助你提升细节的品质。

（三）紧迫感——快速回应

没有人喜欢等待，尤其是消费者，因为等待往往意味着不受重视。所以，在你提供的出品、服务上必须体现出一种紧迫感。如果你带着紧迫感照顾消费者,那你就相当于把他们放在了优先的位置,也说明你觉得他们重要,而且珍惜他们的时间。

紧迫感是回应的一种形式,指的是要有意、敏感、快速地对待消费者的问题、要求。紧迫感会让消费者觉得他们就是你的"上帝"。如果你在自己所做的事情上没有紧迫感,那你就是在暗示消费者"你没有那么重要"。我们的目标是让消费者愉快地选择我们、记住我们、传播我们。但是一些餐饮人却很容易忘记这一点。

为了让消费者觉得他们是我们的"上帝"——实际上我们必须真正地让他们成为我们的"上帝",关键在于倾听,然后尽快回应他们的需求,让他们感受到自己是受欢迎的,感受到自己很重要。

要让消费者成为你的"上帝",快速给予回应,表现出你的紧迫感,以及真正在意消费者的需求。对消费者的每一个需求都应谨记于心,直到消费者不仅获得了满足,而且在意识上也受到这个积极结果的影响。否则,你打造的体验与你的收益就会遭遇危机。

那么,紧迫感怎样落地?

1. 落地思考与策略

· 员工在帮助消费者或者为消费者解决问题的时候,有没有一种紧迫感?

· 对于消费者来说,感受到你的紧迫感,意味着你重视他们,这是无价的。

2. 罗列体现紧迫感的行动清单

要提供高效的服务需要对自身有所认识。管理者要深入了解消费者常见的"着急的事",然后罗列出"急对方之所急"的对应话术及行动方案,并多多培训、实践这一部分,你就会看到消费者的满意度不断飙升。

3. 培养员工的倾听能力

餐饮行业的员工因为文化素质不高,经常会"听不懂"消费者的要求。所以管理者每周要让员工练习听同伴讲话,让同伴模仿消费者提要求、问题,大家倾听并分享自己的想法,使员工成为出色的倾听者——不只听别人所说的内容,而且听懂其中隐含的想法和期望。要积极活跃地听,然后总结和复述信息,确保自己听懂了他们的意图。紧迫感并不只体现为带有意图,然后迅速行动,而且体现为行动之前先找准正确的方向。

为了万无一失,还要要求员工在"听不懂"消费者要求的时候,要立即向上级汇报,得到上级的帮助。

（四）补救——主动且及时

餐饮产品的特点决定了出品质量、服务质量在不同的时间点上、在不同员工之间的波动性，即其质量是一个变量。同时，消费者又有不同的喜好、需求。因此，在消费者体验的过程中，失误是不可避免的。失误的后果包括两种：一种是显性的，即消费者流失；另一种是隐性的，即在不满意的消费者中形成与传播坏口碑。

补救服务是非常重要的。如果事情出了差错，消费者是知道的。大多数消费者都是讲理的，可他们憎恶员工隐藏差错，不断制造借口或推卸责任的行为。一般来说，消费者不会在意谁犯了错，他们只想知道谁会来补救它，以及如何补救。所以，优秀的企业和员工都有这样的应对系统和方式，即在消费者的体验变得更加糟糕之前扭转这个趋势。

1. 及时补救

补救服务是餐饮企业（餐饮人）在出现失误时做出的一种即时性和主动性的反应，其目的是通过快速反应，将失误给消费者体验带来的负面影响降到最低程度。所谓即时性，是指员工在失误出现的当时立即做出反应。所谓主动性，是指员工要主动发现失误或主动发现消费者可能会产生的不满，并主动采取措施解决失误问题。这种具有前瞻性的补救服务，无疑有利于提升消费者的惊喜体验。

有一次，我们同学在一家餐厅聚餐，其中有一道菜剩得比较多。同学们的注意力都在聊天上，没顾上评价菜品。经理在巡台时发现了那道菜，主动询问我们是不是菜品不合口味，这时大家才纷纷表达意见。经理立即告诉我们，他马上就把这道菜端走，并在账单上退掉这道菜，还承诺给我们打个折。

餐饮人难免犯错，但只有我们的回应和补救方式才是消费者会记住的地方。因此，打造惊喜体验的秘诀不仅是做到极致，还包括主动、及时弥补缺憾的不懈努力。

2. 好的投诉处理方式是留住消费者的关键

补救服务除了即时、主动发现失误并及时处理之外，还包括对因失误造成的消费者投诉的处理。我们经常在培训中问这样的问题："对消费者的投诉，你如何看待和回应？"有的管理人员说：现在的消费者很狡猾，他们总想要比较大的折扣；有些人没完没了，不依不饶；他们总是投诉一些鸡毛蒜皮的小事；他们说话很难听；我一听到有投诉，头皮都疼⋯⋯

我们问这个问题，是因为如何看待消费者和他们的投诉是做出回应的关键。事实上，消费者投诉说明他们失望了，或是某件事没能达成他们的预期。但是，这也为企业提供了一个回应、倾听、关心和解决问题的机会。

我们可以这样看待消费者投诉问题：将消费者的投诉当成他们送给企业的一份礼物，但是否要打开这个礼物看看里面有什么，以及如何打开，这一切都取决于企业。

投诉的消费者毕竟还是你的消费者，而且他们愿意花时间去投诉，说明他们仍然对企业抱有信心。在很多情况下，相比于投诉，消费者不再来了更容易。所以，那些进行了投诉的消费者其实是在发出清晰的信号，他们想继续做你的客人，并且对你的企业还保有一丝忠诚。

你回应消费者投诉的方式，对于留住消费者有很重要的影响——好的补救措施可以将愤怒和失望的消费者转变为忠诚的消费者。事实上，如果事情处理得好，甚至会改善企业的信誉。

我们在面对消费者投诉时，可用"四步法"来解决问题。

第一步：倾听消费者的意见，理解消费者。

如果你想要减少投诉带来的摩擦，那么这一步非常关键。如果你没有耐心倾听消费者，只是一心想辩解，就会引来一场争论，而这于事无补。所以倾听消费者的意见是了解具体情况、充分理解消费者、换位思考、感同身受的关键。

第二步：换位思考，勇担责任。

同理心（共情）是十分重要的。你需要关注消费者，理解他们的处境，设身处地地从消费者的角度思考，用"我知道您的感受"和"我知道您为什么那么想"之类的句子可以起到很好的作用。不过你要注意，不能只说，接下来你就要主动承担起自己应负的责任，而不要把责任推给消费者。

第三步：相互协商，共同解决。

一旦你了解了具体情况，而且消费者也收到了你的道歉，知道你会为此负责，你就要立即采取措施解决问题。不过你要和消费者协商解决，在倾听消费者要求的基础上提出大家都认可的方案。关键还是要让消费者认可方案，哪怕我们吃亏也可以。

第四步：及时行动，兑现诺言。

这是最后一步，也是最为重要的一步，因为这会让消费者刻画下对你的最终印象。你一定要兑现向消费者承诺的事情，不能失信于他们。最好能做到使消费者平复情绪，使其恢复到问题出现前的状态。

最后，强调一下，处理投诉的关键着眼点是希望消费者再来，而不是我们吃了多少亏。

3. 补救怎样落地

（1）落地思考与策略

·企业、员工有没有承诺当产品或与消费者的互动出问题时会进行补救？

·我们向消费者证明自己价值的时刻，并不是事情进展顺利的时候，而是出错后能够立即解决问题的时候。

（2）培养员工认错道歉的能力

我们必须认清一个现实：餐饮员工的沟通能力是比较差的，尤其是在面对消费者质疑（投诉）的时候。所以，管理者要致力于提高员工认错道歉的能力。具体来说有两个要点：一是给员工讲清楚面对消费者的不满时认错道歉的必要性、重要性；二是给员工设计好认错道歉必需的态度和话术，要能让消费者真实地感觉到我们的重视。

（3）给员工授权

现场及时处理消费者的不满，需要适当地向员工授权，让员工随时根据现场情况立即处理令消费者不满的问题。尽管这样的授权可能会有一定的风险，但是我们要明白，对我们来说，更大的风险在于消费者的不满。

（4）培养员工及时发现不满的能力

要做好现场即时补救工作，就必须培养员工在现场发现消费者不满的能力。管理者应给员工罗列出可能代表消费者已有不满的微表情、微动作、微现象、"闲言碎语"的清单，告诉员工什么样的蛛丝马迹可能意味着消费者已产生不满了，比如，已催过两次菜了，一盘菜剩了一半，拿着筷子指点菜，皱眉了，多次叫服务员，等等。

（5）培养员工及时将消费者的不满进行上报的习惯

要告诉员工，发现了消费者的不满并及时做了处理还不够，还必须及时将这个过程上报给管理者，并由管理者到现场再次确认，彻底将不满消灭掉，这才是打造惊喜体验必须做的。

（6）全员树立快速解决问题的意识

无论何时出现问题，都要确定它，剥离它，然后修复它，以主人翁的姿态，在5分钟内尽全力解决它。大多数问题在早期很容易就能够得到解决，这样就能避免事态恶化，不让消费者失望。

（7）建立典型案例讲解制度

几乎每一天都会发生令消费者不满的事，管理者要充分利用例会、培训的机会，将典型案例发生了什么、危害是什么、错在哪里、该怎么办反复给员工讲解，帮助员工形成正确的工作意识并提高工作能力。

（8）不断优化处理投诉的 SOP

以季度为单位，不断复盘发生过的消费者不良体验案例及处理过程，总结经验教训，不断完善处理投诉的 SOP，预防不良体验的发生，尤其要制定合理、灵活的补救赔偿政策。

（9）树立"零缺陷"的理念

全员必须遵循质量第一的原则，第一次就把事情做对，尽量避免失误，消费者就能得到他们所预期的。否则，必会导致消费者不满。为此，管理者要不断用"零缺陷"的文化理念培育员工，使员工树立"零缺陷"的理念。

六、第五大原则："特种兵"——打造惊喜体验的基础

在打造惊喜体验时，我们经常会忽略企业员工的影响力，没有把他们摆在重要位置。但其实给消费者的惊喜体验是由优秀的企业文化和优秀的员工一同设计、实现和支撑的，正像我们前面早已说过的那样。如果企业不存在"内部大使"，那么要向消费者提供惊喜体验是不可能的。"特种兵"原则主要聚焦于企业在打造惊喜体验的过程中，考虑如何将员工放在核心位置，如何形成合适的企业文化、提高员工的敬业度，鼓励员工与企业合力打造惊喜体验。

惊喜体验的出现，离不开每个人、每个部门和整个企业共同提高对惊喜的预期标准。我们的研究揭示了一种存在于员工满意度和消费者满意度之间的直接的内在关联。事实上，在每个企业里更为开心、满足的"惊喜员工"会提供更好的产品，同时也更容易满足消费者的需求。所以，尽管我们把"特种兵"原则放在五大原则的最后，但实际上它是打造惊喜体验的基础。

我们将"特种兵"原则细分为三个具体的原则：企业文化、组织机制、投资。

（一）企业文化——标准、习惯、传统

"现代管理学之父"彼得·德鲁克曾说过："企业策略只是企业文化的早餐。"企业文化是重中之重，你必须不断将企业的目标、使命、价值观传递给那些天天面对消费者和带有品牌信息的人，这样才能创造、培养和保护企业文化。企业文化是企业的命脉，也是你不惜任何代价都必须培养、引导和保留的东西。

1. 核心价值

创造一种卓越的企业文化，关键在于建立不会偏离常规的核心价值——你的企业（团队）能给消费者提供什么样的核心价值，并且随着时间的推移，必须对企业文化加以塑造和完善。

对于任何一家餐饮企业来说，惊喜体验的前身一定是核心价值。我们认为，餐饮企业的核心价值至少包括四个标准：安全、好吃、尊重、效率。这四个标准的落地水平就是一家餐饮企业的形象，也是一家餐饮企业制定每项决策和执行每个行动的核心要素。

（1）安全

缺少安全，其他的一切就都失去了根基。餐饮企业可以提供最优质或性价比极高的美食，给消费者提供舒适的环境以及令人惊喜的服务。但如果因为某个成员或某个环节没有做好，致使消费者的安全受损，那么一切就都变得毫无意义了。一切事情都比不上消费者的安全和健康重要。

（2）好吃

消费者到餐饮企业消费的目的是品尝美食，好吃是必须的。所以，后厨的采购、验收、初加工、精加工、烹饪，前厅的传菜、推荐、吃法提醒等等，每一处都要表现优秀，否则你的工作就是无效的，也不值得消费者付钱。

（3）尊重

每一位消费者都希望从企业那里获得的两大体验是员工友善以及自己是受欢迎和被重视的。缺少友好、礼貌、善意、个性化服务、真正在意他人等基本因素，你就不会表现出基本的重视，而这是每一位消费者都期望、需要和值得拥有的。除此之外，尊重还包括确定合理的价格，因为性价比也是能让消费者感受到被尊重的要素。

（4）效率

消费者都是没有耐心的。所以，餐饮企业在培训员工的时候要让他们做两件基本的事

情：主动接触每一位消费者，让他们知道自己是重要的；尽可能将过程加快。

为了让企业获得成功，让每个员工保持专注，让企业文化能够真正落地，设立标准很有必要。餐饮企业为消费者做的一切事情（企业文化的层次）一定是经过企业制定的标准过滤后才展现出来的。所以，标准就是给员工一个理由——你为什么要这么做，而不是那么做。如果企业、管理者都持之以恒地关注标准及标准的落地，那么企业的习惯就会成为传统，这个时候企业文化才会真正落地。

2. 持续进步就是卓越

卓越并不是指做到完美，我们都知道这是不可能的。卓越是指每天都努力变得更好。这种追求在企业中是有感染力的，也是企业变得卓越的催化剂之一。

你无法保持一成不变，要不就进步，要不就停滞，然后衰败下去——原地踏步就意味着走向衰败。那些不断进步并稳步提升自己的人才是最成功的——持续进步就是卓越的代名词。

人们理应获得一种更好的体验。如果我们相信这一点，那么惊喜体验就有可能出现。餐饮行业的许多创新者一开始都会受到嘲笑，甚至会被贴上失败的标签。然而，如果没有他们的决心和远见，我们的行业就不会有持续的进步。

对卓越的渴望与追求是无价的。企业文化的本质其实就是对卓越的追求——确定和追求目标，并将对未来的期待不断变成现实。正如人体的大多数肌肉一样，如果你不坚持锻炼，它们就会萎缩。同理可知，如果你不锻炼自己的"卓越肌肉"，你就会丧失追求伟大梦想的能力，自然也就失去了将梦想变为现实的能力。

创新是持续进步的体现。许多餐饮人习惯于保守，不愿去做需要多花费时间才能做到的事情。其实，在餐饮行业，如果你愿意去创新或改善，哪怕是针对一些细节和小事，那么你就会发现，其实竞争没有那么激烈。那是因为不愿意停留在一般体验层级而选择谦逊又努力工作的餐饮人，每天都会这么做。

当然，有时候人们会把事情想得更困难或复杂一些。本书中提出了很多建议和事例。一些餐饮人可能觉得打造惊喜体验是遥不可及的，但事实并非如此。你当然不需要一下子就完全掌握五大原则，你只需挑出一些内容和原则为己所用，循序渐进，持续进步。通往卓越的路径是通过这种信仰被发现的，实现卓越是可能的，而且人们理应受到比现在更好的对待。接下来，这条路径又要与梦想、勇气和持续进步（创新）的意愿融合在一起，以及承诺去做许多餐饮人不会做的事情——去做难而正确的事。

3. 企业文化怎样落地

（1）落地思考与策略

·企业文化是否通过标准（SOP）转化为消费者的体验，从而变得越来越好？

·企业有没有明确对实现持续进步的承诺？这种承诺是否在五大原则中有所体现？

·在企业打造的品牌和惊喜体验的背后，是否存在一种明确的精神（你为什么这么做）？

·员工是否习惯于创新？

·员工可以回答的最有力的问题就是"为什么"。员工所做的一切事情都是以为什么做这件事为核心的。

·员工习惯于追求卓越，追求创新。

（2）每月验证

写下你觉得最能阐明你的企业的文化（品质或价值）并列成清单，然后每个月对不少于两位消费者——一位常客和一位新客进行一次调查，看看这两位消费者能否体验出类似你之前阐明的那些文化。如果不能，那你就要调整行动计划。

（3）制定落地标准

围绕安全、好吃、尊重、效率这四项标准，确定四条能代表你的企业的价值，按照1—10的打分等级定期评估你的企业（员工）匹配各项价值的有效程度。然后，针对必须改进的地方制订行动计划（SOP）。

（4）对照过去

在企业档案中搜索有关企业的创建及历史发展的材料和原则（宗旨），准备一些看板，贴上阐明企业传统的原始照片、视频、言论和其他说明性文字的复印件，并把它们放在员工能看到的地方。每个月（季度）问一次自己和团队："我们如何保持这些之前成就我们或正在成就我们的原则和特色？"

（5）建立卓越测量工具

我们在前四个原则中提供了许多落地方法，你应该从中根据自己企业（团队）的实际情况，建立企业的打造惊喜体验的卓越记录仪。在每个月、每个季度深度观察它们的进展情况，并用1—10的打分评估等级来判断卓越程度，形成制度性的对卓越水平的反馈。

（6）不断问为什么

回到基本中的基本。每个季度和团队复盘，集思广益，解决下面的问题：

·消费者为什么来本店消费？

- 我们为什么渴望为消费者打造惊喜体验？
- 我们为什么会出现这么多的失误？

（7）塑造模范

找出企业中的优秀分子、优秀事迹和创新亮点，给予相关人员正向激励，并让他们分享自己的心得、历程，以及优秀事迹与企业文化的关联之处，并把这件事形成制度。

（8）改变考核指标

在餐饮企业，只将业绩指标作为唯一或主要的考核目标是不明智的，也是不会有好结果的。我们在任何时候都要清楚地知道，我们的目标是成为被消费者记住的品牌，我们要带给消费者惊喜体验。利润只是消费者得到惊喜体验之余的打赏。为此，我们应考评如下内容：消费者的满意度，消费者投诉（差评），消费者进行推荐的意愿（好评），员工是否每次都能在第一时间解决消费者的问题，落地标准的水平，员工的满意度和敬业度，员工是否有很强的创新能力，等等。

考评业绩指标是必要的，但更应考评以上对消费者来说更重要的评估指标。

（二）组织机制——灵活与激励

无论你是老板还是员工，你都必须通过与他人的配合来实现目标。如果你有意追求惊喜体验，就一定要创建相应的组织机制来确保惊喜体验持续发生。

1. 打造最有利于提供惊喜体验的组织结构

餐饮企业变得更灵活、更能回应消费的需求，被视为一个日益重要的能体现竞争优势的资源。但是，谈论灵活是一回事，要真正变得更灵活又是另外一回事。灵活意味着要采用新的组织结构（组织机制）来担负起打造惊喜体验的责任。

有一家餐饮企业在这方面做出了大胆的尝试，并取得了积极的成果。在一次访谈中，该企业的创始人告诉我们：传统的餐饮企业把效益及其增长放在首位，然后再考虑其他；而他们企业把员工和企业文化放在首位，其他的再一一排序。他们企业的结构能够灵活地应对周围环境的变化，而且能让他们的消费者和员工成为品牌最大的支持者（"大使"）。他们把传统餐饮企业的组织机构（权力流程），即由总公司确定方向与标准，店面管理者负责监督标准落地，员工执行标准改为双轨制。即在传统权力流程的基础上，制定了优先权力流程。在这个权力流程中，最重要的是直接或间接与消费者联系的员工，他们被赋予首席体验官的头衔。他们的任务是将自己及消费者的真实体验记录下来，并向店面管理者汇报，由店面管理者汇总、分类、整理后再向公司报告。公司决策层优先考虑这些信息，并据此调整决策、标准，再按原来的权力流程执行。

这位创始人最后说，这些组织结构调整让员工们更加顺心地团结在一起，更加有责任心地以消费者的体验为中心开展日常工作，十分有利于惊喜体验的打造。

2. 团队协作

餐饮企业的管理、文化、组织、制度对员工有何影响？是促进了他们的工作，还是妨碍了他们的工作？如果将这个问题抛给大多数企业领导或店面管理者，他们的回答都会是"促进了工作"。但是事实不一定如此。

我们通过调研发现，78%的后厨员工认为前厅员工没有很好地配合自己的工作，86%的前厅员工认为后厨员工很难打交道，58%的员工认为管理层没有很好地助力自己的工作。所以，企业领导和店面管理者要努力研究他们该做什么、不该做什么，以使整个团队的协作更顺畅。

（1）招对人

我们研究了许多能给消费者提供惊喜体验的企业，发现有一条共性规律，就是他们十分重视招聘到合适的员工——他们有清晰的人才画像。这些企业在招聘员工时，首先考虑的是态度（价值观），然后再看对方的经历、知识结构、技能储备。一个好的管理者会教你技能，并且为你提供做好这份工作必备的知识，但是没人能改变你的个性。在美国职业篮球联赛（NBA）中，有一句流传已久的球探格言是这样说的："你无法训练球员的身高。"所以我们认为，要尽量招聘那些具有正确态度和期望的人，然后再教给他们相关的技能、知识和方法。如果这个人在进入企业前就表现出易怒、傲慢或消极的性格，那他或她在进入团队后，就很可能依然会有相应的表现。

在一线，我们经常看到一个用心良苦的管理者基于技能的考虑招聘了某个人，后来却发现这个人与整个团队的价值观格格不入，甚至不断破坏团队的协作。拥有良好态度（价值观）及性格的员工的重要性已无须多言，因为只有这样的人才能与每个团队成员融洽相处。（关于招对人的具体内容，可参考《餐饮店长打造最强团队技术手册》139—154页。）

（2）管理变激励

餐饮管理者面对员工时最常犯的错误是把管理等同于管控。我们认为，对物品、钱财的管理可以是管控，重点在于按规范管理；对人的管理应该是领导，即在激励的基础上进行约束（管控）。因为人是活的，是有思想的。管控只能约束人的表面行为，不能约束人的内心。所以对人的管理要重在激励,重在调动人的积极性。俗话说"得人才者得天下",怎样得人才?俗话又说"得人心者得人才",怎样得人心?善激励者得人心。

给消费者提供惊喜体验真正来自员工内心迫切的需求。通常员工也都想在工作中展示自己,把工作做好,得到消费者和上级的认可。他们想为自己做的事感到自豪,他们想运用自己的知识、创造力、想象力来完成他们引以为傲的工作。恰好,我们想要打造惊喜体验的企业文化(目标)其实是已经存在的,只要管理者顺其自然并不断激励员工就可以了。

所以,致力于打造惊喜体验的团队的管理者,要努力打造激励员工追求惊喜体验的组织机制。

3. 组织机制怎样落地

(1) 落地思考与策略

· 你的组织结构是不是足够灵活,可以快速应对变化的市场和消费者需求?

· 你的店面是否受到部门间各自为政的工作方式的困扰?你准备怎样通过组织机制的调整做出改变?

· 为了打造惊喜体验,你在招聘员工方面要注重什么?

· 你在激励员工方面准备做些什么?

· 灵活的组织结构才能促进惊喜体验的打造。

· 惊喜体验的打造需要合适的员工以及合适的激励机制。

(2) 查验组织结构的灵活性

企业领导要把组织结构有利于打造惊喜体验作为第一要务。企业的每位领导每周都要花时间下店,要花足够的时间在员工和消费者身上,进行细致的观察、调研,大家一起担责,从员工、消费者处了解真实的信息并集思广益,为惊喜体验的打造确定灵活的组织结构。

(3) 设计人才画像

通俗地讲,人才画像就是企业管理者把自己想招的人的特征像画家进行画像一样描述出来,这是招对人的重要环节。我们建议致力于打造惊喜体验的餐饮团队在人才画像方面应注意以下六点:

· 诚信:"诚"是指对别人有真诚之心、利他之心,"信"可以理解为不骗人。一个人如果不诚信,他的能力就犹如空中楼阁。

· 要强:是指员工要有自尊心,对未来要有想法,否则这可能是个只想着混日子的员工。

・喜欢餐饮行业：员工对餐饮行业要不排斥或有兴趣甚至是热爱。

・能吃苦：是指员工要有吃苦耐劳、勤恳务实的品质，同时抗压能力要强，要善于控制情绪，保持积极的心态。餐饮行业不适合懒人做。

注意：能吃苦是六点中最为重要的，具有"一票否决"的关键作用。

・开朗：是指员工要乐于与人沟通，善于与人相处，能够与消费者、同伴、上级和谐相处，建立良好的人际关系。

・潜力：是指员工是否愿意且善于学习新知识、新技能，是否有不断进行自我反省的能力。这是员工将来能否成为骨干的关键点。

当然，同时具备以上六点的餐饮员工少之又少。但是，企业管理者还是要有人才画像的意识——招人再难也得有标准，至少要知道招进来的人缺什么，以后怎么补。

（4）人才识别

企业经常遇到招错人的情况，所以面试工作必须做彻底，确认清楚。我们的建议是结合人才画像，利用面试检查确认表摸清应聘者的情况。（具体内容可参考《餐饮店长打造最强团队技术手册》一书151—154页。）

（5）前厅、后厨的团建机制

至少每季度一次（最好每月一次），把店面前厅、后厨的员工聚到一起，用各种形式让大家一同享受乐趣。工作可以很有趣，让每个人在工作之外享受美好时光和参加团建活动也是极为必要的。

（6）目标明确的正激励机制

确立以打造惊喜体验为目标的正激励机制是十分必要的。以月、季为单位，将发奖金、涨工资、表彰、表扬和晋升等激励方式组合起来，以打造惊喜体验的效果为靶向，建立、健全正激励机制，达到调动员工打造惊喜体验的积极性的目的。（具体内容可参考《餐饮店长打造最强团队技术手册》一书82—88页。）

（三）投资——帮助员工成长

你能为自己或他人做的最重要的事情之一就是对自己或他人进行投资。生命在于成长和进步，如果你没有帮助员工成长，就会给整个企业带来一种空虚感。

1. 投资员工

投资指的是你投入到员工身上的精力，给予员工的培养、爱、鼓励以及福利待遇等。

你的员工会以其被对待的方式来对待你的消费者，所以对员工的投资和对消费者的投资一定要对等。作为餐饮管理者，你的首要目标是提升自己和他人，而通过在时间、思想、知识、技能、待遇等方面的不断投资，你就能实现这一目标。

近年来，我们一直致力于对员工投资及回报率方面的研究。我们发现，只有20%的投资人（总经理）会重视他们在领导力发展项目以及在持续提高企业绩效和留住员工上的投资。如果你有意并致力于投资你的员工，而且一直这么做，那你一定会看到回报。你必须日复一日地坚持做基本正确的事，并且有意衡量结果。励志学专家厄尔·南丁格尔曾说过，如果你每天拿出一小时的时间研究一个话题，天天如此，那么五年后你就会像这个领域的任何一个专家一样博学多才。他表达的是一贯性和意图性会带来成功的理念。那些重视投资员工的餐饮企业致力于培养专家和"内部大使"，这种投资自然就会产生更棒的内部和外部体验，并且体现在企业的发展中。

关于投资员工，我们想要强调这样一个概念："利他才是利己。"这意味着你要将对自己和企业进行投资作为你的座右铭，然后落实到那些服务于企业和消费者的人身上。人生不仅在于你得到了什么，而且在于你付出的东西让你获得了成功。那些能持续快乐、成功的人就是投资别人，帮助他们获得成功的人。所以，我们认为花在员工身上的钱不是成本，而应该看作投资。

2. 持续培训

我们发现那些长青的餐饮企业之所以能成功的原因之一，就是他们做到了投资员工的承诺，持续不断地对员工进行培训。有一位总经理曾对我说："要想给消费者提供惊喜体验，就必须持续培训员工，让员工准备好，并成为'代言大使'。"培训是餐饮企业所能采用的最具意图性的方式之一。它能让企业树立期望，同时也能创建一种模型，让企业了解应该从每个员工身上看到的东西。没有培训，企业将无法保持持续和有效。

对餐饮员工的培训有三个要点：

第一，对每个员工灌输品牌的初心、历史、文化及价值观，让员工明确方向，并对相关专业知识、技能充满渴望感。

第二，每个员工都需要知道他们的工作是如何直接与消费者的惊喜体验挂钩的。他们需要专业知识和技能，以便更好地把这些点串联起来，并让消费者体验到。

第三，员工要高强度地反复练习、使用知识与技能，并接受测试及实战考评，检验他们是否清楚自己的职责。

无论是一线员工还是管理者，都必须不断学习，因为没有人优秀到能够完全凭借一己之力做到全部。学习会给予我们帮助，告诉我们什么是对的、什么是不对的。在前进的道路上，每个人都需要向导和导师。他们会充当教练的角色，为我们制定方针、设立界限，让我们保持专注并确定方向。真正擅长提供惊喜体验的餐饮人，就是在学习过程中获得真知的人。那些半途而废者，都是因为傲慢而放弃了持续学习的人。

3. 发展

一切成长都来自不满和渴望。如果你满足于现状，你就永远找不到改变的理由。致力于提供惊喜体验的餐饮领导者，一定要有改变、发展的热情。如果对未来没有激情，惊喜体验就不可能持续发生。

其实每个人都具备巨大的潜能，你和你的员工首先要做的就是找出那股隐藏的力量，然后把它展示出来。但是，只有先慎重地做出决定，即在企业内部培养人才、技能和优秀特质，你才能够将它发挥出来。

要想把员工培养成"代言大使"，管理者和员工都要努力，仅靠员工自己的能力是远远不够的。这件事需要双方协作，共同努力。多年来我们发现，那些餐饮行业中从"新兵到将军"的成功人士，在其职业生涯中都有三个重要的特点：

- 有热情：你喜欢做什么，什么能让你早起，什么让你觉得开心。
- 有目的：你想成为什么样的人，你追求什么样的成功。
- 追求待遇：你想达到什么样的生活水平。

我们发现，对应这三个特点，成功的餐饮企业都做好了三件事：

- 让员工成长：给予员工能让他们成长的机会。
- 给员工认可：让员工感到自己是被欣赏的。
- 信任员工：让员工相信自己的前景是光明的。

其实，成长、认可、信任就是员工发展的本质。餐饮企业在员工成长、认可、信任三方面做出具体的认知改变与行为改变，必会得到更大的回报——企业对待员工的方式会直接影响员工对待消费者的方式。让员工惊喜于自己的发展，确实能提高员工的敬业度，也会给企业带来更高的经济效益。

现在的餐饮企业面临的最大问题是，大多数管理者只是任务、SOP 的制定者及监督者，而不是员工的领导者。我们的忠告是，不要总是看数据、查标准，要多花点时间考虑员工的成长与发展——你为员工提供的发展体验和环境直接关系到他们为顾客提供的体验。如果你真的渴望为消费者打造惊喜体验，那就从那些最重要的人——你的员工（"内部大使"）着手，对他们进行投资，聆听他们的心声，让他们做好准备，并信任、鼓励、激励、认可他们，这样你就可以做到很多人认为不可能做到的事，你就会打造出惊喜体验。

4. 投资怎样落地

（1）落地思考与策略

· 员工觉得他们在个人待遇和职业发展上获得培养、投资的程度如何？

· 企业是否重视给员工提供合适的培训？

· 企业是否有合适的机制帮助员工发展？

· 在员工的待遇及综合能力上投资，必会获得令人惊喜的回报。

· 培训的本质是描绘出企业将要提供的某种体验背后的蓝图，它也是通往你最终要提供给消费者的卓越层次的路线图。

· 员工从发展中获得成就感，这是成熟企业的标志。

（2）高收入与高要求

我们发现，能持续给消费者提供惊喜体验的餐饮企业都做到了给员工高收入的同时对员工有高要求。给消费者提供惊喜体验需要员工付出格外的努力，当然就需要给予员工高收入、好福利。所以，打造惊喜体验请从提高员工的待遇及对员工的要求入手。

现实是，当下的大多数餐饮企业给员工的待遇太低了——在各行各业中，餐饮员工的综合待遇是偏低的。在如此现状下，我们又怎么可能给消费者提供持续的惊喜体验呢？

（3）做好团校建设

每个店面、每家企业都应建设自己的团校——即团队培训学校。（关于餐饮团校的原理、运行方法详见《餐饮店长打造最强团队技术手册》155—165页。）

（4）设计制作鼓励员工发展的待办清单，如表4-3所示：

表4-3 鼓励员工发展的待办清单

待办清单	现实状况
· 双向沟通，相互倾听，相互回应，并协同行动 · 对出色工作的认可 · 允许员工参与企业的决策 · 鼓舞员工的士气 · 帮助员工成长，引导员工成为主管、经理等 · 提高员工的综合待遇 · 友好互助的团队成员	

每月比对这张清单,看看你的企业做得如何。

(5)尽量做到内部提拔

许多餐饮企业喜欢招聘"空降兵"来满足对人才的渴望。我们认为,应更重视内部员工培养、试用、提拔机制的打造。原因有三:一是内部提拔的人才更了解、适应企业的价值观,有利于企业发展的连贯性;二是内部提拔能使团队员工看到希望与未来,有利于团队内部的团结与稳定;三是内部提拔能充分调动所提拔员工的积极性、创造性,有利于提高团队的工作效率。

所以,餐饮企业应重视打造内部提拔的文化和机制。

第五章
点爆口碑——画龙点睛的一笔

前面讲了餐饮极致口碑营销三大步骤中的前两步——洞察痛点和惊喜体验，这只是提供了打造极致口碑的"炮弹"。接下来我们讲一下画龙点睛的一笔，即如何发射"炮弹"——点爆口碑。

一、点爆口碑的概念——赢得美言谈论

（一）点爆口碑是什么——B to C to C

我们在前面讲了口碑的基本概念，本章我们从点爆口碑的角度更深入地谈一谈口碑。

消费者习惯并喜欢交谈，这是消费者的天性。他们谈论各类产品和体验，谈论火锅、串串、炒菜、环境、健康、价格、活动等等。

他们对你评头论足，可能会把严厉指责上传到大众点评上，在那儿有大量的消费者在决定是否来消费之前会看到那番批评。

他们也有可能会大讲你的好话，例如：他们是多么喜欢你们店的做法；他们建议大家一定要来试一试；你们店确实比别家店更好的原因何在；到你们店体验是多么美好的事情。或许他们会将这些对你们店的赞美之词讲给亲友听，或者在大众点评、微信、抖音、微博、小红书等平台上给你们店好评，使更多的人读到这些美言，并决定到你们店来消费。当然，这是你乐于看到的，而且，实际上这并不难办到。

点爆口碑，就是要赢得这样的美言谈论。

你做的无论是快餐、高档商务餐、婚宴、火锅还是中餐等等，都无关紧要，关键在于

大家在决定消费之前会询问别人对你的企业的看法，可以向他们信任的人求教，也可以向网上大量的陌生人求教，不仅是依从广告，不仅是靠企业的促销活动刺激。

那么什么是点爆口碑？在本书中，我们给出的定义是：给消费者一个谈论你的话头，并使此类谈论更易于发生。

传统的餐饮营销，简单地说是企业对消费者营销（B to C）或者企业对企业营销（B to B）。而点爆口碑，则是企业对消费者，消费者再对消费者的营销（B to C to C），即口碑本身的影响源于消费者对消费者（C to C）的议论，再加上企业（B）的参与和推动，就成了餐饮企业的点爆口碑。

作为餐饮企业，点爆口碑是为了提供值得议论的观点（惊喜体验），让消费者议论并推波助澜。

口碑之说由来已久，当下的新颖之处在于运用口碑来做营销。口碑来自现实生活中人与人之间的自然交谈。点爆口碑，就是利用此类谈论做点工作，让人们谈论自己的餐饮店或餐饮产品。口碑来自真实的消费者之间的交谈，点爆口碑则是企业加入交谈，参与进去——但绝不能以任何方式的操纵、使用虚假身份、破坏作为点爆口碑的基础。

切记：点爆口碑的底线是诚实，诚实之上才有口碑及其传播。好口碑代表着消费者的向往，坏口碑代表着消费者的厌恶。人们永远厌恶虚假！

点爆口碑不仅仅是传统意义上的营销——或者根本就不是传统意义上的营销。在许多情况下，点爆口碑实际上是出色的消费者体验，是带给消费者的满意和惊喜，使大家都想对朋友谈论你的企业，忍不住在网上分享你的企业的好。你提供了了不起的产品和体验，消费者忍不住要向别人炫耀一番。

这就是所谓源于餐饮企业内在特质的口碑，即由于一家餐饮企业真正的出类拔萃而自然而然传播开来的口碑。有的专家主张这是唯一规范的形成口碑的形式。而与之对立的形式，就是被另外一些专家称为"人为炒作放大的口碑"，即不断人为地组织一场又一场活动（广告）以引发消费者的议论的口碑。我的观点是，以基于企业内在特质的口碑为主，以企业人为参与、放大的口碑传播为辅。

我赞同这样的观点：交口称赞是消费者对赢得自己尊敬的餐饮企业的奖励。品质与体验首屈一指，人见人爱，消费者忍不住要谈论你的企业，这是最佳的口碑形式。消费者以基于真实的惊喜体验来支持他们喜欢的餐饮企业，这是再好不过的事情。

可以确认的一点是，在餐饮行业，最佳的口碑产生于杰出的消费者体验，这也是我们前面用较大篇幅讲解洞察痛点、惊喜体验的原因。

近年来,我跟踪调研一些生意持续火的餐饮企业,发现它们有一个共性:它们有投入广告、进行促销活动的经费,却将更多的资源投入到了消费者体验痛点调研和消费者惊喜体验打造上。这些餐饮企业对消费者有求必应,对消费者的理解、关怀可谓无微不至。在他们的企业消费,会感受到意料之外的称心如意。

传统的餐饮营销方式不再稳操胜券了。你可能还是习惯于老派的做法,但是那种 B to C 式的做法,对于越来越多的餐饮企业而言,实际效果在逐渐减弱。现在需要做的是,集中精力让消费者惊喜,赢得他们的信任和赞誉,被他们谈论和记住。

(二)点爆口碑——四个基础法则

第一个法则:与众不同。

今后,平庸的餐饮企业,平庸的菜品、服务、环境,平庸的广告,雷同的促销活动,无人会谈论它们。所以如果希望别人谈论自己,首先必须出奇制胜,在哪方面都行。乏味无趣的东西根本不会出现于人们的交谈中,口碑将变得灰头土脸或消失殆尽。所以我们在前面的内容中不断提到要做到第一或唯一。

在做广告之前,在推出新菜品之前,在装修新店之前,都应该提出并回答一个问题:有人会将此事转告给别人吗?

我十分佩服湖南厨师的想象力和手艺。比如,在许多湖南菜馆都有一道叫醋蒸鸡的菜,用蒸的技法把鸡做得鲜嫩无比,再加上酸辣的口味,令人叫绝。我把这道菜推荐给西安的很多朋友,大家都觉得好吃。

一定要给予消费者谈论你的话头。在花钱投放广告之前,请先想一想这要花多少钱。想一想,自己一眼扫过几十个广告,全不在意,其他人也是这样。少做广告,除非它确实能引发人们的谈论——好的传播通常发生于体验之中、之后。

第二个法则:便于传播。

口碑需要被一路推动,才能传播开来。餐饮企业需要做的事情有两件:一是找出超简明的亮点信息(与众不同的信息);二是帮助人们扩散它。

传播开始于一个大家都能记住的话题,如"这家店门口天天排长队""这家店的桑拿鸡绝了""这家店适合拍照"等等。任何长于一句话的话题都太长了,容易被人忘掉或搞混。

一旦找到有趣的口碑点子（亮点信息），就要设计出种种办法，使之易于扩散。比如，在店内凸显亮点、惊喜点；在线上主动宣扬亮点、惊喜点；投入广告推广亮点、惊喜点。

第三个法则：令人惊喜。

感到称心如意外加惊喜的消费者是最好的广告商。餐饮企业的任务不是赚取利润，而是使消费者惊喜。所以，要提供优秀的出品和卓越的服务，要有性价比，要助人为乐，要提供惊喜体验，要为消费者解决实际问题。餐饮人做的工作，一定要使消费者受到鼓舞，感到兴奋，并急于告诉别人。

有人喜欢你，或者喜欢你的某些方面，他们就会将你的情况告诉朋友，或者在网上分享自己的体验。他们愿意帮助你，支持你的生意，当你的推广大使。令人惊喜是争取好口碑的最佳途径，胜于你能做的其他任何事情。如果你没有好口碑传播时，首先要反思的就是你有没有做到令人惊喜。

有一次，我和妻子去太原旅游，在大众点评上搜了一家评论数多、评分高的中餐店吃饭。当我点到第三道菜时，服务员提醒我："大哥，我们店的菜量挺大的，您二位点两道菜就可以了。如果不够可以随时加，我们的出菜速度很快。"这让我很意外，因为我早已习惯了餐厅服务员的推销，而这位服务员完全是在帮消费者省钱。更令我惊喜的是，我点了这家店（这是一家在大众点评上人均消费 60 元的大众餐饮店）最贵的一道菜，138 元的鲍鱼仔红烧肉，味道不错，就是略咸了。我跟妻子说了一句："这道菜有些咸了。"没想到路过的服务员听到了，停下脚步，对我说："大哥，这道菜咸了可以退，也可以换。"我一下愣住了。说实话，我压根就没想过退菜。我对服务员说："谢谢了，不用退了。"买单时，让我意外的是，鲍鱼仔红烧肉居然没有收钱。店长对我说："您不满意的菜，我们不收钱。另外，为了表达我们的歉意，我们送您一份伴手礼，两小瓶我们山西产的特色醋。"

出门时，我发现这家店门口候餐的客人开始排队了，而两边的店内却没有几桌客人。这家店的确令我们惊喜，令我们尊敬。作为回报，我们向当地的朋友热情地推荐了这家店，还在大众点评上给了这家店 5 星好评。

第四个法则：赢得信任和尊敬。

没有尊敬就没有好评。对自己不信任或不喜欢的餐饮企业，没人会说好话，没人会把一家让他在朋友面前感到不好意思的餐饮企业挂在嘴边。永远要做体面正派的餐饮企业，要将消费者体验和职业道德贯穿于一切业务活动之中，要善待消费者和员工，要与他们沟通，要尽全力满足他们的需要，要解决他们的痛点，要不断给他们制造惊喜。要让人们在向熟人谈起你的企业的故事时感到骄傲。

（三）消费者谈论你的三大理由——体验、谈论者、群体性

只有真正了解消费者谈论某餐饮企业（产品）的动机何在，才能做好点爆口碑的工作。人们喜欢相互交谈，交流各自的看法，有相当一部分人习惯于在线上社交平台向陌生人分享自己的体验，这是消费者的天性和权利。

有三个基本动机推动着消费者的口碑交谈，见表5-1：

表5-1 消费者谈论你的三大理由

体验	谈论者	群体性
这一层面是关于你给消费者的体验（痛点和惊喜）的	这一层面是关于谈论者（消费者）的——要让他们感觉良好	这一层面是关于群体的——相互联系在一起的感情，如社交群、粉丝群
·他们喜欢你的店，你解决了他们的痛点，并带给他们惊喜 ·他们讨厌你 ·你已给了他们谈论的话题 ·你已做了相关工作，使他们谈论起来更加方便	·他们觉得自己很聪明 ·他们觉得自己很重要 ·他们希望通过分享帮助别人 ·他们希望表达自己的看法	·自己是企业的粉丝 ·自己是某一话题的圈内之人 ·自己是团队的一分子 ·自己的评论得到认真回应

第一个理由：你解决了消费者的痛点并打造出惊喜体验。

消费者谈论你，是因为你做的事（产品）是他们愿意谈论的。他们欣赏你带给他们的体验，你做的事情有让他们感兴趣的地方。

这就是说，要给消费者一个谈论你的话头。你越是与众不同、妙趣横生，谈论者就越愿意谈论你。消费者喜欢你或讨厌你或对你漠不关心，都不是无缘无故的。要点是，必须激发出消费者（粉丝）的热情，他们才会谈论你的企业。如果他们从你那里得到了自己喜欢的体验，那么你就有了点爆口碑的基础。如果你做了某些事令他们讨厌或无视你，那么你就别妄想点爆好口碑。

消费者的痛点被及时找出，企业及时且有针对性地打造出惊喜体验，体验的谈论价值就高，就能获得更好的口碑。好体验被谈论得越多，就越容易成为交谈的话题。这样才会因大量的好口碑而转化成真正的曝光量、转化率、复购率、转介绍，才是真正的高效率。

体验的谈论价值高，并不一定必须是复杂和昂贵的东西。给予消费者一些可供谈论的

东西,意味着要创造性地展示你的亮点,关键是要让消费者看到、听到、明显体验到你的好,而且要不断提出新的话题,打造出新的体验。即使是你的骨灰级粉丝,也需要有新的东西,他们的兴趣才能持续保持和发展。没有新的吸引力,就不会有交谈、传播。而只要你给出惊喜,给出新鲜的体验感,粉丝们就会为之疯狂。

第二个理由:谈论者——分享使他们感觉良好。

口碑经常源于情感,而情感则来自体验与交流。人们总是在个人情感的驱使下进行交流,而推动人们分享、交谈的情感并不复杂。

· 谈论者希望表现出聪明。

许多人对于在自己最擅长的领域被人当作专家感到开心,尤其是在餐饮消费方面。我们经常能给别人去哪儿消费的建议,显得自己社交能力强,见多识广。有的消费者在这方面确实很强,大家都愿意向他们征询意见;他们也乐此不疲,愿意将自己的看法告诉大家。

有了大众点评、抖音、小红书等,这件事情就发展到了全新的状况。人们可以在线上炫耀自己的见识,或者发表好评、差评。通过不断地积累,有的消费者逐渐成为有影响力的"大V",他们以专家的面貌出现在世人面前。

餐饮企业要帮助这些人表现得更为聪明,要多与他们交流信息,交流得越多越好,他们会因此而喜欢你的。

· 谈论者希望帮助他人。

渴望被看作有专长的人,经常具备更高层次的动机:帮助他人。有些人天生就是热心肠,希望别人也能享受到他们的好体验,看到别人"误入歧途"就如鲠在喉,不吐不快。

· 谈论者希望受到重视。

有些消费者喜欢发议论(评论),是因为他们的议论(评论)会受到重视,他们对当专家乐在其中。人们附议(点赞)得越多,他们就越感到受重视。以权威人士的面貌出现,那种感觉妙不可言。

要想方设法识别出这些消费者,给予他们更高的地位。简而言之,就是重视并感谢他们,要主动征求他们的意见——给他们能让他们感觉自己很重要的待遇。比如,主动邀请他们做企业内部菜品比赛的评委;主动邀请他们品鉴新菜;为他们的好评点赞,并转发他们的好评;给他们VIP的待遇;等等。

第三个理由:群体性——相互联系在一起的感情。

人都需要归属感，都渴望成为一个群体或组织的成员——都渴望与别人建立关联。

谈论餐饮消费体验，是建立人际关系的途径之一。谁家的什么菜品好吃、谁家的菜品性价比高、谁家的服务感人等等，都是能够表明"我们是谁"的要素。

在趣味相投的群体中共享信息、激动和兴奋，会有一种找到知音的开心，在感情上得到满足。那些喜欢同一球队、同一歌星、同一品牌汽车、同一类美食的人，有共同的纽带。由热心者群体所产生的热情，很容易产生口碑。

若要这个动机发挥作用，就要充分利用点爆口碑的技术。必须使这些人自我感觉与众不同，就像一家人，具有某些共同的利害关系和好恶。

（四）点爆口碑不容欺骗——欺骗是口碑的杀手

我要特别强调：用钱买口碑、虚假陈述、马甲伪装等欺骗欺诈行为，以及任何试图操纵消费者或控制口碑交流的行为，都属于道德败坏，也是不可能长期得逞的，因为在智能互联网时代，真实是生存的底层逻辑。

所以，诚实的极致口碑营销者现在不这么做，将来也不会这么做。不诚实的营销者要是这么做的话，迟早会被抓住。肮脏的行为总会被曝光，受到公众的谴责。

诚实的极致口碑营销者，反对一切形式的暗中操作和欺骗行为。我们提倡点爆口碑要倾听消费者的声音，向他们表达善意。而暗中操作的营销是在骗人。向消费者撒谎，不可能真正赢得持续的消费者，这是餐饮人的大忌。

你必须确信，那种进行暗中操作和欺骗的口碑营销一定会暴露。如今的消费者非常精明，他们能够独立思考，靠自己的体验、资讯和资源识破你的谎言，并且会广而告之。如今的消费者"当权"了，他们发出的声音影响极大，能够使不诚实的餐饮企业付出惨重的代价。

杀手一：用钱买口碑。

将喜爱和金钱混为一谈，是一个坏主意，是急功近利的典型特征。对消费者进行物质刺激以换取餐饮企业的口碑，通常是错误的。原因是他们拿了好处，这么做会显得有些不干不净。有些东西是不能拿来卖的，比如友谊以及推荐。这也是人类文明进步的必然要求。

消费者帮你传播口碑，是因为他们爱你，或者是因为这样做感觉很好。如果你给他们物质奖励，就有点尴尬和令人不信任了。

推介你的消费者会这样想："如果我的朋友发现我做这件事是拿了好处的，他们也许就不会相信我了。既然如此，我还是别做这件事了。"

雪上加霜的是，物质奖励反而会产生负面的影响。你为这件事付了钱，有的消费者肯定会说："这家店肯定不怎么样，所以他们才需要掏钱换好评。""这家店的好评都是花钱买来的。"

产生口碑最强有力的动机，还有这种动机带来的对你的品牌的亲和力，绝不能被愚弄和玷污。向忠诚的谈论者付钱会让对方感到羞耻。

细想之下，这些理念无疑是正确的，适用于极致口碑营销的全过程。不过你很快就会发现，这与一些传统营销教给我们的做法是不同的。许多餐饮企业会奖励向朋友（或在大众点评上）推荐自己的消费者，而每当我听到这类推荐时，我总是会暗暗嘀咕："好啊，你收了好处，我得到了你的不实推荐。"这使得朋友之间的关系变了味，甚至会逐渐破坏彼此的信任。

餐饮企业完全可以根据自身情况给予消费者优惠或赠品。但这些不应与买口碑联系在一起。真实是获得好口碑的基础。

杀手二：过度炒作曝光。

过度炒作曝光会杀死餐饮企业的口碑，这是一个教训。因为餐饮企业的口碑有一个明显却经常被忽视的特征：它是被新鲜事物激发起来的，也要靠新鲜事物维持下去。要知道，餐饮是一种天天被体验、反复被体验的行业。在餐饮行业，"新、奇、特"是灵魂，所以我们反复强调，要做到第一或唯一，不断给消费者打造惊喜体验是点爆口碑的基础。

一家餐饮企业不能过度地就一个亮点反复炒作曝光，因为没有人会就一个大家都知道的话题反复谈论。所以我们要不断创新。

杀手三：虚假。

点爆口碑只有在人们互相信任，真诚交流自己喜欢什么和不喜欢什么时才能见效。不能伪造口碑，一旦失去了信任，口碑就一文不值。餐饮企业可能会在短时间内欺骗一部分消费者，但是消费者最终会发现你在骗人。于是你将陷入难堪、四面树敌、日落西山的局面。比如，假如一家餐饮企业在大众点评上搞出了内容虚假的评论，它也许会引起消费者的注意。但是，不管造假的本事有多高，火眼金睛的大众点评网络管理人员都会识别出虚假的评论，并对企业做出处罚。他们的工作职责就是保证自己管理的评论是干净的和可信的。如果他们不能禁止那类行为，消费者就不会信任大众点评了。所以他们肯定会对此十分重视。

从更大的范围来看，如果一家餐饮企业习惯于制造虚假的评论，就肯定会被发现。之后，原本期望的正面口碑就会变成负面的。

作为餐饮企业，当然可以在线上线下传播自己的亮点，参与到点爆口碑的工作中，但是必须以正确的方式去做。欺骗地参与和诚实地参与，两者的区别在于是否透明。

所谓透明，就是鼓励真实评价并勇于面对消费者的真实评价。保持透明，如果做得恰当，好处很多。真正聪明的餐饮人都明白，透明会使信息发挥的作用更大，因为它使信息更为可信。真正的口碑是真实的交流，应该始终保持真诚，这是点爆口碑的正确思路，也是最为有效的做法。

美国口碑营销协会提出过一个简单的理念——真实"ROI"，即口碑营销道德三准则：

"R"，真实的关系——表明自己为谁代言。

"O"，真实的观点——只表达自己真正相信的观点。

"I"，真实的身份——绝不隐瞒自己是谁，绝不雇佣水军。

我建议餐饮企业对每个口碑营销计划都用这几个简单的准则进行检验——遵循这些准则，就能远离麻烦。还有一点也很重要：必须让为自己传播口碑的粉丝、员工、"大使"和代理机构都知道这些准则，并且大家共同遵守。餐饮企业要守住底线，绝不能逾越。

比如，有一家餐饮企业为自己的点爆口碑工作设定了如下四条"真诚点爆口碑原则"。

- 口碑不能隐身图之：要与消费者和社会进行公开和诚实的交流。
- 虚假的口碑不会发挥作用：事情会败露，一旦曝光，强烈的反应将摧毁企业的信誉。
- 反对一切欺骗行为：用真诚的口碑维护可信度，为了你自己（作为企业人），也为了你的家庭（作为消费者）。
- 切实遵循真实"ROI"准则。

同时，这家企业还制作了点爆口碑的道德清单，要求各级工作人员在制定点爆口碑的营销方案时，对以下问题做出回答，而且特别强调，假如工作人员认为方案中的某些内容并非百分之百符合道德清单的要求，那么就别做！——在道德问题上没有灰色地带。

道德清单如下：

第一，是否禁止和杜绝了雇佣水军说假话？

第二，提供给"大使"、消费者和媒体的所有资料都是真实和真诚的吗？表述是否全都准确无误？

第三,是否坚持做到了绝不利用给予酬金、物质刺激来操纵好评?

第四,企业内部人员发表好评,是否都披露了真实身份?

第五,是否严禁使用赤裸裸的欺诈手段故意误导消费者,如扮成消费者?

第六,是否严格遵守了所使用媒体(平台)的有关规则,比如大众点评的有关规则?

第七,对合作的传播代理商的道德操守和行为准则是否积极地进行了指导?

第八,是否知道必须用真实、真诚来面对不利于自己的评价?

二、点爆口碑落地的六大理念——不折不扣地遵循

简单地说,点爆口碑=消费者对消费者的影响+企业参与推动。

点爆口碑,阐明的是一种新的营销理念,事关真诚相待和真心喜爱,事关令消费者满意和惊喜。事实上,餐饮企业一旦赢得了消费者的赞誉和推荐,剩下的事情他们就会替你做——你待人和善,他们就会替你做免费的营销。消费者信任你,记住了你,愿意说你的好话,那么只需启发他们,他们就会把更多的朋友(认识或不认识的)带来消费。

还有别的选择吗?有。令消费者厌烦,你就不得不花费更多的资金重新吸引他们;惹消费者生气,消费者就会带着朋友离你而去。惹恼消费者的代价就是花大价钱去做广告,去做大力度的促销活动,而且未必有持续的效果。

不是别人不知道你,而是你没有好到让我体验之后迫不及待地想对我的朋友说你的好。如果消费者不想谈论你的店,那你就不得不付钱给媒体,请他们来谈论。铺天盖地的广告、促销活动及越来越贵的线上流量成本,大概都缘于此。

点爆口碑并非推销,而是要使你的企业值得被大家讨论。值得被讨论才能得到线上线下的传播。

怎样才能被消费者讨论呢?首先,要遵循使点爆口碑落地的六大理念。

(一)消费者主宰一切——对此只能认同

现在你很清楚,消费者已经在谈论你或者马上就要开始谈论你。那么,你是介入他们的交谈,还是置身事外(只盯业绩),任其发生和发展呢?

从今以后,如果没有消费者的好体验,请不要再做出投放广告(活动)的决定了。现在信息已经不再被广告代理商、"大V"、媒体管理者所操控。具有真实沟通能力的真实消

费者发出了自己的声音，其声音之响亮逐渐盖过了媒体，甚至媒体只是供人们发声的平台而已。最终，消费者的意见会比任何广告都更具影响力。

在餐饮行业，意见领袖（"大V"）的影响力是巨大的。随着时间的推移，消费者还是会留心意见领袖的声音。但是，在意见领袖发表的视频、图片、文字的下面，有了更多普通大众的声音。其实，众多普通消费者发表的没有经过专业编辑的评论、分享所吸引的眼球远多于意见领袖，这是大势所趋——消费者对于口碑的影响力超过了"大V"及广告、媒体。

力量对比的天平已向消费者倾斜，其源头始于现实生活中的几个新的现象：大量消费者开始参与口碑评论并习惯于发声；消费者的意见更易于广泛传播；消费者更相信与自己一样的消费者的声音。

1. 消费者参与——更多人习惯于发表评论

自从滴滴打车第一次邀请你写评论、打分，淘宝、京东第一次请你为卖家打分，大众点评请你为餐饮商家打分、评论，消费者就形成了一个"家里蹲"评论社区。

人们的意见交流，从朋友间私人琐事的谈论逐渐发展为社会文化的固有组成部分。口碑固然是自古已有的，但是现如今却成为人们日常生活方式中的积极要素。比如，成百上千的消费者在大众点评上发表评论，还有更多的人查看评论。大众点评对于餐饮消费者和餐饮企业最有价值之处是，形成了一个规模巨大、范围极广和永久记录的口碑平台。

当然，还有许多口碑传播发生于线下，而且无时不有。我们在进行餐饮消费之前，常会向朋友或家人说说自己的打算，征求一下他们的意见。

2. 听取和自己一样的人的意见

如今，无人不评论，一切均有人评论，这是事实。然而情况远不止于此。消费者不再像以前那样迷信媒体和意见领袖，更愿意听取认识或不认识的朋友的意见——上百万人成天在各类App上谈论他们喜欢什么，讨厌什么。

我们这两年调研过许多餐饮消费者，被问及他们向谁咨询关于餐饮消费的意见时，他们异口同声地回答："和我一样的人。"

最被信任的意见来自和自己一样的人，而非其他渠道。其实我们更愿意听取真实生活中的人的意见。于是我们不禁要问：除了付钱做广告之外，我们餐饮人是否应该更重视消费者的真实声音？

这种对真实人物的信赖，是时代发展所致，是由诸多负责任的网站营造出来的。比如，有的网站请网民们给评论者打分，这个就是口碑的口碑。

在网上，有和普通消费者一样的人的大量看法，我们不认识发帖评论的人，但是我们可以得知大多数人持何种意见。100条差评不容忽视，500条好评应该能表明事情进行得相当顺利。即使某些专家的意见的分量超过非专业人士，那也不能无视如潮水般涌来的压倒性的普通消费者的批评或表扬。

此外，几乎所有发表消费者意见的网站都提供资料分析和情况综述。在查看具体的商家介绍之前，消费者就能得知企业获得了多少条评论和几星好评。

餐饮人绝不能无视这一事实："和我一样的人"到处都有，他们随时在交流；而且更为重要的是，"和我一样的人"的声音汇聚起来，可以传遍天下。

3. 媒体和口碑结为一体

以往，餐饮企业总是由专业人士来设计制作宣传内容，再由各种媒体传播。如今，餐饮企业的新闻（信息）是按搜索引擎和网站提供的"菜单"点出来的。消费者看到的并不是"故事"的原始模样，而往往只是一个个中间链接（消费者自己的认知）。你随机进入某人的笔记、评论，如果他分享的内容与你搜索的东西有关联，其中又有你从未听说过的一些事，你就可能对其发表评论或进行转发。于是互联网上就出现了粗糙的、未经加工的消费者意见，搜索引擎将消费者的分享信息组合成大杂烩。

甚至各种专家、意见领袖的专业文章（评论）也不能免于读者的"侵扰式评论"。比如，有的专业文章本来是替餐饮企业说好话，但文章下面的评论却惨不忍睹。

对于一些只重视自嗨式宣传、金玉其外的餐饮企业来说，花了大笔资金用于宣传，如果消费者的口碑不好，现实的负面评论的效果将压倒任何付费的广告。

眼下，消费者个体的声音不断发展壮大——人民群众的力量永远是无穷的。而且，由于获取信息更加便利、快捷、无成本，此种声音传播得更快，媒体只是消费者的声音的传播工具。

必须适应这个复杂多样的社会，学会与消费者共事，学会尊重消费者的口碑，学会加入消费者的交流，学会将媒体与口碑结为一体。

餐饮人需要明白的是，消费者在谈论你，而且人数很多，无处不在。对这些口碑谈论不加重视的餐饮人，会被消费者看作是冷漠、迟钝的，因而不会受到"重用"。那些懂得如何与消费者打交道、如何加入交谈、如何积极推动交谈的餐饮人，前途则非常远大。

不要犯傻了，现在就行动起来，真实、真诚地发起交谈。

（二）点爆口碑不是说了什么——而是做了什么

一家餐饮企业的形象，并非如广告所说的那样，亦非品牌宣言所描述的那样。你的企业并不具有你所希望的那种形象。用传统营销的手法精心剪裁绘制而成的美好图景，绝非消费者心目中的实际情况。

餐饮企业的整体形象，是消费者与你的企业（产品）打交道时所产生的反应（感情）的总和，是现实中消费者对企业的体验——你的形象就是消费者真实的体验感知。

点爆口碑是行动，而不是说辞、吹牛。口碑所反映出来的情况，是一切营销活动背后实际发生的故事。如果你的菜品优质、服务到位，消费者将夸赞有加；反之，消费者也会如实反映。

口碑上了网，可谓如虎添翼，其传播速度之快和影响之大令人无从掩饰。以往，餐饮企业还可以在精心炮制的广告及大力度的促销活动的支持下，推出平庸的产品，提供不理想的体验，指望在不利的反馈（差评）还没有广为人知之前就能获利。那时，你还可以麻木不仁地给消费者提供不良体验，并得到眼下的所谓业绩，直到更多的消费者认识到不能再到你的企业消费了。

在今后的全新环境中，一家新餐饮企业刚刚出现在市场上，消费者的评论就满天飞了，你再也不能以次充好，愚弄消费者了。精良的广告并不能修正糟心的体验。

策划一家新餐饮企业或一道新菜的口碑营销，确实需要认真对待消费者体验后的评论。如今和今后的消费者对糟心的体验决不容忍，他们对只是由浮夸的广告和虚假的承诺支撑的餐饮企业，肯定不会沉默不语。还没等你的三个月广告周期结束，线上评论对真实状况的反映就已经铺天盖地了。

听说了餐饮店提供糟心体验的人，比起实际经历者更不可能踏进那家餐饮店。在你的店有过不愉快体验的人将此事广为传播，甚至恨不得让天下人都知道此事。出现了这种情况，你才会知道真实世界中恶劣口碑的破坏力有多大。

唯一正确的选择是确保消费者的体验是满意、惊喜的。保证产品质量，善待消费者，赢得他们的好评，让他们记住你。拿出部分用于做广告的费用来善待消费者，因为消费者的好体验所点爆的口碑和带来的销售额，比仅打广告强多了。当然，市场上也存在着虚假好评，但假的成不了真。

好的口碑不能伪造，而是形成于消费者在现场的真实体验。再多的广告也不能改变这一事实——成功并非由于广告，而是缘于你拿出的好东西、提供的好体验。

如果企业的说法（广告）与消费者的体验相符，即服务贴心、价格公道、菜品完美、承诺兑现，他们会对此谈论不止，而且会再次光顾，因为你是靠谱的。

企业的整体形象如何，并不是你对品牌的夸耀之词所能决定的，而是缘于消费者日常体验到的产品质量和员工的素质。一切营销活动之中实际发生的，是由消费者主导的自媒体所反映出来的情况。任何自我表白、含糊其词、虚辞谰言，或以数量取胜的广告，无论多少，都不能帮助劣质产品和不良企业摆脱困境。

如果真心希望企业能持续发展，那就一定要走正道，要言出必行。

（三）永久性被记录——必须谨慎监察体验

我们曾经认为，网上的评论只能短时间存在。现在我们了解到的真相是，评论在许多网站上是永久保存的。由此，餐饮人有了新的工作任务。你的使命是确保好的体验（产品）同样被永久记录下来——给消费者惊喜体验。

作为点爆口碑的人，作为执行极致口碑营销的人，作为立志成为被记住的品牌的践行者，最要紧的事情是确保将企业以人为本的事实展现在世人面前。例如，积极收集消费者的痛点、爽点，改进产品质量——与每一桌消费者交流互动，征求他们的意见，真诚地善待消费者，令消费者满意、欢乐、惊喜、感动。

当然，我们都有出丑之时，对此必须正视。这不是说永不犯错，或者绝对不招致批评，问题的关键在于如何应对。操控网上的评论或花钱买好评、花钱删差评，那是绝对不可以的——想都别想，那可相当于慢性自杀。

然而，你能参与交谈，通过心平气和的交谈赢得尊敬。现在就开始吧！你已不仅是一个企业主、服务管理者、出品管理者，时代还要求你参与消费者的交谈，进入消费者的交谈圈子。这样你就能够确保交谈中有你的态度，你的意见能够被人听取。这也是消费者体验的重要组成部分，同时也是点爆口碑的工作之一。

餐饮人要从这样的角度思考：消费者将得到什么样的体验，这些体验如何在线上线下被记录下来。要谨慎监察消费者的体验状况，评估一道菜品、一次服务对话、一次定价、一个设备功能等会对消费者口碑谈论的整体状况产生何种影响。

要知道，"100-1=0"中的"1"就是消费者关注的细节。对于餐饮人来说，"1"只是100中的一个；可是对于消费者来说，"1"可能代表的是100。一些细枝末节也是会被人记住、被人议论的。

总之,大家都会犯错,但在网上,错误会长久地留存下来。所以要尽量减少出错,更要做些出彩的事情予以补救,并让好的议论及好的回复也被永久地记录下来。

(四)诚实是点爆口碑的本质——你不能自欺欺人

关于点爆口碑的一条真理是,真相总会浮出水面。关于你的企业、菜品、服务、卫生、定价和人员等的真相,现在都无比重要。因为现在的消费者认为网上有太多不真实的广告信息。大规模的媒体造势活动掩盖不了质量低劣的事实,响亮品牌的背后藏不住恶劣的服务或食品安全问题。你不能自欺欺人。消费者的口碑及意见的影响日益增大。这意味着提供恶劣的体验或不尊重消费者的餐饮企业及个人将难逃惩罚。

口碑是反馈的循环,迫使餐饮人重视消费者的意见。它打破了企业及广告商的孤芳自赏、自拉自唱,令他们不得不正视体验和营销方法对消费者的影响,以及现实状况。

我认为,消费者的口碑令消费者坐到了餐饮企业董事会会议桌的首席位置——今后的董事会不能仅关注营业额、利润及增长率、减少率等。

极致口碑营销是倾听消费者的声音,坚定地维护消费者的利益。在点爆口碑的过程中,消费者拥有强有力的发言平台,餐饮人必须认真倾听,因为消费者有能力表达自己的不满,揭露企业不诚信的行为。

餐饮人已别无选择,除非消费者心甘情愿当我们的"大使",为我们传播信息,否则我们就不能实现自己的营销目标。所以,我们必须使消费者感到满意和惊喜,必须诚实地面对消费者的口碑。

极致口碑营销的兴起,是因为餐饮人终于认识到心满意足的消费者是最伟大的广告与促销活动。

(五)消费者满意度的 KPI 考评计量——口碑必须列在首位

口碑的力量将从根本上改变餐饮行业的 KPI 考评计量方式。引入口碑的影响因素之后再来观察,貌似有利可图的做法可能是在做赔本买卖;表面上看十分聪明的主意,经常是愚不可及。令人遗憾的是,明白这一点的餐饮企业并不多见,因为传统的财务报告及基于此的 KPI 考评计量并没有反映出口碑的威力。

一旦察觉出 KPI 考评计量上的这个问题,就会发现善待消费者是值得的。

多年来,一些餐饮企业一直在做类似的傻事:他们只将管理者的收入与营业额、人工占比、毛利率、净利润水平等简单的数字（KPI）挂钩进行考评，而忽视了体验、口碑方面的考评。这简直是荒唐透顶。但是今天不同了，所有企业都在线上线下被评论。评论即时发声，永不消失。今天的不同之处还在于，我们可以与成千上万与我们一样的人谈论令人不快的遭遇，关键是我们更愿意相信这些我们并不认识的人发表的评论。那些餐饮企业的上述做法，恰恰是不良口碑传播的助推器。短期 KPI 任务可以完成，最终却会严重有损企业的未来。

在传统的 KPI 考评、成本核算中，并不涉及有多少心灰意冷的消费者铁了心不再上门，并且把不愉快的消费经历告诉了多少朋友，或在网上分享给了多少不认识的人。

餐饮企业的声誉、口碑有其实在的价值，必须将其计入 KPI 考评中，纳入经营管理计划的首要位置。把口碑列于营业额、利润之前，应是追求被记住的品牌的餐饮企业的本质要求。

（六）点爆口碑更能赚钱——营销长尾形成

极致口碑营销是能带来最好的经济效益的营销手段，没有什么比它更能赚钱的了。

请思考以下各项：

·降低新增消费者的成本：消费者的口碑传播几乎是免费的，所有好的口碑都会降低新增消费者的平均成本。

·免费广告：口碑营销分文不花。

·降低运营成本：口碑被点爆，企业在广告和促销活动上的费用就会下降；口碑好、人气旺，房租和开办新店的费用也会随之下降。

·提高传统广告的效益：好口碑能够支持广告上展示出来的信息，并使之扩散传播。

·让员工更有成就感：良好的口碑让员工更有信心和向心力，工作更有积极性，思想更统一。

·增加营业收入：每天都有新的消费者因为别人的推荐而上门。

·减少消费者的选择成本：企业的好口碑多，消费者在做选择时就会更容易。

·品牌形象更佳：良好的声誉再加上持续的消费者推荐，可谓锦上添花，记住品牌的消费者会越来越多。

·抵抗危机的能力增强：企业有持续的好口碑，即便发生突发性事件，只要态度诚恳，恰当地应对，危机很快就会过去。

总之，点爆口碑的净利益是：营销长尾形成，生意增加，投资回报提高，成本下降。可以得出这样一个结论：能够扩散口碑的惊喜消费者（"大使"）是餐饮企业最有价值的资产。所以要对消费者做到以下四条：

第一，优先维护他们的利益。

第二，时刻尊重他们。

第三，随时倾听他们说话。

第四，持续把痛点变成惊喜体验。

三、点爆口碑落地的五个要点——环环相扣，缺一不可

有时，好的口碑得之于误打误撞，有时又是精心策划的结果。不管怎样，点爆口碑都要具备一些要点，以使口碑传播开来。使点爆口碑落地的五个要点如表 5-2 所示：

表 5-2　点爆口碑落地的五个要点表

要点（步骤）	行动目标	举例	你的计划
谈论者 （谁会向朋友谈论到你）	识别可能会谈论你的人	粉丝、团购消费者、消费者（尤其是不满意者及特别满意者）、意见领袖	
话题 （他们会谈论什么）	给人一个谈论你的话题	特别优惠、性价比高、特色好吃、与众不同的服务、优秀的广告、新奇的亮点	
推动工具 （你用什么方法助推口碑传播）	使信息传播得更快更广	朋友之间转告、大众点评评论、抖音及小红书传播、微信社群传播、线下品鉴会、有针对性的广告	
参与 （你如何加入谈论）	加入交谈	回复反馈意见、成立微信社群、加入交谈	
跟踪了解 （大家正在谈论你及你的对手的什么）	评价和理解消费者正在说什么、关注什么	搜索大众点评、抖音、微信、小红书、微博上的评论及分享，倾听反馈意见并进行信息统计分析	

点爆口碑的起步要注意两点：一是口碑营销的起步应该是消费者刚需、高频的痛点；二是在此基础上提供与众不同（第一或唯一）的惊喜体验，再加上五个落地要点，效果通常会较为显著。

要持续点爆口碑，不管是什么品类的餐饮企业，面对消费者时都要问问自己以下

问题：

- 消费者出门离去前，我给他什么话题了吗？
- 他会记得告诉朋友或在线上发表评论吗？
- 我做了些什么，以便于他告诉更多的人？
- 他的此番消费经历有值得称道之处吗？

（一）谈论者——谁会同朋友谈论你

任何营销都需要媒介。例如，广告的媒介就是线上线下的各种媒体，而点爆口碑的媒介是真实的人。正如企业做广告要找到对路的媒体，点爆口碑也需要找到传播你的信息的适当人选。有些消费者喜欢谈论你；有些消费者对你漠不关心；有些消费者想说点什么，但又没有什么好说的。

点爆口碑之所以如此强调尊重和真诚，原因之一正是我们依靠的是真实的消费者的信任。我们必须一丝不苟地维护这种人际媒介。对于那些传播我们的信息的人，我们是欠了人情的，偿还的办法是善待他们。

成功点爆口碑的基础是找到口碑谈论者，并关照口碑谈论者。

- 识别出适当的谈论者。
- 创造互动交流的渠道、机会，与他们保持联系。
- 给他们谈论的话题。
- 令他们感到愉快、惊喜，受到鼓励。

一定要做好上述四件事，不要忘记人们谈论你的三大理由：一是他们喜欢你的餐饮店；二是他们希望自我感觉良好；三是他们希望从属于一个群体并得到尊重。从这三点入手，就能使口碑谈论不绝于耳。

1. 找出口碑谈论者（不论是线下的还是线上的）

餐饮企业的口碑谈论者通常是显而易见的。他们是称心如意的消费者，急于向朋友或在线上表达喜悦和兴奋之情。许多餐饮店都有积极发表评论的核心消费者。但是口碑谈论者中的非消费者也有不少，他们可能不是你的粉丝。有一家餐饮企业在开业之初就找到了当地十分重要的谈论者——出租车司机和网约车司机。这家企业知道，正是这些人推荐旅游者到哪里吃饭，于是在开业之初就在店门口竖起一个醒目的水牌，上面写道：本店免费给出租车、网约车司机提供茶水、洗手间。

许多餐饮企业认为口碑谈论者是消费最频繁、花钱最多的消费者，事实不一定如此。最佳口碑谈论者，有可能是第一次来的新消费者。甚至口碑谈论者不是消费者，他们只是好奇心强，喜欢谈论、转发有意思的事情。餐饮人的头脑要转得快一些，要让这些新消费者或只是好奇心强的人成为口碑谈论者。那么他们在你这儿能获得什么样的可圈可点的经历，或十分有意思的趣闻，使得饱含热情的口碑谈论脱口而出呢？

恰当的口碑谈论者是点爆口碑的基础。每一群谈论者都有不同的兴趣，要耐心了解他们是谁，是什么东西激发了他们的谈论。搞清楚了目标谈论者是谁，也就能知道他们喜欢的话题是什么，应该运用何种推动工具（方法）助其传播，以及如何加入交谈。以下是最为常见的餐饮口碑谈论者的类型。

（1）感到满意+惊喜的消费者

最为常见的口碑谈论者是感到满意+惊喜的老顾客。

你知道这些人是谁——他们对你的工作大为欣赏，希望大家都成为你的消费者。他们热心地和朋友谈论起你，每当向人推荐餐饮店时，首先提到的是你的企业，并不断为你进行转介绍。这里的关键在于，要从觉得你的企业不错的消费者中发现急于（热心于）谈论的消费者。

要发现后者，应该做到：学会察觉消费者十分关注你的迹象，寻找那些反复回头（复购）的消费者，寻找那些记得服务人员的姓名、喜欢你的招牌菜、对你的店面或菜品反复拍照、热情洋溢、谈论不止的消费者。

餐饮人一定要认识到这些人的重要性。过分热情的消费者容易惹人厌烦，但你绝不能冷漠地对待他们，因为他们的热情（谈论不止）应该被看作极为重要的口碑资产。

要高度关注这样的人，每次都要耐心询问他们的意见。这些人都是与你沟通和交流比普通消费者更为密切的人。

（2）不开心的消费者

网上的差评绝大多数来自体验不好的消费者。前面强调过，体验引发口碑。所以，餐饮企业的全体员工要特别关注消费现场令消费者不满意的蛛丝马迹，并立即采取行动进行改善。不仅如此，还要想方设法在现场把"不满意"转化为惊喜体验。请记住，消费者现场体验的"逆转"是绝佳的传播口碑的机会。

（3）网上评论者

要关注在网上发布帖子评论你的人，搜寻有关的正面评论、负面评论和意见反映。

有人写出了对你的店的看法，仅此一点就具有重要的意义。这些人花时间写下并发表评论，就表明他们对你的店深感兴趣。要注意这类人，因为他们从单纯的消费者发展成口碑谈论者的动机更为强烈。

寻找此类人，可以在微博、抖音、大众点评、微信视频号、小红书等平台上进行搜索，这样同时也能发现在哪些媒体上有人提到你。一旦发现此类口碑谈论者，要积极回复，甚至可以私下联系。在联系过程中要表现出真诚，不要使用复制粘贴的方式进行回复。

请记住，写出关于某餐饮店的评论文字的人都希望引起关注。得到真诚的回复后，他们也会感到兴奋。

（4）热心的员工

自己的员工可以成为效果最为显著的口碑谈论者——内部推广"大使"。

在一家优秀的餐饮企业里，会有许多人对自己有幸在其中工作而感到自豪，这种自豪感很容易传递给新消费者或吸引同伴加入。当然，并非所有员工都想做口碑谈论者，但是你可以从员工队伍中识别出这样的人，他们的团队自豪感特别强烈，因而能够成为杰出的口碑传播者。管理者要鼓励、指导他们传播口碑。

需要强调的是，热心的员工成为口碑传播者绝不能造假传播，一定要遵守线上平台的规定。比如，在大众点评上为自己的店打高分就是违规的！

（5）粉丝和狂热爱好者

大多数超级活跃的口碑谈论者常常是铁杆粉丝和狂热爱好者，也就是餐饮人常说的"超级客人"（我们的《餐饮店长打造最强团队技术手册》306—314页专门介绍了"超级客人"）。

（6）专业人士

还有一类特殊的口碑谈论者，他们以此作为生活来源，如记者、美食博主、旅游博主、商业网站工作人员及行业专家等。

本书重点介绍的是业余的口碑谈论者（即真实的消费者），但是，适用于业余口碑谈论者的一些技巧，也同样能够用于专业人士。

对口碑谈论者中的大多数人而言，观点态度的客观和公正是至关重要的。他们应该清楚自己在说什么，如果出言不慎，信誉必然受损。他们有权怀疑和质疑你的说法。不过，既然是如此郑重其事，他们的意见对你就会特别有用。我们信任专业人士，他们是靠诚实可信的真知灼见赢得这份信任的，所以在他们的参与之下，口碑的传播便能如虎添翼。

2. 识别优秀的口碑谈论者

发现一群口碑谈论者后,应该进一步了解其中哪些人的影响更大。优秀的口碑谈论者有以下共同的特质:

(1)热情洋溢

他们是开朗的人,他们对你的餐饮店(产品)兴致勃勃,会反复来消费。一般而言,在生活上也是这样:真正的口碑谈论者都生性乐观,热情洋溢,乐于分享自己的体验。

(2)信誉较高

术业有专攻,你不会向"西餐狂"朋友请教应该去哪家川菜馆就餐,但是如果要吃西餐,不妨信任这类朋友的推荐。寻找出色的口碑谈论者,就是要找对有关话题极为热心、足以影响别人的人。

(3)联系广泛

口碑谈论者的人际交往范围越广,他的影响力就越大。你要找的口碑谈论者应该是社交广泛的人,或者是有大量线上朋友的人——事关口碑的传播速度,人数很重要。

要注意在微信朋友圈、微博、抖音、大众点评、小红书上经常发表评论,且关注量、点赞量、跟评量、转发量、浏览量较大的人,以及在线下朋友众多的人,他们就是联系广泛的人。

(4)谈论机会较多

这类口碑谈论者经常品尝美食且经常发表评论,比如大众点评的"大V"(V6、V7、V8)。

3. 口碑谈论者档案

现在你已经有了关于口碑谈论者的概念,接下来要做的是建立口碑谈论者档案,制订与他们联系的计划。

口碑谈论者档案应该包括以下内容:

- 口碑谈论者是谁;
- 他们的基本特征是什么或评论的特征是什么;
- 他们给予的好评或差评的主要内容是什么;
- 他们的影响面有多大(比如浏览量);
- 如何与他们联系。

如表5-3所示:

表 5-3　口碑谈论者档案

身份（网名）及平台	
特征	
好评与差评的特点	
影响面评估	
联系方式	

知道自己企业的口碑谈论者是谁之后，需要有与他们对话的途径。

在线下，与他们分别时，一定要留下联系方式。如果不经常与他们联系，那么就不能影响他们的口碑谈论。能够与口碑谈论者沟通，是点爆口碑区别于没有你参与的自发谈论的重要之处。所以，一旦发现一位口碑谈论者，就要与之持续联络。

在线上，尽管与口碑谈论者直接联络有一定的困难，但请坚持不懈。有一次，我在大众点评上给了一家餐饮店差评，这家店的店长很快就在大众点评上与我取得了联系。他表达了歉意，希望我留下电话号码，并邀请我再去品鉴。他的态度是诚恳的，他一共表达了两次歉意和邀请。其实他要是再坚持一下，第三次邀请我，我就会同意的。

那么，如何与口碑谈论者联络？

步骤一：获得允许和联络方式。

消费者如在店里表现出热情，那就问一问能不能邀请他加入微信粉丝群，必要时发给他优惠券等。如有人在网上贴出对你的店的评论，可以私下联系他。

不要忘记留下联系方式；如果不知道如何与之联系，那就谈不上对话了。这时应该谨慎从事，礼貌待人。别忘了，大家都不愿意被打扰，大多数人对商家的主动联系都抱有怀疑态度。

但也别不好意思，如果对口碑谈论者的认定是准确的，那么他们收到来自你的诚恳的信息会感兴趣的。真正的口碑谈论者都希望看到你的重视，得到他们感兴趣的信息。

步骤二：建立联络渠道。

要专门为口碑谈论者提供相关信息，建立一个简易、持续的信息传递系统，保证他们能接收到信息。

发微信、短信就很方便。当然，要注意不能过度打扰。

步骤三：向口碑谈论者提供谈资。

要向口碑谈论者提供信息，让谈论持续下去。如果没有什么可谈论的了，口碑也就不复存在了。

口碑谈论者也想知道正在发生什么有趣的事，他们希望听到最有特色的是什么，希望比别人早些知道新的情况。真正的口碑谈论者依靠的是消息灵通，对你的店有更多了解。

以下是口碑谈论者喜闻乐见的东西。

·详尽资料：你肯定想不到，你觉得平常无奇的东西，你的粉丝却兴趣盎然。口碑谈论者对企业的细节信息是如饥似渴的，他们十分需要一些技术性的信息，比如某道菜的原料特点、加工特点等等。

·改善情况：及时向口碑谈论者汇报一些关于他们的痛点的改善情况、计划、进展，让他们知道你是如何改善的。

·企业新闻：别忘了，口碑谈论者希望成为你的"家人"，因而要告诉他们企业里的人和事，发生了什么事，谁被表彰了，企业有什么纪念活动，等等，显示出你们的工作人性化的一面。

4. 不要忘记说"谢谢您"

最强大的点爆口碑的工具，莫过于一声"谢谢您"。要善于使你的口碑谈论者感觉自己受到了重视和认可。道谢永不嫌多，每一声"谢谢"都是他们加码谈论的动因。

口碑谈论者就是你的免费宣传大使，他们支持你的企业，为你带来顾客，增加你的利润。这些人为你大唱赞歌、呐喊助威，或向你进诤言，理应得到一声"谢谢"。而且说起来，"谢谢"也是他们在贡献之余唯一期望得到的回报。他们感觉自己就是企业大家庭的一员，企业给予他们肯定和鼓励，他们就像受到了家长的表扬。所以，表达谢意决不能小气吝啬。

并非要送礼物、给报酬或进行现金奖励。我们强调的是认可和感激。人们传播你的口碑，是出于对你的好感、认可、信任、感情，愿意与你建立联系。要巩固这种情感上的联系，最基本的就是做到真诚地认可和感谢他人。

5. 制订口碑谈论者活动计划

与口碑谈论者联系的基本方法之一，是举办正式的口碑谈论者活动。企业建立某种官方成员组织，将口碑谈论者聚集在一起，与大家分享信息，认可他们的贡献，承认他们的地位。比如建立"粉丝圈""粉丝顾问委员会"，设立"大使试新活动计划"等。

这里要特别强调的是，对你的企业（产品）情有独钟的消费者，喜欢与有同样感情的人抱团。热爱同一品种的人，都是同一大家庭的成员。既然是一家人，那么家庭团聚就是必不可少的。这样一来，众多孤立的谈论者就形成了口碑大军。

所以，餐饮企业要想各种方法让口碑谈论者聚集到一起，让大家一起交流、兴奋，成为更优秀、更积极的口碑谈论者。

（二）话题——他们会谈论什么

1. 提供谈论的素材

口碑都始于一个交谈话题，你不提供交谈的内容，就不会有人谈论你。那么，应该向口碑谈论者提供什么样的话题素材呢？

凡是能够引起关注的事物，都是话题；凡是能够引起关注并且引发谈论的事物，都是绝妙的话题。

但是，这里有一个关键问题：能够引发消费者关注、谈论的素材，也是有意义的素材。

口碑话题既不是官方营销信息，也不是正式的品牌发布宣言，而是能够引发人们兴趣和交谈（分享转发）的简单的信息。

具有传统思维的餐饮人通常很难发现绝好的口碑话题，因为好的口碑话题不是预先计划的，无须内部协调合作，而几乎都是非正式的议论。现实中的消费者重述企业官方口号或谈论你处心积虑制造的话题，那是非常难得的情况。通常消费者抓住并谈论的是别开生面、意料之外的话题。

每家餐饮企业都会有一些有意思的话题，你的任务是找出它们，将其当作谈论资料提供给消费者。

2. 好话题的样子

别把找出好话题想得过于复杂，影响最大的话题总是非常简单的，有时还有点搞笑，以至于开始时不为人所看重。好话题往往有以下几个特征：

（1）简明扼要且能产生反差

口碑话题应该是简短而温馨的。它应该围绕易于复述的单一概念发展出来，同时最好有对比反差。

兰湘子以"上菜快，吃得爽，还不贵"与传统湘菜店展开竞争，异军突起。巴奴火锅以毛肚、菌汤为突破口，打破了海底捞一统天下的局面。

绝妙的话题比你想的要简单。请抑制住把事情复杂化的冲动，好话题必须是易于扩散的——有反差的话更易于扩散。

（2）基于痛点和惊喜点

源于消费者的痛点、惊喜点的好话题，其基础就是抓住了消费者的体验这一根本点。体验本身就能引发谈论。此类话题持久不衰，无与伦比。

基于消费者痛点而打造出的令消费者惊喜的亮点，往往能够引发谈论。这方面的话题是从消费者的体验中自然而然产生的，不需要用太多传统的营销手段来推动。

要使口碑绵延不绝、深入人心，并且能够成为极致口碑，成为被记住的品牌，就不能浅尝辄止，而要不断进步，努力挖掘痛点，不断打造出令消费者惊喜以至于非要与别人分享的体验。

要经常问一问自己："有人会把这个情况转告给别人吗？"

（3）得之于预期之外

要认真听取消费者线上线下的反映，他们已经在谈论你了，而且谈论的很可能不是你所期待的话题。这其实很正常，此时应该顺势而为。

任何使消费者感到兴奋的东西都是极好的话题。如果我们设想的话题是"店面多或好吃"，而消费者正在谈论的却是"价格低"，这没什么可担心的。

不为人知的特点和非预期的体验，或许是难得的最佳口碑话题。消费者谈论的话题出乎意料并非坏事，反而是一个机会。

西安有一个近几年很火的陕菜品牌，叫三根电杆陕菜馆。三位创始人没有一个是陕西人，初期的主创团队也都不是陕西人。本来大家都不太看好该店，但没想到它居然会一鸣惊人。比如取店名时，就因为店门口正中立着三根搬不走的电杆，干脆起名为三根电杆。店面装修不按传统陕西风土文化设计，菜品也不是正宗、传统的陕菜，总之，完全出乎专业人士的意料。但是消费者，尤其是年轻消费者，尤其喜爱这种"反主流"的打法。三根电杆陕菜馆抓住了这个机会并大力推进发展。现在他们的生意十分火爆，并在线上引发了巨量的口碑。

3. 小心维护你的话题

（1）测试口碑话题

发现了好话题，还需要进一步改善，不断琢磨，了解这样的话题得以传播的原因，以确保其关联性且有效地持续下去。

确认是否发现了好口碑话题的唯一办法，是在现实生活中试一试。再多的策划（策划话题）也不能使你事先知道结果，所以要进行测试。比如，将口碑话题（体验）告诉一两个熟悉或不熟悉的消费者，看看会发生什么情况。他们对这个话题有反应吗？他们重复这个话题了吗？他们有没有自愿传播这个话题？有没有新的消费者因此走进店里，并询问有关这个话题的问题？

（2）保持新鲜感

时间不长，口碑话题就不新鲜了。当然，因为中国人多，口碑话题延续的时间会长一些。但是口碑传播的规律是，一个口碑话题成功流传一段时间后，可能反过来会削弱其影响力。所以，一旦找到一个成功的话题，形成了良好的口碑，就必须确保其能持续下去，也就是要不断改善甚至创新话题——不断坚持且保持与众不同、独树一帜。

4. 开发话题的步骤

步骤一：找出马上就能运用的口碑话题。

常用的口碑话题有三个：特价销售、亮点服务、慈善活动。

第一，特价销售。

最简单、最方便的话题莫过于特价销售了。对消费者来说，最受欢迎的是店面或菜品打折销售，一经公开，马上就会有人分享信息，无须使用多少巧计妙策，就能吸引消费者的谈论。

特价销售（促销活动）长久以来都被证明是有效的口碑话题。虽然特价销售不是可以永久持续的谈论话题，但是它引发了谈论，尤其是消费者喜爱的餐饮店或招牌菜品特价销售，一定会引发大量的口碑。而一些华而不实的特价销售，必会招致负面口碑。

有家企业使用的特价销售方法中，有一点值得借鉴：使用必定见效的口碑推动工具——特权，来保持口碑绵延不绝，即不定期给微信粉丝群里的粉丝们发放可转发的内部优惠券或新菜内部品鉴券，粉丝们不但可以自己使用，还可以转发给朋友。粉丝们很高兴有这个特权，也很高兴成为口碑传播者，口碑自然就形成了。

第二，亮点服务。

"他们的服务态度很好"，这是极为有利的口碑话题。在这方面是优胜劣汰的。为消费者提供特别优质的服务，不难引起消费者的注意。因为只有为数不多的餐饮企业可以不怕麻烦地持续这样做。在如今值得称道的对客服务少之又少的环境下，任何慷慨、尊重和创新之举都会引来谈论。

有一家企业给消费者提供了优质的免费项目——优质的粥品、水果及开胃小菜，公开承诺可以无条件退换菜，等等。

要从赢得消费者口碑的角度分析对客服务。你的服务给大家提供谈论的话题了吗？或者，他们得到的是一个正面话题吗？

请认真做好力所能及的，可以给消费者带来惊喜体验，并让大家乐于谈论起你的"分外"的小事。

第三，慈善活动。

举办慈善活动可以马上获得口碑话题。

有家企业开展了一次为期两个月的新菜推广活动，公开承诺：在此期间，8道新菜销售额的10%捐给慈善机构。其实，企业这样做所费有限，却能赢得许多消费者的谈论。

步骤二：组织实施能够引发口碑谈论的活动。

点爆口碑也需要餐饮企业专门组织营造口碑的活动。我认为对餐饮企业来说，深入人心的促销活动口号和形象的广告语，是引发口碑最好的工具。

脍炙人口的广告语之所以有效，是因为它形成了口碑。围绕这些广告语所形成的口碑影响力极大。所以，餐饮企业应该力争使每个广告策划都包含树立口碑的内容。

有一家企业的一次成功的广告宣传活动，靠的是出色的口号："这是一家天天排队的餐饮店。"在各种文字、图片、视频宣传中都突出这个口号（主题）。许多消费者到店消费时发现的确如此，企业再借势营销，开展转发排队就餐图片、视频、口号的活动。很快，企业生意火爆的口碑就传播开来。

步骤三：成为值得议论的企业。

广告语的确能诱发、推动口碑，但是广告语所引发的口碑传播有一个普遍特征，即持续性较弱。最好的口碑话题——日久天长和绵延不绝的口碑话题，是因为真正浸润了企业的口碑文化。当口碑文化深入到企业的深层结构，企业转变了价值观思路，真正做到了以消费者为中心，改善了与消费者的关系，企业自然也就声名鹊起了。

毫无疑问，餐饮企业优质的产品——菜品、服务、环境，以及合理的定价，才会产生持续不断、长期有效、能够改变企业形象的口碑。持续表现精彩绝伦——给消费者第一或唯一的体验，大家自然会长期谈论你。

许多口碑交谈的头一句话都是"你知道……吗？"我们愿意谈论奇特、别致或独一无二的话题。所以开发口碑话题时，要力求做到使这个话题只与你相关，不涉及他人——要在消费者的谈论中占有独特的地位，比如"这家店的麻婆豆腐在西安是最绝的"。

以赢得口碑为基础而建立的餐饮品牌少之又少。这需要全心全意地投入，付出极大努力，有极强的毅力。这是餐饮品牌实现可持续、高质量发展的唯一出路。口碑话题头脑风暴指引表如表5-4所示：

表5-4　某餐饮企业月口碑话题头脑风暴指引表

问题	行动计划
有消费者告诉他们的朋友吗？	
他们可能谈论些什么？	
他们会告诉谁？会通过什么平台来传播？	
如何才能使他们告诉更多的人？	
关于你们店菜品的话题有： 关于你们店环境的话题有： 关于你们店服务的话题有： 关于你们店其他话题有：	

（三）工具——如何助推信息传播

我们一旦识别出自己的口碑谈论者，而且有了让他们谈论的口碑话题，接下来就应该找出能够使这个过程加速的一切手段。别忘了，我们在点爆口碑的一开始就强调，"给消费者一个话题，让他们谈论你的餐饮店（产品），使交谈更易于发生"。更易于发生，就是工具的意义所在。比如，在大众点评上，每个消费者都可以根据自己的消费体验，分享好评、差评和笔记，或者跟评，或者给别人的评价点赞。一些餐饮商家的口碑因此传播开来。推动口碑传播的工具就是大众点评等平台的评论功能及评论激励功能，它激励和强化了口碑交谈。

1. 速度和便利——线上工具是最强大的口碑工具

关于口碑工具，有两个概念至关重要，那就是速度和便利。效率最高和效果最好的口碑工具都在线上。但是，大多数的餐饮口碑发生于线下，所以餐饮人应该集中关注出现于营业现场的口碑谈论者和口碑话题，并且参与那里的交谈。接下来，就是利用各种工具，尤其是线上的工具，让信息传递得更快、更广。

（1）请求大家传播真实口碑

有时，需要做的是开口请求——诚恳地请求，大多数人只在你请求他们时才会谈论、分享。所以餐饮人要鼓足勇气，要经常请求，到处请求，不要觉得不好意思，这是成为被记住的品牌的必由之路。

促使口碑流传的挑战，并不完全在于找到谈论者，更要看能否引发谈论的行动。实际情况通常是，如果消费者体验不错，你态度恭敬地请求消费者帮忙，他们也会顺理成章地成为口碑谈论者。请记住，请求口碑谈论者将关于你的口碑传播出去，这相当于授予他们一种身份，令他们成为内部人士。

我把请求消费者帮忙做口碑宣传称为"呼唤行动"。这应该是餐饮人每日必须做的工作。

- 在显眼之处提醒消费者，把美好（真实）的体验用手机传播出去。
- 在预订信息中提醒消费者，把美好（真实）的体验用手机传播出去。
- 在买单前、离店前提醒消费者，把美好（真实）的体验用手机传播出去。

……

（2）在宣传资料中注明"请转发给朋友"

把店里的美好事物制作成易于转发的小视频、图片、文字发送出去，并在其中注明"请转发给朋友"。记住，口碑谈论者一般是在你的请求下才开始谈论的。

2. 使分享人数倍增

一定要让口碑谈论者更便于将信息同时传播给更多的人，以增加影响力。

（1）促销活动的倾斜

餐饮企业要不断采取新的措施，使口碑工具功效倍增。例如，我的一位西安的朋友在上海开了一家以西安特色小吃为主的连锁餐饮企业，目前发展顺利。他们在上海市场上引发大量议论的方法，是线下与线上口碑传播的巧妙表现。他们从物业和快递驿站处了解到周边公司的收件名单与地址，给每个公司发出一封信件，信中说："我们是来自西安市东关正街的××肉夹馍店，就在附近××路××小区底商一楼。请您介绍朋友和同事前来品尝地道的肉夹馍和凉皮。随信附上10张免费的肉夹馍票。一份薄礼请笑纳，以供您和朋友们共享对我们的喜爱。"

巧妙的地方在于，送出的是10份免费的肉夹馍。如果只送1份，每个收到的人都会自己吃掉；而送的是10份，他们就可以请同事与自己共进午餐。这样一来，收到信的消费者就可能成为口碑谈论者，他们为同事买午餐，显得既体面又大方。

更精彩的地方在于，所有凭肉夹馍票来就餐的消费者，只要在现场用手机转发了店面的环境、产品照片，就可以马上再获得2张电子肉夹馍票。

那10张纸质肉夹馍票和2张电子肉夹馍票就像口碑的扩音器，将一个口碑推荐扩增为多个口碑推荐。

又如，有一家餐饮企业不时会向再续费的老会员提供转送朋友、无限制的电子优惠券。老会员续费，自然有应得的优惠，同时又能够送给朋友一个实实在在的优惠，而且在寻找送礼对象时积极传播了企业的口碑。需要注意的是，这类促销活动并不是以花钱买好口碑为主要目的。

（2）树口碑于菜品之上

餐饮人要想方设法将口碑话题直接建立在菜品上。这方面的挑战是菜品质量要高，特色要突出，一经消费者享用，口碑便会自动传播出去。

当然，消费者不是专家，别指望消费者会把你的菜品夸得头头是道。所以，要给消费者提供一些东西，提醒他们谈论，推动他们谈论，使他们谈论起来感觉良好。也就是说，我们要给消费者提供一些菜品专业方面的素材，便于他们分享。

应该针对菜品制作一整套可以在手机里复制粘贴的东西，包括口碑谈论者在线上谈论你时可能需要上传的东西，如 logo、横幅小广告、文字文本（不同字体和长度的）、图片、小视频等。

这类工具多了，口碑也就多了。内容越有趣，就越容易被转发。口碑谈论者得到的谈资越多，他们越容易谈论起来。同样重要的是，他们是从你这儿得到相关菜品的谈资的，所以你对口碑交谈的内容和表现形式就有一定的控制力。

（3）千万不要小看了伴手礼

尽量不要让消费者两手空空地走出餐饮店。以前吸烟者被允许在餐饮店里吸烟时，每家餐饮店都会提供印有自己 logo 的打火机或火柴。这种可以随身带走的小物件，制造口碑的效果很好。现在，吸烟的人越来越少了，那么用什么东西来代替打火机或火柴呢？想想顾客可以带走使用的别的小物件，然后把它们设计得有趣些，在上面写上你的店名和口碑话题。

这些小物件就是免费的伴手礼，比如具有独特包装或设计的酱料、食材、打包袋、购物袋、帽子等。

这些伴手礼有两大简单的功能：它们能提醒口碑谈论者进行谈论，也给了口碑谈论者谈论所需的材料。它们是口碑谈论者的启动器。

（4）营造专属感

专属感是一种强有力的口碑工具。我们都喜欢自己与众不同，这是口碑交谈的一个强大的推动力量。有许多人，如果他们拥有某餐饮店（产品）的内部信息、渠道和某种特权的话，就更愿意谈论它了。所以，我们要给予一部分消费者会员、"铁粉""大使"的地位,使他们觉得自己与众不同。他们每次向别人谈论该店(产品)时,也是在增强自己的这种专属地位的感觉。

希望得知秘密,这是人的天性。有时候,不向大家公开口碑话题——秘而不宣,只向少数人提供某种体验,让他们有一种体验秘密的兴奋,这是很值得谈论和传播的。比如餐饮店可以推出隐藏菜品——菜单上没有,只提供给熟客。

另外,大众点评是餐饮企业进行口碑传播的非常可靠的平台和工具。后面的内容里对其有专门的介绍。

(四)参与——如何加入交谈

大多数人不会自言自语,需要他人作为交谈对象,这样才能将对话进行下去。口碑是一种对话,消费者对餐饮企业说了些什么,餐饮人要做出回应。如果餐饮人不做回应,口碑就不能持续。餐饮人的基本任务之一就是参与口碑交谈,以维持交谈的活力。

这是轻而易举的事情,如果不做,在这个时代就是不可理喻的。餐饮人要改变思路,要积极参与交流——这是正确的理念。我们提倡的极致口碑营销,就是要求所有与消费者体验相关的餐饮人必须学会合作共事,靶向就是让口碑为企业带来效益——这是新时代餐饮人的基本工作职责。

想要有好的口碑,就必须参与交流,必须做好准备,与更多想交谈的消费者对话,谈论他们感兴趣的话题。许多传统餐饮人不习惯与口碑谈论者交流,因为不善于交谈或对谈论的局势发展感到难以控制。在这个问题上,正确的做法是学会做出回应和参与进去,而不是试图管控和主导。

参与口碑对话,不是管理别人说什么,而是自己开口发出声音,是向别人显示出你懂得如何正确参与讨论,从而赢得他们的尊敬(不一定是赞同)。

不重视参与口碑谈论有两个重大风险:一是口碑消失;二是口碑转为负面。如今,如果你在消费者谈论(发表评论)时不参与进去,就很有可能受到口碑的反向冲击;而更大的风险是,如果你被认为是出于忽视或自负而不屑于参与口碑谈论,这本身就会形成不良口碑,并流传开来。

餐饮人越是鼓励和参与口碑的传播,就越能获得口碑的传播,积极的结果是与成千上万的谈论者进行弥足珍贵、充满活力的谈论,为企业带来更大的影响力和大量生意。

1. 加入口碑交谈

（1）发现口碑交谈

每一天会有无数有关餐饮行业的信息在线上流传，而且其中有一些是关于你的企业的。餐饮企业的员工中，应该有人每天早上在线上搜索关于餐饮企业（产品）的各种议论。应该将这项工作固定为基础工作，制作一份需要搜索的关键词列表，包括品牌名称、重点菜品名称和店名。

首先运用搜索引擎，在大众点评、小红书、抖音、微博、微信等主流 App 上搜索相关信息，然后阅读，这样就能及时了解口碑谈论的内容。

对于线下的口碑交谈，你只能自己去发现。大多数情况下，人们谈论你时，你并不在场。所以倾听线下的口碑比较被动，餐饮人应该善于在现场倾听，随时准备倾听；听到消费者关于体验的"闲言碎语"或是发现了消费者的微表情，就应积极主动与他们交谈。

（2）回复和回应

一有可能，就要对线上线下的口碑谈论做出回复和回应。要保持随时可以与消费者直接交谈的状态，不管是通过什么渠道。

在这方面可能会犯的错误只有一个，就是根本无视参与交谈。如果你想影响口碑传播的话，那你别无选择，必须参与进去。

你的见解和信息，只要与话题相关，而且消费者觉得是真诚的，就会受到欢迎。试想，发表口碑评论的消费者如果不想得到反馈的话，他们又何必把自己的想法公开呢？

（3）对别人的美言表示感谢

看到线上有对你的企业的正面评论，要在其后跟帖，表明你的友好态度，告诉他们你的感激之情，鼓励他们继续谈论（影响其他人）。这一点点好意，持之以恒，将会带来意想不到的口碑效果。

（4）解决抱怨的问题，使消费者满意

要特别关注那些遇到麻烦和发出抱怨的谈论者，不论是线上的还是线下的。向他们表示同情和歉意，想方设法解决他们的问题，至少态度上要让人家觉得诚恳。要知道，他们发出抱怨，目的之一是希望引起餐饮企业的重视。

如果你应对妥善的话，人们会大为惊叹，因为真正能做到以消费者为中心的餐饮企业并不多，所以众目睽睽之下的任何主动努力，转瞬之间都有可能成为形成好口碑的话题。每个人都会犯错，如何对待和处理，将决定产生什么样的口碑。

2. 参与口碑谈论行为要端正

关于点爆口碑一定要诚实和遵守道德准则的重要性，我在前面已经反复强调过。事实上，参与口碑交谈是最容易犯此类错误的地方。所以，餐饮人参与口碑谈论，行为一定要端正。

（1）决不做销售

参与口碑交谈并不意味着推销。在回复评论时留下有失体面的销售信息是错误的做法，那就如同在发送垃圾信息，是消费者所不喜欢的。

我们参与交谈的目的是推动口碑谈论者继续（循序渐进）谈论关于你的企业的话题，而不是为了当下的推销。要坚持围绕讨论的话题就事论事地交谈，要使每个人都觉得自己是被尊重的，且与众不同。

（2）遵守平台的规则

线上平台都有各自的发言规则。别忘了，你是在别人的地盘上，你是客人，你要利用人家的平台做成自己的事。所以要遵守所到之处的规则，做平台上的"守法公民"。

（3）表明你是谁的"神语句"

最令餐饮人不齿的，莫过于冒充普通消费者发表吹嘘自己的言论，这种勾当必然会玩火自焚。

一定要明确地公开自己的身份，只说出自己是谁还不够，还要说明自己的身份。披露个人信息最好的办法，也是最简单的办法，是说出以下"神语句"——即你发表的每一条关于自己企业的评论的第一句话都应该是"我是××企业的×××，这是我的个人看法"。这句话不仅做了简单而清晰的身份披露，而且清楚地表明这并非企业的正式意见。

没有必要伪装。表明从属于哪家餐饮企业，会使你说的话更可信。

以下是一家餐饮企业关于口碑谈论的两条"不惹麻烦"清单。

第一条，以企业的名义在社交媒体上与人交流或交谈话题涉及本企业时，我将：

· 在第一次表达意见之初，披露我的身份。

· 在平台允许的前提下，提供我的联系方式。

· 始终保持诚信可靠，决不要求任何人为我做虚假陈述。

· 决不要求或付费给任何人，让他们发表虚假的支持言论，或者说违心的话。

· 决不做离题的评论以图推销。

· 决不发表（做）违反平台规则（群规）的言论（行为）。

第二条，在个人社交媒体账户上，我将：

· 如果在个人账户上发表了任何与我的企业相关的意见，都清楚地表明自己的身份。当然，参与与工作不相干的话题讨论，则无须说明自己的企业身份。

· 特别说明哪些评论（帖子）是个人意见，哪些是企业授权的正式声明。

· 如果是匿名发文，将不参与讨论有关企业的内容。

（五）跟踪了解——人们正在谈论你什么

前面我们提到了要关注人们在谈论企业的什么信息。这里我们想进一步强调要系统地跟踪口碑反馈，它的好处是：

· 发现口碑谈论者是谁，谁是能量大的"大使"；

· 了解什么话题的口碑影响最大；

· 判断口碑推动工具是否有效；

· 及时参与口碑交谈。

最重要的是，了解了消费者关于你的企业及员工正在谈论些什么，就能据此做出改善。

传统营销的市场调查是一项相当吃力的工作，是让消费者对你说出自己的真实想法。尽管有相当多的工具，但是所得结果却经常是不知所云。

然而，现在改天换地的事情发生了。千百万人将所思所想写下来，他们在社交网络上交流思想，发表评论，而且如你所知，这些评论中的大部分内容是针对消费体验的。

所以，现在餐饮企业自己就可以读到这些信息——消费者自发写在网上的东西更为真实、珍贵。更妙的是，网上所显示的一切都可以加以分析，用于判断消费者的真实感知，还可以用来给消费者画像。

口碑已不只关乎营销、品牌，它也是最好的市场调研工具。越来越多的餐饮企业正在积极研发计量口碑的科学方法，他们正以令人难以置信的精度和速度，分析关于某个话题、品牌或产品的口碑谈论。

这些企业已能够逐渐识别口碑谈论者、"大使"是谁，他们主要在谈论什么，以及谈论的趋势如何。这里不打算展开讨论这些先进技术的细节，因为大家还在摸索中，但是读者应该知道存在此类技术可以使用。

1. 跟踪了解消费者正在谈论什么的简单方法

在本书中，我们提供一些简单易操作的技术，帮助你掌握关于消费者正在谈论你什么的较为准确的方法，这些方法几乎无须任何费用。

大家已经知道，线下的口碑很难跟踪计量。然而，线上交谈足够公开，也易于研究分析。

（1）使用线上口碑跟踪工具

在各种线上社交平台上进行关键词搜索，即可发现数量惊人的有用信息。比如可以在抖音、微博、高德地图、大众点评、微信视频号、小红书、同城等平台上搜索自己企业的名称、别的企业的名称或某菜品的名称等。除了能搞清楚谁在谈论你和别人，他们在说些什么之外，此类搜索服务还能发现某口碑谈论者的影响力，什么内容更受欢迎或更被关注，等等。这些信息可以用于分析总结。

（2）鼓励反馈

你真的想听人们在说些什么吗？那么，就请明确表示你正在倾听并会及时进行反馈，而不是只当一名"潜水者"。

·在企业的网站或账户上及时主动回复消费者的各种评论。

·在店面或打包袋中放置提示卡，鼓励消费者在线上线下做出真实评论。

·将消费者的评论和企业（店面）的回复整理出来，一方面企业内部要有针对性地进行研究，另一方面也可以选登部分消费者的评论进行传播，在企业的网站或账户上列出一些消费者提出的问题和企业的相关回复。

·如果平台允许，可以专门建立一个奖励和表彰提意见者的系统。

（3）分析点赞、推荐、转发、评论的状况和浏览量

大多数的社交平台或专业平台都为评论者设置了点赞、推荐、转发、评论等功能和浏览量显示，这些功能不只可以用于传播口碑，也是跟踪了解口碑交谈进程的强大工具。如果有很多人在同一页面上浏览、转发、评论、点赞、推荐，你就知道出现了一个热门话题。

企业应将热门话题反复推送出去，突出显示给其他口碑谈论者查看，这样就能获得更多的推荐。

（4）有能力的人自己站在明处

如果你是在线上表达能力强的人，那就太好了。消费者如果知道你加入了交谈，并且正在关注他们的动向，那么你就能听到更多的议论，也能更好地影响议论。

有一个餐饮企业的高管发现了这个窍门。这位高管在大众点评、小红书、微信视频号、抖音上都是有相当粉丝量的网红，他在这些平台上不仅做本企业的宣传，在亮明身份

的同时，还主要传播美食、文化和自己的日常工作。他是厨师出身，是一个美食狂，表现出对美食的真挚热情，在他的账户上，最有意思的内容是人们的评论。

大家在他的账户上的回帖直言不讳，畅所欲言。他每周都能收到至少数百条评论，他总是及时对每条评论做出回应。此类互动极为活跃。

尽管有大量正面跟帖，但也有些内容是令人难堪的。然而这种不请自来的真实反馈，其价值之大不可估量。交谈持续进行，参与者从中得到了大量的信息，企业也从中得到了有关消费者的大量信息。

这位高管告诉我："随着我参与口碑谈论越发积极，日益深入，消费者更加意识到，企业乐于听取意见。他们开始与我对话，而不仅仅是议论。这样的交谈顺利开展起来，口碑和口碑反馈也就加速进行了。"

2. 评价口碑的价值

许多餐饮经营管理者向我提出的最常见的问题是："能对口碑的价值计量出一个准确的数值吗？"

我的回答是："目前还不能准确计量，但是，这应是未来主攻的方向之一。"

（1）识别出哪些消费者是由口碑引来的

口碑这一项，通常未被列入财务或业务报告——它是隐秘的数据，因为大多数餐饮企业并没有认真计量过它。现在应该让它显示出来，还它应有的地位。

比如，在有的餐饮企业的每日经营日报中，要求划定一条明确的界线，以辨识出口碑——在消费者来源一栏，一定要将口碑的来源准确报告出来。他们要求每位值台服务员在消费者入座后问一句话："方便的话，能否告诉我们，您是从哪里听说我们的？"

一旦找出这些隐秘的数据，应该就能发现，对餐饮行业来说，极致口碑营销的作用（效率）比你原来以为的大得多。

（2）计量好评与差评的占比

计量好评与差评的占比，是人人都可以使用的功效强大的方法。比如在大众点评上就有好评与差评记录。好评意味着给予你赞誉的人的数量，差评意味着负面口碑的数量。在一个周期（比如一个月）内，好评占总评论数的百分比和差评占总评论数的百分比，清楚地表明了你的企业的口碑情况。

有的餐饮企业甚至将大众点评上的好评数与差评数及得分多少，作为管理人员绩效考评的重点内容。这无疑是一大进步。

到这儿，我们已经把点爆口碑落地的五个行动方针（要点）都做了详细的介绍。趁着你记忆犹新之际，在此列出马上就可以做的事情，马上就可以开始成功点爆口碑的动作：

- 查看消费者谈论你的平台（网站）。
- 指定专人参与口碑交谈，最好是店面负责人参与交谈。
- 持续关注一个问题："这样做能引发议论吗？"
- 提出一个能够引发议论的话题，一定要简单易行。
- 为口碑谈论者组织专门的品鉴会。
- 设计出伴手礼。
- 用简便的方法跟踪观察口碑。
- 为口碑谈论者提供信息。
- 如有错误，马上道歉，态度必须诚恳，快速解决问题。
- 与慈善组织合作。
- 持续收集痛点，打造惊喜点。

千万记住：一定要做能够引发议论的事情！

策划点爆口碑的活动时，可以使用下面的工作表。按照所列的八个步骤去做，制订的计划要便于单店执行。从简单易行和花费不大的行动开始，然后扩展为完整的口碑活动。具体见表5-5：

表5-5 单店点爆口碑行动计划工作表

步骤	行动	落地计划
1. 指定专人	确定负责人，鼓励有能力的员工参与	
2. 奠定口碑基础	关注适合本店的线上口碑放大工具，如大众点评、抖音、小红书等	
3. 制作便于传播的内容	店方发布的信息内容要便于扩散，如视频、图片、简练的文字等	
4. 注意倾听	每日搜索线上的谈论，关注重大意见	
5. 表达意见	积极参与口碑交谈，在专门的社交媒体上注册账户	
6. 从小事做起	每周或每日做（制造）一个口碑活动（话题）	
7. 深入进行	每日反思：我们值得被谈论吗？总结消费者口碑谈论的特点	
8. 享受乐趣	不断推出出人意料的口碑话题	

点爆口碑是善待人的工作。消费者如果喜欢你的店、你的员工、你的菜品、你的环境等，就会谈论你。他们营造出来的口碑，比世界上任何广告促销活动的作用都更为强大，其美妙之处在于：称心如意的消费者会使你的生意扩增，帮你形成营销长尾。

说到底，每天到真诚待人、口碑卓著的企业上班是一件美好的事。这也是成长为可持续的餐饮企业的光明坦途。

四、大众点评——将消费者的评论转化成点爆口碑的利器

前面我们讲了点爆口碑的落地要点。下面，我们将从更为实战的层面，围绕大众点评（在线评论）更为详细地介绍点爆口碑的落地技术。随着时代的进步与科技的发展，互联网影响着各行各业，餐饮行业也不例外。传统餐饮企业"酒香不怕巷子深"的经营理念已经不适应现在消费者的消费习惯。大众点评的出现，不仅帮助消费者解决了获取有效信息流的问题，让他们能更好地探寻自己喜欢的餐饮店类型，还能帮助餐饮企业在大众点评的平台上很好地展示自己门店的特色与口碑故事（品牌故事），从而使消费者能全面快速地了解企业的信息。随着消费者对大众点评产生依赖性，企业能够在大众点评上便捷地实现口碑宣传，吸引消费者，进行品牌传播。

大众点评无疑是目前功能最为全面、强大的综合性生活服务互联网平台，它主要是服务于本地生活及交易平台的独立的第三方的消费点评平台。它的优势体现在如下几个方面。

·双流量平台：餐饮企业可以通过美团和大众点评两个平台共同为企业引流，具有显著的引流效果。

·多种营销产品：大众点评有预订、会员营销系统，有推荐特色菜、促销活动、红包优惠以及数据营销等功能。

·便捷的支付系统：在大众点评上，消费者可以直接买单。

·完善的点评系统：消费者团购产品后，不仅可以在线上进行文字点评，还可以在手机端点击"上传图片""上传视频""写笔记"等，做出更好、更真实的评价。另外，大众点评针对上传真实点评的消费者设置了一系列奖励机制，鼓励消费者积极主动地评价企业。大量的评价不但便于更多消费者直观地了解餐饮企业，还能帮助餐饮企业不断提升自己的专业能力，打造被记住的品牌。

下面我们将重点介绍大众点评的点评功能对于餐饮企业点爆口碑的巨大作用。

(一)大众点评的在线评论功能——企业的机遇

我们最近的一次(针对300位使用大众点评的消费者的)调研结果显示：

·平均来说，一个消费者在了解一家餐饮店时会看10条左右的在线评论；

·69%的消费者信任在线评论，就如同信任身边人的推荐；

·在18~34岁的年轻人中，相对于来自朋友和家庭的建议，有一半以上的人更信任在线评论中的观点。

5年来，我们每年都会做一次关于大众点评使用情况的调研。我们的结论是：随着时间的推移，大众点评的在线评论的影响力将会越来越大。

1. 在线评论是一个非常重要的营销渠道

在和我们认识的餐饮人谈到他们关于在线评论和评论者的感受时，一个非常显著的特征就是很少能听到"爱"这个词。一种常见的态度是漠不关心；另一种常见的态度是怀疑，甚至害怕；还有一种态度是"等我有时间了再来处理"。虽然有些餐饮人认识到了在线评论可以吸引新消费者，但是他们把在线评论视为和其他营销手段一样，或认为不如打折、做广告效果来得快，以至于无暇顾及。

这里我们想告诉大家的是，在今天的餐饮市场上能否取得成功，取决于能否"拥有"在线评论。应将其作为最优先考虑的营销工作，并且发展出一套对评论进行友好回复的方法，以便加强与消费者的联系。

为什么要学会去"爱"在线评论？有三个事实我们必须确认：一是消费者的在线评论就是消费者个人体验的写照；二是消费者在做餐饮消费决策时越来越依赖于在线评论；三是一家餐饮企业的在线声誉完全掌握在消费者手中。在今后的时代，在线评论无疑是一个非常重要的低成本营销渠道。所以餐饮人绝对不能忽视消费者的在线评论，同时还要监控管理包括大众点评在内的许多网站的评论，这是抓好出品、服务等之外的必修课。千万不要把在线评论管理工作推给所谓的专业营销人员，这是一线餐饮员工必须做的日常工作。

在今天的餐饮市场上能否取得成功，很大程度上取决于能否"拥有"真实的在线评论。有很多选址很偏僻的小店之所以能火起来，就是因为有很好的在线评论。其实，在线评论(评价)就是口碑。

在线评论能给餐饮企业带来"四多":多客、多来、多消费、多传播。

首先,在线评论有助于增加消费者数量——多客。

试想一下,你去哪儿旅游,在哪儿住宿,去哪儿吃饭,是否会寻求在线评论的帮助?这些在线评论是否直接影响着你的消费决策?你是否通过这些评论知道了许多店面?

其次,在线评论会引发消费者前来消费的冲动——多来。

比如,当有需求的消费者在大众点评上看到一家餐饮店的评论数很多(几千条),评分在 4.5 分以上时,一般都会产生前去消费或者复购、转介绍的冲动,自然而然就会产生多次消费的结果。

再次,在线评论会引导消费者多花钱——多消费。

当消费者决定去一家餐饮店消费时,一般会在大众点评上看一下这家店的商家推荐菜和网友推荐菜,丰富多彩的推荐与点评会使消费者产生多消费的欲望。

最后,在线评论会促使更多的消费者写出评论——多传播。

当消费者根据大众点评上的评论做出消费选择并进行体验之后,就会形成自己的真实体验,就会产生发表自己观点的想法,就会模仿别人写出自己的真实感知,形成口碑传播洪流,以影响更多人。

当然,在线评论不可能都是好评,也必然会有差评。在线评论是真实的,它记载了形形色色消费者的真实体验。即便过去有可能存在不真实的现象,但我相信,各大平台必会想方设法确保评论的真实性,因为充斥着不真实评论的平台是长久不了的。

对于在线评论中的差评该怎么办?我们的观点是:

·一条差评有可能会让企业损失 30 个消费者。

·差评就是消费者的痛点表达,能给企业带来新的机会——一定要积极回复与认真对待,并持续改善相关服务或产品。

·消费者自己会对比好评与差评的具体内容,综合来判断。

·有好评,有差评,会让消费者更相信在线评论。

总之,我们餐饮人要接受几个无法改变的事实:你的秘密不再安全;你的身份不再保密;关于你的消息也不在你的控制之中;品牌宣传不再靠你自己吹。但是我们可以更明智地参与其中。

竖起耳朵仔细聆听这些消费者的评论吧!他们的表扬与抱怨,也许可以帮你理清改变产品的思路,或者启发你研发一个更好的产品,更何况也许他们还会让你名扬天下。

2. 大众点评在线评论的两个要素

（1）评价体系

评价体系是餐饮企业在大众点评上运营的核心。现如今，消费者都是通过看评价选择要去消费的企业。消费者一般主要看三个评价指标：评论数量、评分和人均消费。

· 评价越多（评论数量越多），说明企业的人气越高，消费者的认可度越高。

· 评分就代表着星级，一般4.8分以上（含4.8分）为5星，每0.5星为一档。但并不是评论数量越多，评分（星级）就越高。我们经常看到有的企业的评论数量不多，但评分很高；有的企业的评论数量很多，但是评分却不高。评分（星级）和评论数量是两个不同的维度。评分（星级）代表着消费者对餐饮企业的服务、环境、菜品、口味、定价等的总体感受。

· 人均消费也很重要，它代表着消费者在体验之后，根据自己的支出标出的人均消费金额。这是大家预算开销的参考。

我们特别强调的是，这三个指标都很重要，尤其是评论数量更为重要。评论数量代表着企业的人气以及到企业消费的消费者的数量。从消费者心理的角度看，大家都喜欢凑热闹，哪一家评论数量多，说明去过的人多，消费者就会觉得这家企业肯定不会太差。再结合人均消费数据，如果合适，大多数消费者都有可能会跟风消费。企业说自己有多好，消费者一般只是听听而已；消费过的消费者说某企业如何好，别人就会觉得可信，宁可排队几小时也要尝试一下。比如，评论数量过万条的店，一般都要排队就餐。这是一种从众效应，也体现了评价体系的重要性。

关于"全部评价""精选评价""优质评价"等具体内容，因大众点评的规定在时时优化，我们就不展开介绍了，大家可以时时关注大众点评的更新。

（2）前20条评价及其转化

评价体系影响着企业口碑的转化率，前20条评价甚至会影响整个评价体系，所以企业的前20条评价非常重要。因为前20条评价是滚动更新后展示在最前面的评价，所以其曝光率、浏览量、点击量都非常高，对企业的评价体系影响非常大。

作为消费者，绝大多数人都没有时间和精力去翻看所有的评价，一般只会看展示在最前面的不超过20条的评价内容（以及最近的差评）。所以说企业的前20条评价基本上可以概括整个企业的评价体系。如果前20条评价中出现了多条差评，在高曝光率、高浏览量、高点击量的情况下，就会影响潜在消费者的消费意愿。因此，企业要持续密切关注自己的前 20 条评价。

（二）了解大众点评上的评论者和评论——谁？为什么评论？

在线评论目前仍是一个新生事物，餐饮研究者仍在不断总结影响评论者及阅读者的因素。希望你可以采用我们的一些观点做出明智的决策，以便更好地连接潜在的消费者，了解哪些评论会给你的企业带来最大的利益，哪些评论不值得花费太多的精力。

1. 哪些人是大众点评上的评论者

如前文所述，点爆口碑必须非常了解口碑谈论者，包括他们的好恶、需求以及进行评论的动机。但是，对餐饮企业来说，在线评论者的群体很小，只是众多消费者中的一小部分。因此，为了最有效地使用在线评论，我们必须更加深入地讨论哪些人更容易在大众点评上发表评论。

（1）评论者的人口统计特征

我们多年的研究显示，在大众点评上发表评论的，女性比男性多；看评论的，同样是女性多于男性。我们综合几年的数据发现，63%的评论是由女性发布的。这说明，女性消费者占据着你的在线评论的主要控制地位。

从年龄方面来看，年轻人通过他们的评论与其他人连接，他们比年纪大的人更多地通过在线连接和分享以进行信息和情感交流。有一点要注意：前些年在大众点评上分享评论的人主要集中在 16—40 岁这个年龄阶段；今年以来的调研显示，40—50 岁的人群的评论量在显著增加。

还有就是，大城市消费者的评论数量比小城市消费者的评论数量多，城市消费者的评论数量比农村消费者的评论数量多，在大众点评（美团）上购买代金券、套餐的消费者的评论数量比不在大众点评（美团）上消费的消费者的评论数量多。

（2）"大 V" 评论者

有些人对在线评论非常热情，他们发表的评论数量多且内容丰富，比如大众点评的 V5、V6、V7、V8 等"大 V"级评论者。大众点评平台欢迎这些人，因为他们可以给大众点评持续注入新鲜、真实的内容。任何消费者都可以申请加入"大 V"行列，只要你分享得活跃，达到了一定的要求，就可以不断升级。当然，大众点评也会通过一些公开正式的邀请，进行免费品鉴（或打折）活动，请"大V"们品鉴之后发表自己的真实感受。

（3）付费以及虚假的评论者

如果不提及为了钱而撰写一些虚假评论的人的特征，那么关于大众点评上评论者这个群体的介绍是不完整的。

撰写真实评论而赚取费用或享受免单被称为背书。如果经过适当公开，如点评中出现"免费试评价"的提示，那些付费或享受免单的背书就不存在任何不道德的问题。

问题在于，有一部分在线评论是虚假的，而且绝大部分的虚假评论都是正面的评论，是由那些专业的"好评管理公司"根据企业的要求提供的。

另外一种虚假评论是由企业内部人员的朋友或家庭成员写的，尤其是根本就没有体验过就直接给予好评，这是不道德的行为。

员工的好评也是一种虚假评论，甚至是违反大众点评条例的，除非员工在评论中写明自己的身份。

2. 什么会引起评论

这里我们要讨论一个话题：在消费者进行现场体验之后，哪些因素会使他们在大众点评上发布关于你的店（产品）的在线评论？

（1）被询问

我们在调研时发现，餐饮店员工主动询问消费者体验如何并请求评论，会强有力地影响消费者发布在线评论。

（2）社交习惯

发布评论，对有些年轻消费者来说是一种公共的、社交的互动过程。一些评论者发布评论只是为了自我感觉良好，而另一些评论者则是真诚地希望能够帮助其他消费者。

（3）奖励

我们的调研显示，40%的消费者在收到奖励（如折扣、免费项目）时更有可能给予好评。但是，我们反对这样做。因为这是违规的，也是违反道德标准的。这样做会让大家认为你的高分及评论数量是假的。

（4）专业人士的挑剔

有些专业人士或希望被看成是专家的人，可能会给出更多的负面评价。需要强调的一点是，最好不要给同行差评，否则会造成误会。

（5）触发评论的消费者体验

消费者的体验有可能会促使他们在线倾吐自己的感受。

·体验与期望值不一致。消费者的满意度取决于餐饮消费体验的质量，以及与消费者的期望相匹配的程度。当二者不匹配的时候，消费者可能就会后悔、生气，觉得深受打击，以致想通过在线评论的方式"纠正这一错误"。这么做会使消费者的挫折感得到释放。

·有一段特别好或特别坏的体验。也许你已发现，有很多 5 星（4.5 星）和 1 星（0.5 星）的评论，却没有那么多 2 星和 3 星的评论——那些有较好或较差的消费体验的人更愿意贡献他们的评论，而那些有中等消费体验的人则不太可能贡献评论。

这也体现了我们在撰写本书时特别强调的极致口碑营销的基本逻辑：洞察痛点、打造惊喜体验、点爆口碑。尤其是当痛点被转化为惊喜体验时，正面的评论（好评）是很容易产生的。

·缺少其他沟通渠道。有些消费者将发表评论作为和企业管理者沟通的一种方式，希望引起重视或解决某个问题。这就是企业必须监控在线评论并及时回复、改善的原因。

（三）监控并学习在线评论——在线评论是指南针

在线评论是一种新生事物，餐饮人必须学会追踪在线评论的方法；更重要的是，要将从评论中学到的信息融入经营管理实践中。

餐饮企业需要建立一个流程，定期监控在线评论，并且将在评论中发现的信息转化为菜品、环境、服务、定价等的改进点。要做到这一点，可能需要一些文化上的改变。例如，如果你的企业的运营一直都依赖于老板基于直觉所做的决定——"我知道对于我的企业来说什么是正确的，哪些人有资格告诉我应该怎么做"，那么远离这种根据直觉做决定的方式，建立精细的消费者体验数据将有助于改变这一情形。这也需要餐饮人进一步思考资源的分配。所有人都需要投入更多的精力去对待、监控、回复评论，并据此改善工作。这是时代赋予餐饮人的新职责。

1. 监控评论以获得更好的结果

一套完备的大众点评在线评论监控流程有助于培养一种习惯，包括在正确的地方进行观察，并且能够识别出那些可以用于行动的反馈。

（1）大众点评的在线评论至关重要

大众点评的在线评论无疑是餐饮消费评论中最专业的，同时也是消费者评论量最大的，也是对消费者的决策影响最大的。所以，餐饮人要密切关注大众点评上的在线评论。

（2）观察新的评论

在大众点评上对新的评论进行观察应当是一个持续的任务，问题在于找到一个合适的观察周期，以及形成一套合理的响应流程。这样不至于遗漏重要的发展机会或过度耗费时间和精力。

（3）分门别类进行分析

消费者不同，消费者的体验不同，则消费者评论的侧重点也不同。在这种情况下，餐饮企业要做些功课，对那些评论逐步进行分类，从中找出有用的信息。定量与定性分析有助于企业搞清楚在一片差评或好评之中，哪些方面是被批评的，哪些方面是被赞扬的。

重要的问题是：我们可以做些什么？哪些值得关注的方面可以固定下来，它们对哪些赞誉有助益？哪些必须立即改正或引起足够的警惕？

（4）采取行动

在整个评论监控流程中最显而易见却又是最困难的一步，也许就是将消费者的反馈转化为积极的行动。企业要形成流程驱动的习惯，以便利用那些可操作的消费者评论来提升企业的专业能力。

比如：

·公开及私下回应，有针对性地表达感谢、道歉、澄清，或者采取一些措施解决问题。

·在其他网站、店面现场分享某位消费者热情洋溢的评论。

·将评论中所包含的信息传递给内部团队：关于菜品的信息传递给后厨团队；关于服务的信息传递给前厅团队；关于功能的信息传递给后勤团队；超出权限的信息传递给上级。

·使用回复功能来校正推荐计划：针对好评，可以热情地推介本店的招牌菜和本企业的发展情况、企业价值观。

·当评论提到某个员工时，以抱怨或者赞誉进行跟踪，包括警告、处罚、培训，或者给予奖励。

餐饮企业应建立定制化、可视化的监控在线评论的流程性工具，来追求最好的结果。

2. 在线评论监控及分析工具

消费者的评论体系很重要，会直接影响看评论的消费者的转化率。消费者的真实评论最能体现餐饮企业的真实情况。评论不单单是展示给消费者看的，也可以供餐饮企业参考。消费者根据到店体验发布真实评论；潜在的消费者根据评论决定是否到店消费；餐饮企业根据消费者的真实评论分析自己的优势和存在的问题，从而不断改进，提升自身的水平。

对餐饮企业来说，最重要的是要知道在广大消费者眼里自己的优势和存在的问题。大众点评的评论体系可以很好地解决企业的这个问题。餐饮企业可以通过评论体系来监测评分、评论的动态变化。还可以通过大众点评的实时数据分析，了解自己在大众点评上的好评、好评率、评论数量、差评、差评率，并进行单项内容分析。企业可以清晰地看到自己在菜品、服务、环境、人均消费等方面的优势和问题，从而及时做出调整和改善。

通过对评论内容的整体分析，可以看到企业本周、本月、上个月、近半年、近一年的数据，包括菜品、服务、环境满意评价数量、不满意评价数量等，并可以进行单项分析，提取表示满意与不满意的关键词。通过对周、月等数据的分析，企业可以及时了解情况，尤其是关键环节的情况，如味道差、分量少、不实惠、态度差、上菜慢等，还可以通过关键词追踪到评论的具体时间和具体内容。

企业也可以通过网友推荐菜来了解菜品受欢迎的程度，以及消费者对哪些菜不满意，以此为依据，打造招牌菜、主推菜品，甚至调整菜单结构。这里要强调一下，网友推荐菜比商家推荐菜更为重要。因为在消费者看来，商家推荐菜是商家说自己的招牌菜是什么，而网友推荐菜是消费者体验之后的推荐，更为可信。当网友推荐菜与商家推荐菜重合时，消费者一般都会选择这些菜品。

如果你有兴趣，你还可以将主要竞争对手的评论认真分析一遍。因为在大众点评上，你的竞争对手的评论也是公开的——知己知彼，百战百胜。大众点评本身就有强大的分析系统可利用，当然企业也可以根据自己的情况自行分析。

表5-6是一家餐饮企业的店长制作的周大众点评综合评论分析表。

表 5-6 ××店店长的周大众点评综合评论分析表

填表人：_____　　_____店　　2023 年 9 月第____周____日至____日

本店	上周大众点评上的评论合计 11 条 其中，5 星好评 6 条：表扬服务态度好的 3 条（表扬刘艳红的 2 条，表扬牛刚的 1 条） 　　　　　　　　　表扬招牌菜葫芦鸡好吃的 2 条 　　　　　　　　　表扬整体好，没有具体说人和菜的 1 条 3—4 星中评 3 条：其中提出希望加强洗手间卫生管理 1 星差评 1 条：反映收餐员工衣着不干净 0.5 星差评 1 条：消费者只写了"太差了，啥都差，以后不来了"（给消费者回复，未见消费者再反馈）
主要竞争对手 ××店	上周大众点评上的评论合计 3 条 其中，5 星好评：无 4.5 星好评 1 条：表扬菜量大、实惠，但提出上菜速度太慢 0.5 星差评 2 条：反映管理人员态度恶劣及提出菜品有质量问题后没人管
我的分析 与对策	1. 按规定，每条好评给予被表扬者 3 元奖励，前厅刘艳红奖励 6 元，牛刚奖励 3 元；后厨葫芦鸡获好评 2 次，给后厨奖金池加 10 元 2. 前厅经理立即制定洗手间营业高峰期卫生整改方案 3. 前厅经理及带班主管对收餐员工进行帮教，一天内见效果 4. 针对竞争对手的差评，我们要引以为戒，而且要有针对性地打造我们相对应的亮点：管理人员要始终面带微笑；坚决执行不满意便退菜的政策

在介绍监控分析工具之前，让我们将监控工具所具有的功能汇总如下：

· 当出现新的评论时发出通知，使人能及时看到新的评论。

· 提供计量和分析工具。

· 汇总分析评论。

· 提供有针对性的平台，便于采取后续行动。

· 给企业内部的不同人员提供不同的视角。

· 将你的状态和你的竞争对手进行对比。

· 将同企业的不同店面进行对比。

（1）日清周结监控表——监控自己

我们用大众点评在线评论日清周结监控表向大家展示监控工具的使用情况，如表 5-7 所示：

表5-7　大众点评在线评论日清周结监控表

2023年10月第一周　　2—8日

日清	填表人：前厅经理					周结　　填表人:店长及部门负责人
日期	评论星级	评论分类（个）				前厅经理周总结：
		服务	菜品	环境（功能）	其他	·好评经验(值得表扬的员工及事迹分享)：
2日	低于2.5星的评论（差评）					·差评分析（谁、过程、问题、整改措施及效果）：
	2.5—4星的评论（中评）					·需要的支持（或存在的困难）及奖励与处罚建议：
	4.5—5星的评论（好评）					厨师长周总结：（同上）
	小计： 日新增评论数：　　　新增好评数： 新增中评数：　　　新增差评数： 网友推荐菜点赞量上升： 各评论是否按规定回复： 受到好评的员工、菜、事： 受到差评的员工、菜、事： 亟须改善的是：					店长总结环境及其他：（同上）
3—8日：略						店长周总结： 　　明确各部门围绕在线评论反映的问题的主攻方向：
周总计： 新增评论数： 星级（分数）：						
新增差评_____个，占比： 差评中服务类_____个，占比： 差评中菜品类_____个，占比： 差评中环境类_____个，占比： 差评中其他类_____个，占比：						
新增好评_____个，占比： 好评中服务类_____个，占比： 好评中菜品类_____个，占比： 好评中环境类_____个，占比： 好评中其他类_____个，占比：						

·本表分为两部分，日清表由前厅经理负责在每日闭市前填写，周结表由店长及各部门负责人在周会前填写。

·用差评、中评、好评三个维度对消费者经常评论的内容（服务、菜品、环境、其他）进行分类统计和日定量统计。

·每日小计，用日新增评论数、是否及时回复、点名受到好评者、点名受到差评者、亟须改善等项目进行日定性分析。

·周总结，用周新增评论数、周星级、周新增差评数及其占比、周新增好评数及其占比、各分项评论数及其占比进行周定量统计。

·在周报表中，前厅经理及厨师长根据日清表中的数据对好评、差评进行定性分析和总结，同时提出奖与罚的建议，或提出存在的困难、需要的支持。

·店长或后勤经理对环境及其他分析进行定性总结。

·最后，店长进行综合总结，明确各部门下一周围绕在线评论反映的问题的主攻方向。

（2）周竞争对手在线评论监控表

知己知彼，百战百胜。监控大众点评上的在线评论时必须监控竞争对手（包括同品牌的其他店），因为消费者总是在对比中做出决策的。周竞争对手在线评论监控表如表5-8所示：

表5-8 周竞争对手在线评论监控表

项目			对标1 （本企业的优秀店面）	对标2 （外部竞争对手）
好评	4.5分以上好评		____条	____条
	主要好评内容	菜品		
		服务		
		环境（功能）		
		其他		
差评	差评		____条	____条
	主要差评内容	菜品		
		服务		
		环境（功能）		
		其他		
目前星级				
目前总评论数				
给我们的启发				

- 对标店面：一是可以选择本企业的优秀店面或外部优秀店面；二是可以选择本店周边主要竞争对手店面。

- 好评与差评：除了记录对标店面的周好评数和差评数外，关键是总结对标店面好评的内容；从菜品、服务、环境（功能）、其他四个方面进行关键点总结。

- 给我们的启发：从竞争对手的在线评论中学习、借鉴，竞争对手受到好评之处我们要学习，消费者给竞争对手的差评，我们更要重视，因为这是我们的机会点。把竞争对手带给消费者的不良体验转化成我们店的惊喜体验，这就是竞争的本质，也是店与店之间竞争的关键。一定要把启发变成行动方案。

3. 行动方案

在完成周内外评论监控总结后，企业管理者可能会听到一些熟悉的抱怨或者表扬的声音，也可能会看到一些让人惊讶的事情。针对这些发现，管理者要整理思路，制定行动方案，并落地执行，查验效果。

第一，立即回复。不要忘记及时对评论做出回复，让评论者及所有阅读评论的人都知道你的认真态度和积极回应。这本身就是口碑传播。

第二，找到那些容易做的事情。是否有些特定的、容易补救的问题出现过不止一次（如大厅太冷）？那么为什么不立刻着手改变呢？

第三，那些在多个评论中都表现出来的抱怨值得你关注。但是对那些存在比较大的困难的改变，如果不能立刻着手进行，可以做哪些事情来适当改善呢？例如，你也许没有办法缩短排队就餐的时间，那么你可以想出一些办法让等候变得快乐一些吗？

第四，是否有某些员工受到了赞扬？一定要对那些获得了在线评论认可的员工进行表扬或奖励。对受到批评的员工也要进行警告或处罚。当然，这些信息最好在评论回复中体现出来，消费者会看到的，也会因此而开心的。

第五，把好评、差评中的典型案例与员工进行分享，这是非常有效的培训。

（四）如何获取更多评论——积极主动

我们的研究结果显示，消费者在查看大众点评上的餐饮店时，不是仅看是否是高分（如4.8星、5星），更关注该店的总评论数。因为总评论数代表着有多少消费者到该店体验过，证明了该店的人气。一个高分但总评论数少的餐饮店与一个分数尚可但总评论数多（几千甚至上万）的餐饮店，你对哪一个更感兴趣？

尽可能多地积攒评论数，这样消费者就能更好地告诉潜在消费者关于你的真实情况。接下来我们讲一讲在大众点评上获取更多评论的正确方法。

1. 提出请求，你就能有所获得

与人际交往的原则一样，提出请求，你就能有所获得。前面我们提到了被请求进行评论的人更愿意写评论。那么如何正确地征求评论呢？

（1）鼓足勇气

如果你是因为不好意思而不愿征求评论，那你真的应该摒弃这种想法。试着回忆一下当年的滴滴公司、京东商户、淘宝商户是如何征求你的评论的，你是如何从诧异到慢慢习惯给出评论的。鼓足勇气向消费者征求评论，已成为餐饮管理者必做的日常工作。

（2）让合适的人征求评论

请求消费者给出评论是一项技术活，需要审时度势，需要较高的人际交往能力。而餐饮行业的许多员工因文化素质不高、社会经验有限，人际交往能力存在着明显的不足。如果让不合适的员工去征求评论，反而会适得其反。

要选择经验丰富、人际交往能力强的员工或管理人员向消费者征求评论。还要对选择的人进行专项培训，比如培训征求的时机、征求的话术与态度等。

（3）让消费者的操作简单易行（非强制性）

你是在请求消费者的帮助，不是在发号施令。消费者知道写评论不是强制性的，他们的真实评论更加可贵。同时，消费者写评论应该是快速、简便的，没有必要要求消费者非要写出100个字以上、包含6张图片的优质评论。你只需告诉消费者"请您给出对我们的菜品、服务等的真实评价，这对我们十分重要"就可以了。

2. 现场个性化征求评论

餐饮店现场是征求消费者评论的最佳地点，要点如下：

①在消费者体验即将结束或离店之前。

②观察消费者，确认消费者对此次的体验比较满意。许多评论是消费者因为获得了惊喜体验想答谢商家而给出的。千万不要做傻事——不管消费者满意与否，只顾向消费者讨要好评，这样做只会自取其辱。

③让消费者知道，大众点评的在线评论对你的店面和你个人都很重要（也可以通过桌贴、台卡告诉消费者）。

④不要想当然地认为你的顾客都知道如何使用大众点评的评论工具。如果你觉得你的

顾客不太适应如今的数字时代，你可以在得到消费者同意的情况下指导他们写评论。这里需要强调的是，绝不能拿着消费者的手机自己给自己写评论，或者将企业提前写好的好评让消费者直接复制。这是原则问题。

⑤坚持给消费者提供惊喜体验，坚持主动向消费者征求真实评论，坚持是十分重要的。

⑥将主动征求真实评论的态度（提醒）印在餐巾纸、菜单、台卡等上面，不断提醒消费者，我们希望得到真实的评论。

⑦善待大众点评（美团）上的团购消费者。在大众点评（美团）上团购的消费者的评论更重要，所以一定要善待他们。

3. 聚焦于重点项目的口碑

前面提到的步骤很管用，此外你还可以做得更好：将口碑作为一个基础元素融入在线评论，引导消费者根据自己的体验，有重点地将评论聚焦在一些重点口碑项目上。

①建议消费者在体验之初就开始重点关注重点口碑项目，如特色招牌菜、亮点服务、特殊环境（功能）等。

②在消费者即将体验结束时，主动向他们征询对重点口碑项目的真实感受。如果是满意、惊喜的体验，就可以顺势征求消费者针对重点口碑项目的真实评论。

4. 杜绝不道德的操作

获取新评论是个辛苦活儿，我们当然不希望你的辛劳被白白浪费——大众点评有完善的审验评论及处罚机制。我们希望获取更多的优质好评，但有一些事情是不能做的。

①千万不要自己给自己写评论。企业员工给自己的企业写好评是不道德的，甚至是欺骗消费者的行为，必会受到消费者和大众点评的惩罚。

②不要给消费者提供企业自己写的内容。我们知道这么做有多么诱人，尤其是那些很有销售能力的餐饮企业，想要通过完美的措辞来提高自己的在线声誉。但是，消费者想看到的是对自己有帮助的真实评论，而不是由企业操控的营销副本。当然，企业可以给消费者一些评论引导，给消费者一些适当的要点口碑提醒，如"我们的特色是……，请您品鉴。如果您感到满意的话，我们衷心希望您能抽出一点时间对我们做出真实的点评"。

③不要让消费者发布一样的评论。一些餐饮企业急功近利，用事先准备好的评论模板让消费者复制并发表评论。有的企业的员工甚至拿着消费者的手机写出雷同的评论。其结果是评论区充斥着大量内容相似的评论。这样做是不道德的，也是大众点评不允许的。

④不要给做出好评或修改差评的行为提供报酬。无论何时，给积极的好评支付报酬总

是不道德的。

（五）好评回复——有针对性的回复能体现诚意

评论回复是餐饮企业与消费者之间的一座桥梁。在目前消费者就餐普遍看企业星级、评分、评论数、评论内容的大环境下，企业要充分利用这座桥梁，维护与消费者之间的关系。很多餐饮企业不重视评论回复或者敷衍了事——不回复或者用复制粘贴的方式回复，觉得回复评论没什么意思，甚至是浪费时间。这是认识上的错误，必须纠正。

重视评论回复的主要目的，是更好地落实以消费者为中心的经营理念，带给消费者极致体验，在大众点评上树立良好的形象，打造极致口碑，使团队形成对消费者的敬畏心。

评论回复分为好评回复和中差评回复。关于中差评回复，我们在后面的"穿越负面口碑"中详细讲解。

通常看到的餐饮企业对好评的回复几乎千篇一律：

"感谢您对我们店的好评。得到您的好评，是我们最开心的时刻！期待您的下次光临，祝您生活愉快。"

"这么焦急地等待就是为了看到您的好评。您的好评对我们是多么的重要，是对我们的肯定，更是对我们的支持。感谢您！期待您再次恩宠。"

"哇！此时此刻最开心的事情就是一字一句地阅读您的好评。看到您对我们的支持和满意，我们也是非常开心啊！我们相信，有了您的支持，我们会更加努力，下次向您展现一个更好的×××。"

雷同的回复重复很多遍，会让消费者觉得企业不够真诚，企业是在用一种敷衍的态度回复自己。企业用一个或几个模板对所有的好评进行回复，或者干脆不回复，这样无法让消费者感受到企业的诚意，甚至会影响其他消费者写好评的冲动。

一句动人的美言，听一遍会很开心，听两遍、三遍可能会腻，听八遍、十遍可能就会反感。尤其是发现这是用千篇一律的内容回复不同的好评时，消费者肯定会受到打击。

所以，不管是差评还是好评，餐饮企业都应尽量避免在回复过程中使用重复的语言，要有针对性地进行个性化回复，尽量做到认真、逐一回复，让消费者在浏览评论时不会看到重复的、复制粘贴的回复内容。必须做到消费者表扬什么回复时就解读什么。

例如：消费者说××菜好吃。回复："您好，谢谢您的表扬。××菜的主料，我们选自……期待您再次光临！我是店长×××。"

这样的回复既有针对性，很真实，又宣传了自己企业的亮点，同时还给了消费者进行口碑再传播的信息。这才是企业参与、推动口碑传播的正确做法。

企业在回复评论时，除了要有针对性，还可以使用语言技巧增加趣味性，让消费者印象深刻，心情愉悦。这可以提升企业的品牌形象，突出企业的特色，增加消费者对企业的好感。越用心的好评回复，越容易获取更多消费者的好感。餐饮企业要好好利用这个板块，建立起与消费者的紧密联系。这已经属于现代餐饮人的基础工作内容。

五、穿越负面口碑——点爆口碑的必杀技

负面口碑（评论）总会在线上线下出现，包括大众点评上的中差评等。即使是对十分优秀的餐饮企业而言，也是如此。你不应当幻想阻止每一条可能出现的负面口碑，或者将它们从公众的视野中移除。你应该保持冷静、审慎的态度，采用下面介绍的专业技术，将损害减至最小。

（一）负面口碑的影响——千里之堤，溃于蚁穴

只要是到店消费（外卖）的消费者，都有资格对餐饮企业进行评论。一个面对面的批评或者争论也许在几分钟内就会消失在空气中。然而，在某些著名App（如大众点评、抖音）上的差评则可以被成千上万人看到。这是目前令餐饮企业十分头疼的事情。比如在大众点评上出现差评，不但会影响企业的星级或榜单排名，还会直接影响企业的客流量和营业收入。负面口碑在互联网时代甚至可以毁掉一家餐饮企业，因为线上的任何一条负面评论都有可能被大量消费者看到、转发，进而影响更多人的决定。

看到线上的负面评论后，大多数餐饮人的想法是：这个消费者为什么会这样？我们哪里做得不好？是不是遇到恶意评论了？能不能尽快删掉？可能还有的餐饮人会想：反正一两条差评无所谓，干脆不管就好了。这样的想法是十分错误的。一段时间内的一两条差评在日积月累下会形成大量的差评矩阵，由点变线，由线变面。等到企业感觉负面口碑多的时候，已经晚了，局面可能已经变得不可收拾，再想应对就太难了。好评固然重要，但是如何减少负面口碑，如何处理好负面口碑，更为重要。

负面口碑、恶意负面口碑是每个餐饮企业都避免不了的。有的餐饮人自作聪明地说："在大众点评上，1条差评导致的星级和评分的降低要用10条5星好评才能补回来。"实

际上,这仅是从评分(星级)的角度看问题。殊不知,即使企业的评分(星级)再高,消费者也会认真阅读企业的差评的。

总而言之,餐饮企业应该知道穿越负面口碑的重要性。负面口碑既然不可避免,就要尽量减少,尽量避免造成恶劣的影响。穿越负面口碑要了解负面口碑的成因,要将负面口碑消灭在萌芽状态,要用诚恳的态度认真回应,要对潜在消费者进行引导。

随着网络平台的发展,线上评论成为消费者选择餐饮企业的重要依据。餐饮企业对负面口碑的应对,也是很好的宣传品牌的机会。穿越差评,让给予负面口碑的消费者变成回头客、正面传播者,是所有餐饮人的必修课。

(二)负面口碑是如何形成的——自我保护的本能

一些著名餐饮企业因负面口碑导致的悲剧给了大家很大的启示:一次疏忽可能会导致无法预料的后果。从某个方面来说,也正说明了在口碑建立过程中是一步错,步步错。事实上,消费者通常是很仁慈的,在每次危机(负面口碑)即将使企业倒下的时候,总会为其留一次机会,而不是赶尽杀绝。

有一个很典型的例子。

一对夫妻来到一家在本地很有名气的火锅店吃饭。看到店里在做鱼火锅"买两斤送一斤"的活动,他们便点了两斤鱼的鱼火锅。当火锅端上来时,妻子一眼就看出火锅里的鱼不够三斤,甚至不够两个人食用。于是,夫妻俩把服务员叫过来,客气地问道:"你们这里的鱼为什么这么小?显然不足三斤。你们店现在不是买两斤送一斤吗?"

服务员满不在乎地回答:"您好,这就是三斤,没问题的。"

妻子很生气地让服务员找来店长。店长姗姗来迟,问:"您好,有什么问题吗?"

妻子很生气地质问店长:"请你立刻称一下这锅里的鱼有没有三斤。如果不够,我是不会买单的。"

这引起了周围消费者的纷纷议论,大家都意识到自己锅里的鱼可能也不够斤两,很多消费者也纷纷要求称重。

这对夫妻针对这件事在抖音、朋友圈、大众点评上发了有视频的差评,还引来了不少转发和跟评。后来这家店客流量每天都不断减少,最后倒闭了。

对于消费者的质疑,有经验的餐饮人都有所体会:消费者在消费过程中喜欢质疑,一旦第一个质疑得不到妥善处理,那么接下来的质疑将会纷至沓来,挡也挡不住,而且问也会越来越尖锐。如前文中的妻子，刚开始并没有太大的情绪，只是出于好奇而询问服务员。服务员对她的第一个质疑爱搭不理，以及店长的姗姗来迟和装作不知道，才导致后面的问题渐渐变得尖锐起来。

消费者在消费过程中的心理往往是脆弱的，因为此时他们心里有一个矛盾：希望支付最少的钱买到最完美的体验，但又生怕自己吃亏。这使得消费者十分敏感。支配其言行的不再是理智和情感，而简化成自我保护的本能。而本能就像多米诺骨牌。这也是我们经常在线上线下听到（看到）的消费者愤怒的原因。

那么，消费者在什么情况下会质疑，会传播负面口碑呢？

1. 进行重要宴请时

如果消费者只是吃顿便饭，那么即使出现问题也不会加以重视。但如果是亲友聚会、重要社交接待、大型宴请，一旦出现问题，消费者会因自尊心受挫而感到焦虑和气愤，他们会把自己遇到的问题在线上线下不断传播，最后的影响不言而喻。

2. 消费金额超出预期时

当消费者在就餐过程中或结束买单时，发现结算金额超出了自己的预期，很容易出现挑剔的态度，甚至是焦虑、气愤的情绪。如果再有一些不良体验或者服务人员应对不周，问题就会爆发，形成负面口碑并传播出去。

3. 菜品出现问题时

菜品是餐饮企业的根本，是消费者到店消费的主因。大多数的负面口碑都是源于消费者对菜品的不满。消费者对菜品的不满意，主要集中在口味、食材、分量、性价比、上菜速度等方面。常见的对菜品的负面口碑（差评）如："这家店的××菜食材不新鲜，口味极差，还卖得很贵，我是不会再去了。"

4. 员工的服务态度有问题时

服务态度也是消费者给予餐饮企业负面口碑（差评）的主要原因之一。海底捞因其"变态服务"而出名，可见服务的重要性。消费者对服务态度不满意的主要原因包括：服务员响应不及时；服务态度冷淡或者带情绪；服务员仪容仪表不整洁或不讲卫生；服务员不使用礼貌用语；等等。

常见的对服务态度的负面口碑（差评）如："我给这家店打低分的原因是服务员态度恶劣。当我点菜时，服务员一脸的不耐烦；当我让服务员给催一下菜时，服务员居然说今天客人太多，菜本来就上得慢；当我们正吃得高兴时，服务员不断催我们，说他们要下班了。想有好心情的朋友,千万不要来这家店啦!!!"

5. 环境(功能)出现问题时

现在的消费者不单单注重菜品和服务品质,还十分重视环境的舒适度。餐饮企业的整体装修氛围、环境卫生、室内温度、无线网络等因素都会影响消费者体验的满意度。

常见的对环境(功能)的负面口碑如:"这家店的环境(功能)真的太差了。装修过时就不说了,感觉座位、桌子和地面上都有一层油渍。更要命的是空调太差,也没有Wi-Fi。吃个饭太闹心了。"

6. 感觉不便利时

餐饮消费是一个综合体验过程,除了前面讲的内容外,还有一些细节问题也能引起消费者的不满意,比如等位时间过长、停车不方便、发票开具不及时、洗手间使用不方便等。虽然这些都不是很大的问题,但都会影响消费者对企业的满意度。

常见的对这方面的负面口碑(差评)如:"今天要吐槽一下这家店。我排了40分钟的队才吃上饭;上洗手间也太难,男女混用,只有两个蹲位,要方便一下还得排队。菜品还行。但太难了,以后不来了。"

7. 得不到有效补偿时

消费者一旦认定消费过程中出现了质量问题,就有可能会通过现场投诉要求获得补偿。我们调研发现,消费者如果得不到合理的补偿,就会心生怨气,从而报复性地传播负面口碑,宣泄内心的不满;反之,如果企业处理得当,消费者能够轻松地得到合理的补偿,感到满意和惊喜,就不会传播负面口碑,甚至会给企业做正面口碑传播。

消费者在以上情况下极易传播负面口碑。更要命的是,有时会连续出现以上情况,那么恶性的负面口碑传播就是不可避免的了。

(三)把负面口碑扼杀在摇篮里——让信任回归

1. 原理

消费者的负面口碑是一步一步发展而来的。消费者的首次抱怨仅仅是浅层意识或下意识的反应,但如果企业对此置之不理或怠慢,采取回避、拖延或者视而不见的态度,那么第一块多米诺骨牌就会倒下。接下来发生的可能就不仅是浮于表面的问题了。多米诺骨牌的特点就是一旦第一块骨牌倒下,在没有得到妥善解决的情况下,将很难制止所有骨牌全部倾倒。在这个连锁反应尚未停止的情况下,演变的速度只会逐渐加快,直至最后所有骨牌全部倾倒。

但是,第一块多米诺骨牌的倒下与企业的抉择有极大的联系,没有哪个消费者希望自己的不满被忽视,尤其是消费者已经与企业建立了利益关系。因此,企业必须阻止第一块多米诺骨牌倒下,从而阻止一次大面积的崩盘。那么,企业必须积极而诚恳地解决消费者第一次抱怨的问题。即使企业认为这是一次"无理取闹"——有时对企业来说也许是小事,但对消费者来说却是天大的事。

只有使消费者处在感性和理性双重清醒的情况下,才能让消费者在消费后准确、理智地对这次消费给出合理的评论,甚至是好评,完成最初的口碑宣传,也才能避免第一个危机的出现。这就要求餐饮人在遇到消费者质疑的时候,立即用高质量的回应在现场彻底解决消费者的疑问,从根本上制止消费者负面情绪的加深和扩散,甚至是变坏事为好事。

消费者的首次疑问是否得到了妥善解决,直接影响消费者对企业的第一印象。消费者在消费前都会对企业有一种初步印象(想象),这种印象来自"别人说",特点是模糊和不切实际。所以,消费者会在实际消费过程中组织起第一印象,来取代初步印象。

第一印象更有实质意义,因为它是消费者在亲身与企业接触的过程中根据种种体验做出的判断,是对企业的一切表现的归类整理,并最终得出结论。

消费者尤其看重企业处理问题(自己的抱怨)的态度与方法,特别是第一次出现问题时企业的表现。无论这个问题是大是小,企业的应对反应都直接关系到消费者对企业的评价。因此,餐饮人必须时刻关注消费现场(含外卖)消费者的反应,尤其是在消费者首次产生疑惑的时候,必须及时解决这个疑惑。否则,任何不安的情绪都足以让消费者在接下来的消费过程中抱有怀疑心理,且这种心理会逐渐加重。这种心理在很大程度上会削弱消费者的理智判断能力。在逐渐加重的怀疑心理的影响下,原本很小的一个问题会被无限放大,形成雪球效应,最终引发消费者群体的连锁反应。

然而,企业仅仅是诚心诚意地解决问题还远远不够,还需要用极致方法把消费者心中的怀疑心理彻底扼杀在摇篮中,让信任回归成为主旋律。只有这样做,企业才能真正使消费者对自己形成良好的第一印象。

消费者在消费过程中产生的第一印象极其重要,因为其后对企业的评价都会以此作为依据。消费者在消费过程中一旦遇到问题,就可能表现得比较激烈,甚至会有些偏激。这时,企业必须更加谨慎地面对问题。

这些都是消费者脆弱的消费心理导致的结果。因为此时的消费者有一种"花钱求回报"的心理，而这个心理必会导致消费者用相对挑剔的眼光看待企业的菜品、服务、环境、定价等。在这种挑剔的审视下一旦出现了问题，可能就会发展成为一个巨大的危机。在消费者看来，投诉受到重视，补偿也就成了理所当然的事。

在消费者再次（反复）提出体验问题时，企业就必须高度重视了。一旦消费者在投诉过程中被冷漠对待，问题得不到及时解决，他们心中那根紧绷的弦就会断裂。这时疑问会变成愤怒，愤怒就必然引发线上线下的负面反馈，并引起人们的关注，随之在更多消费者中扩散开来。这时企业即便竭尽全力采取补救措施，也只能是亡羊补牢。

所以，餐饮企业（餐饮人）必须最大限度地关注消费者的抱怨、痛点，从而抓住症结，快速彻底地解决问题，将疑问消灭在萌芽状态，消除消费者的负面情绪，重视消费者的需求，从而远离负面口碑的旋涡。

2. 方法

（1）现场管理者至少要向每桌消费者问一句"还好吗"

餐饮管理者在现场最重要的任务不仅是销售，还要确保消费者有良好的体验，并尽可能现场去差评，以及将坏事变为好事。所以，管理者在工作现场要主动与消费者交流，让消费者直接告诉你如何提升你的业务并避免负面评论的产生。

（2）现场服务员要关注每位消费者的微表情、闲言碎语及剩菜量

大多数消费者在消费现场会下意识地将疑惑、不满、抱怨表现出来，这种表现不一定都是投诉，有时只是表现为不开心的样子（微表情），有时会与同伴小声议论（闲言碎语），有时会询问服务员（如催菜）。这就要求服务人员集中注意力，及时发现消费者的微表情和闲言碎语，自己能处理的要马上处理，或者立即上报，由管理者主动出面解决。积极关注客人并主动解决问题是一种很好的方法，它可以有效防止有疑惑的客人升级成生气、愤怒的客人，从而避免一场声誉危机。这里需要强调的是，要关注消费者餐桌上的剩菜量，好吃的菜一般是不会剩下的。如果员工发现某道菜剩得较多（超过1/2），一定要主动征询消费者的意见，并及时上报。

落实这个方法的关键在于：平时就应教育员工及时发现、及时处理、必须上报，千万不要有侥幸心理。

（3）对于常见的抱怨提供内部沟通渠道

在你的消费者的体验中，是否有某些痛点导致不满意的可能性更高？如果你可以预见这些痛点，并且为你的消费者提供一个更直接的沟通渠道，那么你就有可能避免许多公开

的负面评论。一种不费事的做法是，在营业现场（墙上、餐台上）提供一个供消费者投诉、给予建议的电话（二维码），并承诺会快速回复处理。这样做可以让那些不满意的消费者有机会在公开发表负面评论之前直接反映问题，以便企业及时"灭火"。

（4）从菜品、服务、环境本身着手

由于不满于某次消费体验，消费者才会传播负面信息。所以，餐饮企业应该从菜品、服务、环境的品质入手，降低品质出现重大瑕疵的可能性。这就要求企业日复一日狠抓团队的基本功。

（5）培养消费者的信任感

戴尔公司有两句名言："消费者体验，把握它。""消费者体验是竞争的下一个战场。"戴尔公司认为，通过让消费者置身其中或感受到消费的乐趣，激发消费者"以自己希望的价格、自己希望的时间、自己希望的方式，得到自己想要的东西"的强烈消费欲望，就这样培养消费者对企业的信任感。有了这种信任感，负面评论出现的概率及影响就会大大降低。

（6）明确有关问题补偿（处理）的承诺

消费者在消费过程中，一旦出现不满意，就有可能通过向企业投诉来要求获得补偿。但很多消费者因为不能确定结果而选择在现场放弃主张，但可能会给予企业负面评论。企业如果能够对有关问题做出明确的承诺，消费者就可以在遇到相关问题的时候立刻想到向企业要求补偿（处理）。消费者只有在得到满意的补偿（处理）结果时，才不会继续向他人传播负面口碑信息，甚至会给予企业好评。因此有的餐饮企业会在店面公开承诺：不满意菜品质量，可以无条件退换。

（7）对团购消费者给予足够的重视

所谓团购消费者，就是在各个生活服务平台以一定的折扣价格购买餐饮企业的套餐或电子代金券的消费者。有的餐饮员工会因为这类消费者享受的优惠比较大而对他们不予重视，甚至是怠慢。这是极为错误的。原因有二：一是这类消费者十分熟悉各平台评论的规则与评论对商家的重要性，所以在消费过程中感受到好或不好，一般都会给予评论，尤其是有不良体验时，大多数会给予负面评价；二是各平台也会照顾这类消费者的利益，一旦有这些消费者的评论，在评分、计量显示方面都会给予制度上的倾斜。

所以，餐饮企业在日常经营管理中要教育员工，在线团购消费者也是消费者，而且他们在点爆口碑中起着极为重要的作用，必须善待。

（8）阻隔大范围传播负面口碑

餐饮企业不愿意让负面口碑产生，却又无法控制它的产生。负面口碑可以说是一定会产生的，关键在于如何在负面口碑刚产生时及时予以补救。有两种情况值得关注：

一是消费者离店后给企业打来电话进行投诉，并要求给予补偿，这就是补救（阻隔）负面口碑的机会。在大多数情况下，要利用令消费者满意的补救措施实现正面口碑的传播。因此，采取补救（阻隔）措施的最终原则就是让消费者满意——关键在于让消费者得到适当或者超过其所受损失的补偿，从而将其负面情绪扼杀在摇篮中。

二是消费者在线上平台上给予了差评。企业要由沟通能力强的管理人员立即与相关消费者取得联系，向其道歉，并积极承诺改正及给予补偿。有许多消费者会因满意企业的真诚态度而撤销差评。

（四）正确面对负面评论——变坏事为好事

1. 让大众知道你倾听和改正问题的意愿

有的餐饮人纠结于一些消费者负面评论的"不真实、不公平、不理解"，而选择不回复、斗气式回复、说教式回复。这是不正确的，甚至是愚蠢的。

餐饮企业在线上平台针对负面评论的回复，除了能安抚给予评论的消费者，防止事态扩大之外，还有一个重要的作用，就是让所有看到这条负面评论的消费者感知到企业真诚倾听和积极改正的态度，将负面评论的损害降低。其实，真诚的回复也是一种打造形象、口碑的方法。

所以，餐饮企业应该对每一条负面评论都认真做出公开的回复。

2. 建立一个从负面评论中学习的流程

很多餐饮人在收到负面评论之后，会感到很糟糕，但不会采取相应措施。其实，你可以像前文介绍的，制订一个计划，从负面评论中分析出可以采取行动的信息，并且将这些信息传递给相应的员工，以便做出恰当的改变。对餐饮企业来说，消费者的评论不仅仅是几行文字，更是十分有效的学习机会。当然，有的消费者的观点的确不一定是正确的，也没有必要被动地针对每一位消费者的观点做出改变，只需要尽可能保持客观，从而发现那些值得注意的观点和反复就一个问题出现的评论就可以了——从愤怒的指责中发现那些具有建设性的批评意见。

（1）建立一个流程，而不仅仅是回复

思考一下如何建立一个可重复使用的流程，以便基于消费者的评论提升企业的业绩。你可以在定期的员工例会上花点时间分析、讲解消费者评论的前因后果，以及今后的注意事项。如果将这个讨论融入制度性的内部沟通中，你就不必因为那些负面评论而手忙脚乱。当收到那些积极的好评的时候，你还可以对员工进行表扬、奖励。

（2）专人负责

在餐饮单店内部，要安排专门的管理人员负责每日查看、回复、总结线上评论，尤其是大众点评上的评论。要选择沟通能力强、情商高、有一定文字表达能力的人（最好是店长本人）负责。同时必须让专门的负责人明白：消费者一定会有不满，忽略负面评论不仅不能让问题消失，反而会使问题进一步扩大。不管你是否注意，消费者都在发表评论。因此，必须监控这些评论，并尽快回复、解决、改正。

3. 回应负面评论

对负面评论做出恰当的回应是现代餐饮管理者必须具备的能力。如果处理得当，你的回应可以表明你在倾听消费者的声音，并且在意他们的观点和满意度。负面评论给了你机会澄清事实，消除误解，增进了你与消费者之间的情感，同时证明了你对于那些棘手问题的处理能力。有时候，恰当的回复甚至可以影响一个不开心的消费者的看法。一位有经验的店长对我说："消费者通常会在看到自己的评论被认真回复之后心情好转，过一段时间可能会再来消费。"

但是，如果处理不当，对一条负面评论的回复可能比负面评论本身对你的企业造成的损害更大。

为了帮助你做出正确的回复，我们送给你一条箴言："我不仅仅是给评论者写这条回复，尤为重要的是，我是写给所有会看到这些评论的人的。"我们相信，这句简单的话是可以帮助你做出最好的评论回复的关键，千万不要忽略它。

（1）在回复评论之前

一条负面评论让你受到打击，这种受到伤害的感觉会让你产生一种对抗心理。但是，在回复之前，请先阅读以下建议，以确保你的回复带给你的是帮助，而不是又一次的伤害。

·少安毋躁。面对负面评论，你应当在做出回应之前，先用一点时间让自己进入一种平静的状态。急于对负面评论做出回复是一种很自然的现象，尤其是当那些评论有失公允或者与事实不符的时候。但是在头脑发热的情况下做出回复可能是一个错误的行为。如果你在生气或者情绪化的情况下做出回复，那么你所回复的内容很有可能具有防御性或者攻击性，而不可能以一种正确的视角展现你及你的企业。

深呼吸，并记住你的座右铭：你的预期观众是那些潜在消费者，他们将会看到负面评论和你的回复。一般而言，如果连说"感谢您的反馈"都会让你感到很不舒服，那就说明你还没有准备好做出正确的回应。

· 熟悉规则。线上平台对评论回复有各种不同的规则和指南，你必须先熟悉这些规则和指南。

（2）回复负面评论的经验

那些最好的针对负面评论的回复，通常包含相同的元素。以下是一些重要的经验，你在回复负面评论时应铭记于心。

· 及时回复。无论你如何看待负面评论，它们都在那里，迟早要回复，还不如及时回复，给新老消费者留下一个负责任的好印象，减少负面评论的影响。

· 让消费者感知到道歉与回复的真诚。给出负面评论的消费者肯定是有情绪的，不然也不会给出负面评论。所以，不管消费者的评价是否正确，你都应先向消费者道歉，表明你面对问题的诚恳态度。你的态度体现了你的服务意识与水平，这也是最基本的礼貌。

· 如果确定是由本企业的错误导致的负面评论，千万不要用同一模板（千篇一律的内容）去回复，最好不要用模板、套词。请直接对各种评论中的问题有针对性地认错并道歉，例如回复"对不起，的确是我们的服务态度不好。正如您提到的'吊脸子'，惹您生气了……"这样的回复会让消费者觉得你在认真对待问题，努力改进。只要你愿意朝着好的方向去改变，自然会被消费者接受。

· 对于那些表达某种观点而非指出具体问题的抱怨，例如"太差了"或"体验真的不好"，要避免使用"不好意思，让您有这样的感受"之类的语言，试着表现得更为谦虚，例如可以回复"非常抱歉，没有达到您的期望"。

· 表明你在企业的身份。为了使回复尽可能真实可信，最好以姓氏加职位的方式来标识你自己。在理想情况下，做出回复的应当是能够对负面评论反映的问题直接负责的人，例如：关于服务及功能方面的评论，由店长回复；关于菜品质量方面的评论，由厨师长回复。

· 不要自我防御、寻找任何借口或争辩。如果是你的问题，你就应表明认错和积极处理问题的态度，要提供相应的解决措施，并承诺改进，让消费者感到你是很认真地对待问题的，再给出具体承诺，增加消费者对你的信任感——要解决消费者的具体问题，而不是玩文字游戏。例如："您好，我是本店厨师长小高。看到您反馈的小炒黄牛肉肉量少的问题后，我立即进行了调查。的确存在这个问题，今天的切配师傅在工作中出了错。我立即进行整改，并对当事人进行处罚。我真诚地向您道歉，也希望您能给我们一个改正的机会。如果您再来，请让服务员找我，我亲自给您炒一道小炒黄牛肉作为补偿，请您品鉴。或者方便的话，我把这道菜的金额退还给您。本店承诺，不满意可退可换。"

· 在回复负面评论时，在平台允许的情况下，可以加上你的电话或微信。第一，可以让消费者感受到你真诚可靠的态度，使消费者觉得自己是被重视的；第二，这样做有可能会得到消费者的微信或电话，从而可以通过更加直接的方式与消费者进行沟通。

· 如果某条评论既包含了正面评论，又包含了负面评论，务必对正面评论部分表示感谢，并真诚地回复负面评论。

· 对于评论中某些需要调查的事项，一定要讲清楚你正在调查，并承诺尽快给予回复。待调查清楚后再次给予回复。

· 你可以在回复中描述你的企业与众不同的方面，前提是恰当、真实。例如："非常抱歉，您提到的××菜品有点咸了，我们企业一直承诺：消费者对菜品不满，可以无条件退换……"

（3）识别恶意负面评论以及应对技巧

识别恶意负面评论时要注意：查看该消费者是否经常对企业做出差评；查看该消费者是否是在消费后进行的评价；查看该消费者是否在企业或企业附近签到过；将该消费者描述的内容、图片、视频与企业的实际情况做对比，看是否相符。

常见的恶意负面评论有6种类型：同行竞争对手做出的恶意评论；个别消费者出于敲诈勒索企业的目的做出的恶意评论；离职员工做出的恶意差评，内部员工矛盾导致的恶意评论；反复差评，不真实的评价；竞争对手通过第三方恶意攻击企业做出的恶意评论；刷广告或辱骂等评论。

应对技巧以大众点评平台为例。企业在判定差评为恶意负面评论后，应当先收集证据资料，然后拨打大众点评的官方电话进行人工申诉，或从后台提交申诉，等待大众点评官方的处理结果，一般会在两天内得到反馈结果。但是，并不是企业判定的所有恶意负面评论都会被大众点评认可，只要消费者跟企业有接触，或者连续多次浏览企业、收藏企业、在企业打卡，或者由消费者代表评判，企业的申诉就有可能通不过。

如果企业关于恶意负面评论的申诉没有通过，那么企业应当理性对待，设法引导潜在消费者不被恶意负面评论影响。企业回复恶意负面评论时，要先有礼貌地表明态度，阐述事实，用事实说话。尤其要注意的是，作为企业，应当代表自己的品牌形象，所做的回复也是为了把自己的形象展现给潜在消费者看，不能用过激的语言回复恶意负面评论。我们不时会看到有企业在回复恶意负面评论时与评论者对骂，引来潜在消费者的围观和跟评。对这样的企业，潜在消费者肯定会敬而远之。所以，企业应当在潜在消费者面前展示自己的格局、正确态度，阐述事实，用事实说话，消除潜在消费者的疑虑。

结束语

过去传统的餐饮营销，包括门头设计、线上线下广告、促销活动等，许多都是迫于短期利润的压力而采取的比较急功近利的营销手段，而不是为了长期的品牌塑造，形成品牌的口碑和与消费者之间的相互信任。要以极致口碑营销为手段，打造品牌记忆、品牌喜爱度和品牌影响力。

实际上，能够长青的餐饮品牌，除了兼顾短期利润之外，都花了更多的心思通过极致口碑营销形成营销长尾。

互联网时代社交媒体的出现，把传统的营销模式彻底颠覆了。最大的改变就是我们每个人都拥有了发言权，都可以产生口碑，都有影响力，这就是"信任经济"的来临。

简单而言，"信任经济"就是人与人之间建立的信任关系，能够互相产生影响力，并且有效地解决了"我凭什么来消费"的问题。这也是本书的底层逻辑。10个人的口碑可以得到100个人的信任，到最后产生无数的潜在顾客。这些潜在顾客一旦碰到消费的诱因，就能够直接转化为顾客。信任，是形成营销长尾的一个重要因素。

今天，我们不会怀疑华为、小米、胖东来、苹果、星巴克、迪士尼、可口可乐等品牌的产品质量、服务和用户体验，原因就是它们早已通过极致口碑与消费者建立了信任关系。我们也不会怀疑自己最信任的朋友的推荐，因为我们觉得这些推荐是可靠的，不是传统意义上的广告，而是真正的口碑。

信任感及由信任感产生的品牌口碑及营销长尾是餐饮生意得以持续的基础。打造信任感的策略有以下几点：

1. 认真打造一个受消费者欢迎并被记住的品牌，从极致口碑营销的构建开始，塑造一个可以长青的品牌。

2. 通过洞察痛点、提供惊喜体验产生口碑，并引导口碑传播，使目标消费者产生信任、记忆、传播与消费的欲望。

3. 为品牌创造有传播力的故事，让品牌的内容得以流传。

4. 与消费者之间的情感联系，比跟消费者说品牌有什么功能利益更能产生持续的影响力。

5. 通过点爆口碑建立品牌的个性，并且成就品牌的差异化。

6. 从传统营销时代的传播模式，转变到互联网时代的互动营销模式，再进一步转变为以消费者为主导的口碑传播模式。

最后，请大家记住，品牌要做的不是说服消费者去消费，而是通过打造品牌、让消费者参与表达意见、不断与消费者互动，产生持续的影响力。要让消费者能说服自己，他的消费决策是正确的，他推荐大家去消费也是正确的，最终形成坚实的营销长尾——每一位消费者都是一个"大使"，每一次消费的结束都是下一次营销过程的开始。这样生生不息，才能永续营销长尾。

我们相信，在做好传统的4P等营销的基础上，再实践本书中的内容，按照4P+3（洞察痛点、惊喜体验、点爆口碑）的方法论，你的企业就能够成为被记住的品牌。